金色丰碑

台湾企业与金融业的成长与共生

台湾金融研训院 编修

九州出版社
JIUZHOUPRESS

图书在版编目（CIP）数据

金色丰碑：台湾企业与金融业的成长与共生／台湾金融研训院 编．
—北京：九州出版社，2007.11
ISBN 978-7-80195-757-3

Ⅰ.金…　Ⅱ.台…　Ⅲ.①企业经济—经济发展—台湾省
②金融事业—经济发展—台湾省　Ⅳ.F279.275.8　F832.758

中国版本图书馆CIP数据核字（2007）第179656号

著作权合同登记号：图字01-2007-6014号
《台湾金融发展史话》（台湾金融研训院）
《台湾·金融·大家谈》（台湾金融研训院）
《与钱共舞——企业与财务长的成功故事》（台湾金融研训院）
以上三本著作由台湾金融研训院授权九州出版社于中国大陆地区独家出版发行。

金色丰碑：台湾企业与金融业的成长与共生

作　　者　台湾金融研训院　编修
出　　版　九州出版社
出 版 人　徐尚定
地　　址　北京市西城区阜外大街甲35号（100037）
发行电话　（010）68992190/2/3/5/6
网　　址　www.jiuzhoupress.com
电子信箱　jiuzhou@jiuzhoupress.com
印　　刷　三河东方印刷厂
开　　本　720×1020毫米　16开
印　　张　20.375
字　　数　326千字
版　　次　2008年1月第1版
印　　次　2008年1月第1次印刷
书　　号　ISBN 978-7-80195-757-3/F·130
定　　价　48.00元

总　序

三百年前的法国经济学家奎内 (Francois Quesnay)，把金融在经济活动中的角色与功能，生动而贴切地形容为“货币就像人体内的血液”。血液要能顺畅流通，才能将氧气、养分及荷尔蒙等根据身体各部位所需进行分配，而金融与血液之间也存在着许多相似的地方。

常言道：“金融是根、产业是叶”。资金的到位与否，关系着产业发展的命脉。产业的兴起与繁荣能带动整个经济的发展，而单个企业的成长离不开资金的支持。透过不同的融资渠道所获得的资金就像是企业的血液，直接影响企业的生存与发展。从这个意义上说，金融体系顺畅流通的运作、而又能够在“效率”与“公平”两者间找到均衡，将是社会与经济发展的最重要原动力之一。

二战后，台湾从战争的碎瓦残砖之中，创造了经济奇迹，成为亚洲四小龙之一。1960年代前后，许多台湾的中小企业主在全球市场上奔波着。此时，金融虽然仍是配角，但随着金融专业的累积与逐渐地国际化，以及金融人才的培育开始产生了效果，使得金融事业在台湾，逐渐有了自主发展的生命力，而原先的中小企业也逐步发展为中等、中大甚至是国际性的大型企业。

1990年代，随着全球金融环境的巨变，台湾的金融业从开放新银行起始，到成立金控公司，这中间的“量变”（资金增多）所带动的“质变”，逐步地建立起金融业的自主性。金融业竞争的脚步日益加速，金融新意的“商品化”与“制度化”，以及金融体系的稳健运作，都使得金融业跳脱了过去依附在产业发展背后的刻板印象。

台湾的银行业时常被人诟病是“当铺”、“衙门”，其作风与心态非常谨慎、保守。银行员也被认为是手里捧着“铁饭碗”、“金饭碗”。当产业发生困难的时候，银行常会落得“雪中不送炭、锦上来添花”的批评。究竟企业是如何取得资金？

而银行业在种种负面评价的背后，是否还存在着鲜为人知的故事，述说着金融业的正面贡献？

另一方面，中国大陆的经济、金融在20世纪末期改革开放之后，也开始突飞猛进。近年来，GDP增长率均超过10%，经济的高速发展带来人民生活水平的不断提升；产业结构的升级更使得中国大陆不仅成为“世界的工厂”，也成为国际性企业发展的摇篮。金融作为经济发展的推手，在大陆经济腾飞中发挥了不可替代的作用，金融业本身在与国际接轨之后的变化与成长更是日新月异，发展的结果令世人惊羡。

近年来，大陆与台湾的经济交流与合作愈加紧密。因此，透过对台湾企业与金融业发展的介绍，来了解企业与金融的共生关系，并进一步透视台湾社会及经济的脉动，对于促进两岸在经济、金融领域的沟通及交流等方面，应该具有积极的意义。

有鉴于此，为了能够具体地介绍台湾企业的成长过程、金融业在其中所扮演的角色与功能，以及金融业所面临的挑战与自身的优劣势，我们经原出版者“台湾金融研训院”的授权，将有关台湾金融发展的书籍重新汇编成简体字版的《金色丰碑——台湾企业与金融业的成长与共生》。

目前，坊间有许多关于金融商品及操作的图书，而有关企业经营与管理的书籍更是汗牛充栋，不胜其数；这些都是讲求“技”的工具书或方法论；它们虽然都很重要，但并不必然是通向成功的绝对保证。我们有时会听到“技不如人”的说辞，这是因为“人”是活的，而“技”是死的，“技”会因“人”的不同而有高下之分，只有“人”的智慧和经验，才能使用“技”，完善“技”。

《金色丰碑——台湾企业与金融业的成长与共生》就是试图从“人”的观点来介绍台湾的产业和金融业的发展历程。书中收录了数十位台湾各个领域、各个阶层杰出人士的采访记录。这些“人”精彩地讲述了他们亲身经历的故事及心得、经验。该书包括以下三个部分：

第一部分《台湾金融发展简史》以“口述历史”的方式重现台湾的金融脉络，将台湾的金融发展历程，分为不同的年代来介绍，并从金融发展过程中的重要议题与关键事件切入，再旁及其关键人物与机构，藉此反映台湾金融发展的历程；文中包括对台湾许多专家学者及平民百姓的采访资料，记录他们对于关键议题及事件的看法或经验谈。

第二部分《与钱共舞》介绍台湾不同领域之六大成功企业，并深入采访其财务长；文中融合了丰富的金融专业知识、职场与人生的议题。受访的企业包括：巨大捷安特公司（自行车制造业）、台湾大哥大公司（移动通信业）、宏碁公司（电脑业）、“中钢”公司（钢铁业）、兆丰金控公司（金融业）与统一企业（食品业）。采访当中收录了许多位受访者对于在大陆拓展市场与经营的宝贵经验与精辟看法。

第三部分《众口说金》的采访对象有赤手空拳、胼手胝足的创业家，也有工程师、律师、银行家、基层金融业者、创投业者，及杰出的财务长、经济学家、社会学家和传媒业者等。读者能够分享到他们的宝贵经验、丰富学识及敏睿智慧；其中有许多地方可以反映台湾社会对经济、金融及两岸关系的看法。

《金色丰碑——台湾企业与金融业的成长与共生》的简体字精华版能够顺利问世，应该感谢“台湾金融研训院”的董事长侯金英教授及院长薛琦教授，自然更要感谢当初参与原书编撰的林素兰、王伟芳、王如蓉及胡汉扬。同时，我们也要特别感谢台湾的《天下杂志》资深编撰刁曼蓬女士及“中国”电视台资深记者、新闻主播马雨沛女士，在原书的构思、策划及编写过程中提供了宝贵的专业指导及精神鼓励。另外，我们也要感谢王泽秀及李淑一协助部分新书的缮写工作。最后，更要感谢我们的家人，在编写本书的时候，给了我们最大的关怀与支持。

我们在编修精简版时，希望能忠实而有系统地反映台湾企业与金融业在成长的过程中，彼此间的共生关系；但由于篇幅限制，不得不忍痛割爱，将原书中许多宝贵的采访资料，以及相关数据或文献著述加以删减，其中必有挂漏舛误之处，尚祈读者鉴谅。

张绍台　龙会超　杨斐

2007年8月1日　北京

目　　录

第一部

台湾金融发展简史

以“口述历史”的方式重现台湾的金融脉络

第一章

无中生有的年代

(1949－1960)

台湾金融业萌芽于19世纪末。1895年台湾割让予日本；同年，日本的大阪中立银行在基隆设置“出张所”，这是台湾银行业的第一步。日据时期，日本政府采行“工业日本、农业台湾”的政策，而台湾各种金融事业则大多自日本国内移植而来，金融机关领导人与经营权均由日本人担任和把握。

第一节　回首来时路

初绘金融版图

1945年10月25日台湾正式光复，当时接收日方金融机构的处理原则如下：

1.日人设立之金融机关，由指定的公营行局接收清理。

2.商营金融机构，经查明负责人确为当地的正当人士，且业务健全者，暂准继续营业，其余一律停止营业。

根据此原则，从日方接收的银行包括台湾银行、日本劝业银行、彰化银行、台湾储蓄银行、三和银行、台湾商工银行、华南银行等7家；另外，特种金融机构包括14家产业金库、12家火灾海上保险公司、14家生命株式会社、4家合会公司，及各县市的信用组合。（见表1）

当时在各地设立的邮局，均办理邮政储金、汇兑及简易人寿保险等业务。1946年5月5日，邮局纳入邮电建制系统中，较台湾银行改组成立略早半个月，成为最先完成接收改组之单位。

表1　战后接收改制金融机构一览表

原机构单位	接收改制后	成立时间
银行类		
株式会社台湾银行	台湾银行	1946.5.20
日本劝业银行	台湾土地银行	1946.6.1
株式会社彰化银行	彰化商业银行	1947.3.1
台湾储蓄银行	并入台湾银行	
三和银行	并入台湾银行	

续表

原机构单位	接收改制后	成立时间
台湾商工银行	后改称台湾第一商业银行	1947.3.1
株式会社华南银行	华南商业银行	1947.3.1
特种金融机构类		
台湾产业金库	台湾省合作金库	1946.9.30
火灾海上保险公司	台湾产物保险公司	1946
生命株式会社	台湾人寿保险公司	1947
合会公司	台湾合会储蓄公司	1948.1
信用组合	信用合作社	1949

设定金融制度

1949年国民党迁台前，台湾金融版图经过接收重整后，已大致底定。当时的金融体系包括作为金融总枢纽的台湾银行。台湾银行成立于1899年日据时代，是台湾的第一家银行。

所谓自由化，就是放宽不必要的管制，开始孕育金融创新的环境，然后用市场的力量来代替行政管制，使银行能够借着竞争的力量，来提高金融效率与服务品质，发挥它应有的功能，促进经济发展。

——台湾金融研训院董事长　侯金英

光复后，将近17年的时间（1945－1961），台湾银行仍然负责发行旧、新台币，接受委托办理发行公债并代理各级公库，同时更负责主导利率与汇率，是资金分配的重要枢纽。此外，台湾银行尚接受其他特许银行的委托，办理相关之业务，例如专办国际汇兑的“中国银行”、性属实业银行的交通银行及农民银行等。

台湾金融研训院董事长侯金英根据统计指出：

“台湾银行1949年底放款占台湾总放款的93.1%，1950年占90.3%；1949年底存款占70.9%，1950年底更上升至83.9%。可见台湾银行在当时的重要性！”

银行类的金融机构中，除了台湾银行、土地银行的资金直接拨给外，其余单位均为“合股集资”之公司组织，公股均占50%以上，故虽为公司组织，性质上仍属于公营事业单位，此即为后人熟悉之“省属行库”一词由来。

台湾光复初期所建立的银行体系，原则上采分行制，并禁止新设金融机构。已有的金融机构可分为农业金融、工商业金融、合作金融与民间金融等4个系统。

金融体系要能够顺利运作，法规的制订尤其重要。1931年通过第一部“银行法”，但是内容十分简略，且未明定实施日期；其后于1947年全面修正并公告实行，其中规定：“将银行分为5种，分别是商业银行、实业银行、储蓄银行、信托公司、钱庄等”。

第二节 战后金融——扭转乾坤

恶性通货膨胀

1945年第二次世界大战结束后，饱受战乱的地区，不论是生产物资或民生资源，无不受到极为严重的破坏，当时台湾也无法幸免于难，工业产量远不及光复前的三分之一。

1949年国民党迁台，大量军民涌入，对于商品劳务的需求和支出，都是极为沉重的负担。由于当时较大比例的资源必须投在复原重建的工作上，对于恢复生产，未必有立即性的效益。

1946年台湾银行发行今日通称之“旧台币”，最初发行总额为30亿元。至1949年，旧台币发行额已经高达5270亿元，而台湾银行发行的即期定额本票的流通额，更达12000余亿元之多。从1945到1949年短短的5年间，台湾的物价上涨了5377%，平均每年物价上涨超过10倍之多。恶性通货膨胀已经到了无法收拾的地步！

当时的物价涨到什么程度？一个鸡蛋几个钱？一个鸡蛋7200块旧台币！我当时还想写一篇文章：稻米一粒多少钱？

——经济学家 叶万安

经济学家叶万安先生，曾生动地回忆当年的情况：

“当时的物价涨到什么程度？一个鸡蛋几个钱？一个鸡蛋7200块旧台币！我当时还想写一篇文章：稻米一粒多少钱？一斗米我记得是240000块旧台币！”

除了恶性通货膨胀的肆虐外，外汇储备枯竭的情形亦相当严重。1951年春季，不但外汇储备干涸，对外还积欠外债达1000余万美金。台湾银行开出的信用状（L/C），竟然被外国银行拒绝接受。

台湾银行开出去的信用状在国际上不能兑现，这个问题非常严重。当时曾经找陈纳德将军的飞虎队（CAT）商借60万美金，然后应付台银开出去的汇票，来维持信用，其困窘可见一斑。

——经济学家　王作荣

经济学家王作荣曾提到：

“台湾银行开出去的信用状在国际上不能兑现，这个问题非常严重。当时曾经找陈纳德将军的飞虎队（CAT）商借60万美金，然后应付台银开出去的汇票，来维持信用，其困窘可见一斑。”

货币与财政政策

1949年2月，国民党从大陆运来92万两黄金，同年6月改革币制，重点包括黄金80万两作为改革币制的基金，另拨美金1000万元，作为进出口贸易运用资金。

但是，光以改革币制的方式，并未能抑制日益严重的通货膨胀。到了1950年，当年的消费物价指数年增率仍然高达305.01%。

前竹南信合社理事主席，97岁高龄的陈国梁回忆说：

“你有听过4万块旧台币换1块新台币？我那时候跟合作社借1万块（旧台币），只要还两块半（新台币）！”

为了进一步釜底抽薪解决通货膨胀的问题，1949年5月20日公布的“台湾银行黄金储蓄办法”，明定每市两黄金折合280块新台币，其作用即是着重于巩固人民对金融的信心。

经济学家叶万安回忆道：

你有听过4万块旧台币换1块新台币？我那时候跟合作社借1万块（旧钞），只要还两块半（新钞）！

——前竹南信合社理事主席　陈国梁

“我曾经拿了140块钱去存半两黄金，到月底拿到黄金以后，高兴得不得了。这证实台湾有十足的黄金准备。当时还跟同事凑足280块存进台湾银行，拿出来的时候市价已经400多块，赶快卖掉赚钱，这就是黄金存款。”

自1949年9月至1950年3月，台湾之批发物价指数上涨约75%，通货膨胀压力似乎复萌。于是台湾各行库开办“优利储蓄存款”。

叶万安分析优利存款的意涵：

“三个月期存款的月息是9%，年息就是180%。所以存100块，一年后就会有180块的利息出来！因此也吸收了不少的存款，至少对货币供应量及增加率产生缓和的作用。”

经济学家蒋硕杰先生曾经评论：

“这一存款的举办，指出了金融当局有意将过去完全不顾可投资的供需情形，把银行利率压低至与市场利率比较，低到可笑程度的传统政策，加以修改。这项举措对于银行吸引较大额的储蓄有相当大的成功。”

由于战时的破坏，台湾的各种生产设备与基础建设均受到重创，加上巨额的消费支出，对恶性通货膨胀无疑是火上加油，尤其赤字的弥补出自银行信用的扩张，更是助长此恶果。因此，在财政政策方面，如何“开源”与“节流”便成为抑制恶性通货膨胀的重要课题。

“开源”包括公债募集、征收防卫捐、增加烟酒公卖收入、接收清算在台物资、发行奖券及整顿税收等等。“节流”则可从1950年的施政方针窥见全貌：凡是不急需的事业均予以停办或缩减，不必要的机构予以裁撤或合并，并裁汰冗员。当时，整顿公营事业也是“节流”重点所在。

美国经济援助

早在1948年，国民党曾经与美国签订“经济援助协议”，后因迁台而告中断。1950年6月朝鲜战争爆发，美国恢复对台的军事及经济援助，这对于物资匮乏、资金短缺的台湾，无疑是一场及时雨。

自1950年到1965年的15年间，平均每年1亿美元的援助，以各种方式包括补助、贷款、军事装备供台湾使用。美援除了提供建设发展资金及商品，有助于稳定物价之外，更弥补了外汇的缺口：这15年间，美援中有12.9亿美元，是用来弥补外汇赤字（占外汇赤字总额的93%）。同一时期，美援进口的物资达到11.5亿美元，占进口商品总额（35.4亿美元）的三分之一。

台、美之间的“相对基金”是美援运用的一个重要模式。由美援供应的物资、器材及劳务技术等项，台湾应根据美方书面通知，随时将其按双方商订的汇率，折合同等数额之新台币，拨存于台湾银行，是为相对基金。相对基金的运用，在1951－1965年间，共计约10亿美元，其中用于行政开支占36%，剩余64%则用于经济发展。

美国在1951年至1965年经济援助台湾期间，就金额而言，占同期台湾投资净额的比例约33.1%，这个比例显示在台湾经济发展早期，美援的重要性。

在资金的分配上，则以基础建设投入的资源最多，占37.3%，内容包括电力、运输及通信等；人力资源则占25.9%；农业占21.5%；工业占的比例则相对最低，仅为15.3%。明显可以看出，美援的策略，着重在塑造有利的投资环境，健全的基础建设，藉以扶持民营工业的发展。

第三节 农业金融——兴利固本

绿色革命

光复初期，台湾仍属于“以农为本”的农业社会，农民占人口总额60%以上，而佃农约占农户总额68.8%，要重振经济，就必须先从农业着手，以求安定社会，改善民生。于是1949年展开一系列土地改革措施。这时的台湾，正宁静地进行着一场绿色革命。

土地改革可分为三个阶段：(1) 1949年的“三七五减租”政策，即地主出租之耕地，其地租不得超过正产物收获量的千分之三百七十五；(2) 1951年的“公地放领”政策，涉及的是农民可承租公有耕地，并给予相关之保障与扶持；(3) 1953年的“耕者有其田”政策之目标，在于彻底消除租佃制度，并由此解除土地资金之桎梏，以促进工商业发展，改变社会经济结构。

“耕者有其田”政策不仅是土地改革中最重要也是最关键的一部分，更与台湾证券市场的形成，有着密切的关系。因为土地被征收后，将地价的三成折换成水泥、纸业、工矿、农林四大公司股票，其余七成则折换成实物土地债券，分10年20期补偿给地主；另一方面佃农购买土地也是分10年20期缴交地价。

为了将75000名原有地主的农业资本导向为工业资本，因此必须要建立有秩序的资本市场；然而这项工作并非一蹴而就，于是便形成早期以“店头市场”为主的交易方式。

事实上，当地主分配到股票后，大多进入市场将股票变卖兑现。在彭光治《股戏》(2003) 一书中，曾提及导致如此的主要原因包括：因其土地多系祖宗遗产，且多为兄弟血亲数人所共有，亦即换来的股票多为共有股户，无法分产；另一方面，因世袭农业的地主普遍对于股票感到陌生，大多无心担任公司股东，更遑论参与公司经营。因此，四大公司的股权大部分落入非地主手中，与原先的规划差异很大。

土地改革的成败及促进农业发展，粮食增产的目标绝非一步登天。时任粮食主管部门负责人的李连春先生曾指出，台湾在这方面成功的关键包括：(1) 协助农民取得耕地；(2) 确保水源，增加灌溉；(3) 供应农民所需生产物资，低利贷放生产资金；(4) 鼓励农民养猪，改良土壤，增加地力；(5) 增加肥料供应等措施。这些措施必然牵涉到相当庞大而复杂的金融工程，而"农业金融体系"居中则扮演了相当重要的角色。

农业金融体系

"农业金融"系指对农、林、渔、牧各业融通资金而言，并包括农产制造、加工、运销等贷款在内。早年所倡导的"以农业培养工业，以工业发展农业"的政策中，农业金融更显得重要。兹将当时重要金融机构简述如下：

一、土地银行

台湾光复之初，因为实施土地政策，有赖于金融力量之协助推行，前日本劝业银行在台所设五支店（台北、新竹、台中、台南、高雄）于1946年改组筹设为台湾土地银行，1947年资本额为旧台币6000万元整，接受日本劝业银行清算净值为旧台币7200万元。币制改革后，资本额折算为新台币1500元整。

土银成立之初即拥有40多万客户，占台湾所有银行总开户数的六分之一；主要任务是办理水利贷款及一般短期农贷业务。

前土地银行经理叶灿辉回忆说：

"那个时候，农民也真是辛苦，穿一件破裤，内裤哦，不是长裤。一个老人家在家，抱一个小孩子，吃稀粥，配咸鱼，这样而已。所以我看到农民这样，一定要去给他帮助。"

叶灿辉接着道：

"以前的经理还真厉害，有时候要跟你握握手，就知道你是手粗还是手细，是有在做事还是没在做事，那不能假的哦！和农民的关系就是这样建立起来。他要

以前的经理还真厉害，有时候要跟你握握手，就知道你是手粗还是手细，是有在做事还是没在做事，那不能假的哦！

——土地银行前经理　叶灿辉

生产的那些农具啊，那些牛啊；牛墟啊，都是要借钱的。那时候的牛墟，多热闹啊。要去买一只牛，我们土地银行也要借钱给他。”

另一方面，土地银行还配合土地改革相关政策，包括“耕者有其田”政策的补偿地价发放部分及水利建设等。今日知名的曾文水库、石门水库、各地区大圳、台东初鹿牧场及台湾第一个工业区——基隆六堵工业区等，皆曾为土地银行协助办理。

而战后初期温和的绿色革命中，土地银行扮演了极其重要的角色。土地征收后，地价的折换、补偿及佃农购买土地缴交地价等庞大而复杂的金融工程，其相关业务都由土地银行承办。

二、合作金库

合作金库前身为1944年的“台湾产业金库”，而“台湾产业金库”又由1941年的“台湾产业组合联合会”改组而来，于1946年正式成立。合作金库初期股本额为旧台币2500万元整，币制改革后，折合新台币625元，数额过少，乃于1950年增资为50万元。自创立以来，系定位成农渔业及合作金融之中枢机构。

成立初期，由于资金来源不甚稳定，遂以茶叶生产贷款、粮食增产贷款及小本农贷等各项项目贷款，放款金额规模不大。1950年开办“优利储蓄存款”，资金来源充裕，陆续开办长期性农业贷款。同时，配合土地改革政策，放款业务特别专注在农业生产资金及农会金融周转资金之贷放。

合作金库负责居间调节信合社和农会的资金，同时也检查地方金融。

台西乡农会总干事林世力谈到合作金库的角色时，提到：

“它扮演资金的调配者。我农会若是需要资金，有时候也去跟合库拿，假如农友存太多钱，我们也会转存到合作金库。”

三、农会信用部

农会信用部原为农会组织内部成员之一，其前身为日据时期的农村信用组合，但本身并不具有法律上的定位。直到1949年将乡镇合作社与乡镇农会合并时，原来的合作社信用部改称“农会信用部”。

1969年台湾319个乡镇区农会中，共计有294个单位设有信用部。由于农会本身性质属于地区性基层组织，相较于其他金融机构，普遍能深入农村地区。再加上配合产销活动，也使得农会得以融入生活，对于农业发展的资金需求亦扮演着重要的疏通角色。

经济学家许嘉栋分析：

“农民本身就是农会的会员，有邻里厝边的感情，对会员的情况就能够掌控。利用在地的优势，靠着人脉建立的关系，这是农会的利基所在。”

东势乡乡长黄德鸿，更是直接点出农民心目中，对银行与农会的感受：

“农民去跟银行借钱跟去农会借钱不一样！去跟银行借钱是很严肃的，都不敢胡乱说话；他去农会就敢乱讲话，因为都是一些认识的……”

农民去跟银行借钱跟去农会借钱不一样！去跟银行借钱是很严肃的，都不敢胡乱说话；他去农会就敢乱讲话，因为都是一些认识的……

——东势乡乡长 黄德鸿

光复初期，信用部的主要业务，包括经办存、放款及代理公库。农业金融体系虽以土银、合库及农会信用部为主要构成单位，但统计数据显示，尚有其他金融机构（商业银行、信用合作社）参与其中，甚至还包括行政机关及公营事业。

根据统计，在1951－1960年之间，从农业挹注到工业的资金，以每年10%的速率成长。但是，农业的快速成长，反映的是农村土地所有权结构的改变，及对经济活动巨细靡遗的经营管理。而农业发展之后，许多生产资源包括人力和资金，逐年由农村转向城市。农业扩展所累积的资金，活化了农业的生产，也为战后的台湾注入了希望，并为后续的工业发展打下扎实的基础。

第四节 工商金融——蓄势奋进

重建经济秩序

日据时代，以农业为主要产业结构的台湾，工业生产仅限于农产品的加工。二次大战时，台湾的工业生产设备、基础设施均遭受到严重的破坏。在物资极度缺乏的情况下，再加上自大陆迁移来台造成的人口压力，对于民生物资需求与日俱增；同时，商业活动更因恶性通货膨胀的爆发而失序。

当时，台湾除了全力遏止恶性通膨的蔓延，更将重点放在如何恢复农工业生产上。1952 年，农、工业产值终于回复到战前的水准，也正式宣告台湾走出战后的阴霾。

经济学家王作荣回忆当年的情境，说道："台湾终于可以开始从事有计划的经济发展了！"

台湾的经济发展计划，不同于"命令式计划"（Commanding Plan），而是以市场经济为基础的"指导式计划"（Indicative Plan）；前者以计划取代市场的功能，后者则是以计划影响市场的运作。然而，台湾当时处于资金不足、高失业率、贸易逆差、缺乏技术、外汇短缺等失调的环境，如何充分利用稀少资源、提高其利用效率，便是拟定各项计划的最高指导原则。

在当时的情况下，台湾发展工业，在时间上必须求快速，在资源上不能有浪费。这两点绝非自由放任之经济所能做到，而必有赖完善的计划。所谓计划，仅是决定哪些产业优先发展、发展到什么程度、发展的极限为何等因素。而计划发展的工业，包括肥料、水泥、玻璃、纺织、木材、相关塑料制品、人造纤维、家电等。

从经济发展的角度而言，1960 年以前，大致为"进口替代"时期，利用关税保护与进口管制等政策，限制商品进口，以扶持台湾本土产业之生根与发展。从 1952 年到 1960 年，经济年平均增长率达到 8.05%。

从金融发展的角度看，货币机构贷款从 1950 年初期的农产加工业、运销业，转向纺织、造纸、成衣等轻工业，并办理进口机器设备的低利项目融资，以加速“进口替代”工业的发展。商业金融体系的金融机构在这当中，扮演了不可或缺的重要角色。

当时还是银行基层行员的李仲英回忆道：

“我们刚进到银行的时候，经理就讲，最重要的是去找一根最大的烟囱（暗喻大企业或公营企业）。只要抱住这个烟囱，你的业绩，你的升迁就会很快。因为大烟囱是我们存款跟放款的主要来源。”

银行在工商业发展中扮演了重要角色，然而，因为银行的放款重心偏向公营事业，造成公、民营企业放款的不均。

大同公司的林挺生曾在1947年公开呼吁：

“民营企业放款，解决了民营工厂之困难不少，但其数目不多，手续困难，所以不能普遍。90%以上的工厂，仍无法得到恩惠，这是最奇怪的现象，且因银行对工业不关心，所以地方小工业之困难，更为迫切。”

工商业金融体系

商业活动在现代经济中，不仅是便利商品之买卖，尤其是，因其活动范围之开展，对于润滑经济之运行、产业之发展，起了相当重要的作用。本节将简述战后至1960年10余年间，主要负责工商业金融融通资金功能之各机构。

一、中央信托局

1931年，中央信托局成立，并于1935年10月1日于上海开业，资本额1000万元。1946年先行来台设置办事处。1947年改制为台湾分局营业，是为公营行局正式在台湾设立分支机构之始，办理业务包括储蓄、信托、保证、证券、保管、外汇及信托资金等。

“中信局”前副局长张锦源回忆道：

“中央信托局是个很奇怪的机构，当时被认为是怪兽。中央信托局都做些什么，你晓得吗？它可以做银行、信托、证券、外汇等等。最近几年发展的金控公司，相较之下，那可是没得看头！”

台湾的工业在战后初期，事实上是相当落后的。叶万安谈道：

“我举两个产品，该摇头的不摇头，不摇头的却摇起头来了。电风扇该摇头吧，但是台湾做电风扇，却是不摇头的电风扇，所以1949年大同公司做了会摇头的电风扇以后，新生报（经济版第一版）称之为‘台湾电器工业现代化生产’！第二个不应该摇头的却摇头，是什么？答案是电灯泡。电灯泡装上去以后，没有几天就不亮了，把电灯泡卸下来，玻璃跟那个头脱了节，就摇起头来了。”

尹仲容在“中信局长”任内（1950 – 1955），对于推展台湾工业发展不遗余力。他认为，过去台湾平板玻璃的原料，如玻璃砂等蕴藏丰富，然而新建筑所用多仰赖进口，对于当时短缺的外汇情况来说，无疑为一大漏洞。因此，号召民间人士投资，却因当时日本平板玻璃在台倾销力量很大，众人皆不愿投资。不得已之下，由“中信局”出资筹办“新竹平板玻璃公司”，再转交民营。另外，更为人注目的是“代纺代织”政策。

基于民生必需品与外汇的考量，积极扶植纺织工业，“代纺代织”之策略即是对纱厂供给原棉，收回棉纱；对布厂供给棉纱，收回棉布，而棉布则统筹分配。有关纺织业的原料、资金与市场均由行政主管部门负责，业者获得保证的合理利润。

纺拓会前理事长赵谅公说：

“棉花要借，机器进口也借，什么都要借。我们的纺织厂就像小孩子吃奶！真的在喂奶！”

“代纺代织”的保护政策，帮助远东、台元、台南等民营纺织业站稳了脚步，成为人人羡慕的赚钱行业，当时的人还用“抽纱好像抽金丝，印布有如印钞票”来形容。台湾本地并不生产棉花，但在往后的20年间，台湾的纺织业更加蓬勃地发展，成为最大的出口产业，可以说是台湾经济发展的奇迹之一；而作为金融体系一员的“中央信托局”，更是扮演了关键推手的角色。

二、商业银行

除了“中信局”外，加上通称的“省属三商银”（第一银行、彰化银行、华南银行），分配了民营企业所需的贷款及美援资金贷款一共约有20亿元之多。

早期的商业银行主要功能是为工商企业或个人,提供短期资金的融通与调度。商业银行资产占全体金融资产之比重，一直都维持在8 － 9成左右。

第一银行前董事长黄天麟回忆道：

“那时的商业银行，主要放款的对象就是工商界，不是商就是工。银行第一重要的，就是招揽存款，有存款才会有放款。那时的存款户是皇帝耶！我还是行员，后面坐着经理，经理就像对皇帝一样，起来奉茶，我要是稍微怠慢一点，就被经理骂......”

由于掌控银行股权的行政机关的低工作效率、银行对大风险贷款与投资的限制，及银行与企业之间在信息共享方面的不协调，引来一些批评，诸如心态保守、效率不彰等。

对于商业银行的保守经营,时常遭人诟病的现象,已故金融界耆老张兹闿先生则提出了一些说明，他认为：商业银行主要的业务，是以负债购买它愿意要的资产。由此延伸出两个特点：1.商业银行是以其负债（存户的存款），作为资金运用的来源，因此要格外谨慎地注意资金运用的安全，以保障大众存款的利益；2.在资金运用方面，更应该要特别注重资产的选择。

三、其他

由于当年台湾外汇资源缺乏，许多美国的援助都是针对中小企业及民营工厂的营运而提供的；这些稀有的资源，均是藉由工商业金融体系，发挥了居中融通的重要功能。其中，“美援小型工业贷款”之目的就是扶植小型民营工业，使其增加生产、减轻成本及诱导私人投资工业活动。由于小工贷具有利息较低、还款期限较长等优点，且为美金，故在当初透过商业银行开办时，申请贷款者极为踊跃。唯实施期限仅是1954 － 1958年，这项贷款之核贷实绩共为美金732万余元。

常言道：“金融是根、产业是叶”。资金的到位与否，关系着产业发展的命脉。台湾的工、商业在战后，能够迅速地恢复生机，除了政策的扶植外，工商业金融体系也扮演了举足轻重的角色。这时候的台湾，不仅农业生产量已追赶上甚至超越战前的最高峰，工、商业的复苏一旦步上轨道后，所带动的经济活动与能量，却让正规的金融体系发展追赶不上脚步，而让地下化的民间金融体系得以蓬勃发展。

第五节　社会金融——互利共生

台湾的民间盛行一种非正规的金融体系，在台湾的经济和社会发展中，对于民众的资金调度及周转，扮演了相当重要的角色，更发挥了互助共济的功能。这类金融活动，可称之为“社”“会”金融，泛指基层金融及民间（地下）金融等，因为当中运作的机构包括了属于“社”团性质的农（渔）会、信合社、合会，及民间自组的标“会”等，这些组织除了发挥社团的功能，更在社会群体中，藉由社员及“会仔脚”编织出的网络，建构出互利共生的关系。

基层金融

基层金融包括农（渔）会信用部、信合社、合会。其中，农、渔会在农业金融的发展中占有很重要的地位。

许嘉栋如此评论基层金融的存在：

“基层金融的性质有点介于商业银行跟民间借贷的中间，它填补了中间的一个市场。农民本身就是农会的会员，大家都是邻居，平常都知道谁在种什么东西。农会有在地的优势，建立在彼此的人脉关系上。它对会员有相当的了解，对于风险跟成本的掌控也比较容易，这是利基所在。”

农（渔）会信用部在第三章中已简略介绍，兹将基层金融中的信用合作社和合会简述如下：

一、信用合作社

与工商业发展极为密切的是属于合作事业的信用合作社。根据19世纪德国经济学者Schulze Delitzsch的解释，信用合作社的特性及功能包括下列几项：（1）以社员的经济上及物质上的信用为基础；（2）从社员中收集一定数额的股金为成立条件；（3）社员的对象是以小工商业者、工业劳动者为主；（4）原则上以经营对社员的信用业务为限。

日据时代，台湾的金融机构均分布在大城市内，且只有日本人、本地的大地主或拥有资产者，才可获得资金融通的便利。民间的资金调度，如标会、摇会及合会等，都只能提供短时期或特定时间的利用，如有急需，则只能向地主、茶商、糖商等借高利贷。因此，便有人倡议成立“信用合作社”来解决此种问题。

长期（1956－2001）担任竹南信用合作社理事主席的陈国梁曾于接受访问中说道：

“银行是‘资本’的组织，‘钱’的组织；而合作社是‘人’的组织，讲的是‘人人为我、我为人人’。你的钱拿来存，我需要钱就来借。合作社的对象是平民；银行的对象是有在做事业的人较多。普通的人很少跟银行往来，跟合作社随便10块、20块也有在借的。”

1949年为实施“农村合作一元化”，将乡镇合作社与乡镇农会合并时，原来的合作社信用部改称“农会信用部”，仅剩城市型信用合作社继续发展。

台湾地区的信用合作社组织，在存款业务方面，定期性存款达四分之三；放款对象以社员为限，而社方对于社员的经济状况及信用程度非常了解，因此主要是以短期的信用放款为主。

在1970年以前，信用合作社的放款，平均约占全体金融机构对民营事业放款的10%左右。对于肩负基层金融、平民金融任务的合作社而言，在整个金融版图的变迁中，仍占有相当重要的地位。

二、合会

合会的起源，可追溯至唐、宋年间，乃为了兴建庙宇或筹措祭奠费用，由信仰人士号召捐款，期限则视每年或每期之需求而定。后逐渐为社会所接受，遇有吉凶，征求亲朋好友做会，以达目的。进行方式则以发起当事者为会首，邀集若干人参加为会脚，订会金若干，并依照人数分期。

台湾光复之初，由于深受恶性通货膨胀之影响，地下钱庄猖獗，民间合会倒会时有所闻。1948年将当时接收的日本4家无尽株式会社改组成立“台湾省合会储蓄公司”，并将台湾划分为台北、新竹、台中、台南、高雄、花莲、台东等7区，各区成立地区性的民营合会储蓄公司，以周转平民金融、发展基层经济为宗旨。

目前仍担任新竹国际商业银行总裁，92岁高龄的詹绍华回忆说：

“说我们（合会）是‘脚的银行’并不为过，因为人家礼拜天休息，我们是不休息的。”

台北区合会前董事，94岁高龄的郭金塔回忆道：

“不论你是早上或晚上，等这个客户有空时，才去收会钱，有时候找不到人也收不到钱，所以就要去找，每天收好几次的也有。常常去跟客户接触，请他吃饭，还要打探他的生意状况。”

台湾区合会储蓄公司自1976年7月改制为“台湾中小企业银行”。之后陆续核准其他民营合会储蓄公司在其营业区域范围内改制为中小企业银行。至此，台湾之专业性合会储蓄业，从1913年日本人创立之台湾蓄财无尽会社开始，在存续经营65年后，到台东区合会储蓄公司改制为“中小企业银行”，即算完成其对基层金融之历史性任务。

尔后进入1990年所谓的“金融战国时代”，中小企业银行再一次逐步地改制为“商业银行”。从日据时代的“无尽会社”，光复时改制为“合会储蓄公司”，1970年改为“中小企业专业银行”及1990年改为“商业银行”，若称此种金融机构为“变形虫”，丝毫并不为过。虽然机构的组织形态随着时代而更迭，但唯一不变的却是，如何配合着经济、金融的发展，继续扮演好资金中介的角色。

民间金融

民间（地下）金融活动的盛行，反映了社会部分资金需求，无法从正规的金融体系得到充分满足的事实。这个现象与正规的金融体系规划欠周全、利率管制过于严格、金融机构暨分支单位设立困难、银行公营缺乏自主竞争性、金融产品创新不足等有关。正规金融与民间金融并存的“双元金融体系”，存在已久。从供需的角度来看，当企业主无法从正规金融体系获得需要的资金时，便会转往地下。

利率是资金的成本，在1980年末，利率自由化之前，利率是受到管制的，因此一般金融机构并不愿意承担高风险的放款，而民间金融则补足了这块缺陷，它们订定较高的利率作为承担风险的报酬（risk premium）。然而对于需要资金的人而言，仍旧趋之若鹜地愿意用民间金融的管道来融通资金。另外，中小企业主在创业之初并无足够担保品能够向银行借贷，即使愿意以高利率来商借，也不可能如愿。因此，以“人际信用”为诉求的民间金融体系就发挥了功能。

台湾民间金融的种类繁多，包括民间互助会、远期支票借款、质押借贷、信用借贷、融资性分期付款及融资性租赁等。以下将介绍较为普及而重要的民间金融组织：合会与钱庄。

一、民间合会

民间合会（或标会）是指多数人预定之脚数（会员数）及应付之金钱或物品，互约逐期付出按其脚数计算之金钱或物品，凑成一笔整数后，依特定方式顺序给付各会员为目的而成立之组织。换言之，“标会”是为特定目的约集一定数额的会员，按期采用“摇骰”、“投标”、“抽签”或其他方式决定各会员得会顺序，而由其他会员以现金、有价证券或其他指定财物给付得会会员，以会员资金融通得会会员。

标会的本质原在互通有无、扶危解困，因此自古以来即普受一般民众所喜爱而深入社会各阶层，甚至成为民间最主要的传统融通方式。此外，更由于其分布地区除台湾外，尚广及日本、韩国、印度、菲律宾、琉球等，故而又堪称亚洲各民族特有的民间经济合作制度。

标会的普及情形，官方并无正式的统计资料，不过据调查，台湾地区民众参加标会的普及率高达85%，而其动机纯为储蓄者占36.58%，备不时之需者占16.24%，购买及修缮土地房屋者占11.67%，筹措子女教育费者为7.89%等，可见标会广受民众欢迎的程度。

标会之所以兴盛，除了因为标会是农业社会的产物，起会者多是亲朋好友，而且可以获得比一般金融机构较多的利息收入，又不需要交税。另外，从资金需求者的角度来看，标会可以弥补金融机构资金供应不足及贷款不方便的缺陷。

台西乡民李秋菊谈到：

“我们这些查某人都是邻居，我做生意，大家都认识。就像互助会，大家做伙招30个或20个来标会。小孩要注册的时候，我们若是缺钱，就给它标来用，也可

大家做伙招30个或20个来标会。小孩要注册的时候，我们若是缺钱，就给它标来用，也可以用来做生意本。

——台西乡民　李秋菊

以用来做生意本。”

标会不仅在下层社会，也在上流社会流行；为了满足社会大众的需要，有“月会”、“半月会”、“周会”、“日会”等。周会、日会比较少见，且具有投机性，多为工商企业周转所用。

二、钱庄

钱庄在台湾曾经长期地扮演金融中介角色，即使在银行制度建立之后，钱庄仍被视为银行的一种。这种情形一直到1975年，钱庄才被排除于银行体系之外。但是，由于正规的金融体系一直无法满足各阶层人士之需要，地下钱庄长期以来仍然提供着相当重要的金融服务功能。

郭金塔谈到钱庄时说：

“钱庄的利率大概30%，40%也有。根据客户的信用，若是越坏的时候，利率也就越高。

许嘉栋分析民间金融的特性说：

“民间借贷，实际上有正面的作用。主要扮演着弥补商业银行功能不足的角色。假如从银行借不到钱，你也可以从地下金融或民间借贷的管道，取得所需要的资金。另外，它也有动员储蓄、鼓励储蓄的功能；因为地下金融的利率高，大家也就比较愿意把钱提供给它们。”

民间金融的融资对象主要为工、商业及一般民众。中小企业由于本身经营较不健全，不易从正规的金融机构获得融资，于是转向地下钱庄求贷。一般的民众则多不愿意与正规金融机构打交道，情愿透过标会、地下钱庄来融资。

近年来由于社会观念的突破，及金融机构对于中小企业与消费金融的重视，民众开始习惯利用金融机构所提供的各项服务。这种使用金融服务形态的改变，对于非正规金融体系的消长，会有一定程度的影响。

第六节 金融改革——擘画蓝图

经过战后10余年的休养生息，台湾在实行进口替代工业的发展政策下，短时间内就达成了原先订定的目标：稳定物价、增加生产。但是，到了1950年末期，台湾开始面临接踵而来的问题：（1）台湾市场狭小，很快趋于饱和；（2）高出生率及战后移民所导致的社会问题；（3）国际贸易失衡；（4）美援即将结束。为了厚植自给自足的生产能量，台湾开始推动“出口扩张”的产业政策，同时金融部门也积极配合相关的政策进行改革，并擘画未来金融发展的新蓝图。

外汇改革

1949年国民党迁台，由于外汇储备短缺，外汇一直在严格的控制之下。随着经济发展及环境变迁，贸易管制逐渐放宽，但实际上并没有存在所谓“自由的外汇市场”。

台湾银行虽然于1948年9月开办外汇兑换业务，但所有的规定都是根据指示办理。台湾的外汇管理，是自1949年6月15日改革币制时开始的。早期外汇管理的措施大致归纳如下：（1）实施结汇制度；（2）实行复式汇率，汇率主要可分为4种：官定汇率、“结汇证”牌价、“结汇证”市价及优惠汇率；（3）指定银行办理外汇业务。

当时担任经济主管部门负责人的尹仲容，曾对这一阶段的外汇政策有以下的评语：

“在国际收支有巨大逆差、通货膨胀严重、经济衰退的时候，这种管制进口和复式汇率的混合制度，实不失为出路之一。但在另一方面，却因这种制度完全否定了价格机能的运作，不得不由行政当局来作人为决定，因而引起的错误外汇分配、行政腐化、权利滥用、生产结构与贸易形态扭曲、经济资源的错置及社会不公平等十分严重。进口管制愈严、复式汇率愈多，情形也就愈严重。”

叶万安在提到当时的情况时说：

“复式汇率是外汇短缺时期，想出来的各种办法之一，一方面想节省外汇支出，另一方面要鼓励出口，所以对于公营事业的出口，给了低汇率，民间给它高汇率。而进口呢，生活必需品、机器设备给它低汇率，一般消费品给它高汇率。进、出口汇率复杂到什么程度呢？当时我曾经做过研究，汇率有100多种，复杂得不得了。”

因此，急需简单而切合实际的汇率，及较为自由的外汇贸易制度，替台湾已趋饱和的工业发展谋出路。于是，在1958年展开全面性的外汇贸易的改革。改革过程中，为顾及经济稳定及改革可能带来的冲击，采取了循序渐进的方式，于1963年取消结汇证制度后，逐步建立起单一汇率制度。

薛琦在分析外汇改革的成效时，提到：

“在当时的时空环境下，汇率是固定的，而新台币的币值也被刻意地稍微压低。压低的目的是什么？就是要鼓励出口。台湾到了1960年代以后，出口产业之所以能够蓬勃发展，跟外汇制度的改革，有很大的关系。”

除了汇率的改革之外，放宽进口管制及鼓励出口的各项措施，也是这次外汇改革的重点所在，亦即是将过去消极的限制进口，改为积极的鼓励出口；将汇率大幅贬值，并恢复市场机能，使国际收支逐渐平衡，进一步催化工业及经济的快速发展。

财经改革措施

1950年后半期，台湾推动“进口替代”的产业策略，已经到了改弦易辙的关键时刻，而美国的经济援助也即将结束。如何自立自强、加速经济发展，就成为当下必须立即解决的首要任务。对于金融体系的发展，台湾初步拟订的计划包括：建立信用制度、改进金融机构及恢复公营专业行局之建制等方案。同时，对于民间投资及侨、外国人投资不足的部分，则商请美方给予协助。

美国在1957年及1959年重新评估援外政策后，建议台湾控制通货膨胀，进行金融及赋税的改革，逐步走向自由经济体制，促进民营企业的发展。台湾在研究美方的建议后，进一步拟定”十九点财经改革措施”，针对台湾特殊的政、经环境，所需要的改革要点，提出全盘性的解决方案，尤其在金融体系的改革方面，提供了新的蓝图，对于日后台湾的金融发展，指引出方向，其中较为重要的有如下几点：

（1）建立资本市场：协助成立“中华”开发信托公司及交通银行复业，并积极筹设证券交易所，逐步开拓资本市场。

（2）对于民间投资，除了在租税、外汇管理与资金融通各方面，予以各种便利或优待，并检讨及简化其他相关手续。

（3）建立“中央银行”制度，使其负责调整利率与信用，进而对信用加以控制，以稳定经济。

（4）对于办理存放款业务的机构，一律纳入银行系统，并对各银行的业务，将依其性质予以划分，并加强监督。

1950年底，民间的投资意愿不足，是当时经济发展的一大瓶颈。为了解决这个问题，于是在1960年9月公布实施“奖励投资条例”，从而影响台湾往后的产业发展。该条例于1990年正式废止，其基本精神就是要配合各期经济发展需求，创造诱因，刺激生产。主要的措施大致如下：减免营利事业所得税、投资抵减、提高保留盈余额度，及政策性开发工业区，以协助生产者取得土地。

另外，依据“奖励投资条例”，于1973年成立开发基金，在金融体系往后发展的过程当中，投资于政策所鼓励的产业，及指拨资金与开发银行搭配，提供低利贷款，从政策引导与资金运用的角度，充分发挥了配合金融机构业务的关键性功能。

金融是产业的血脉。如同血脉之于人体，没有这个血脉，产业活不起来。所以金融对产业的发展，是非常重要的。一个社会如果没有健全的金融机构，对于经济发展也是不利的。

台湾战后的复原，初期受限于生产设备的破坏及稀少的资源，同时历经物价剧烈波动、资金严重匮乏，及外汇短缺等窘境。当时所采行的因应对策，包括土地改革、外汇改革等，不仅产生了稳定物价的效果，抑止恶性通货膨胀的威胁，更藉由选择性信用分配，及美援的挹注，将资金导向基础建设与重点产业上，方能在短时间内恢复经济生产能量。

从战后到1960年代，台湾全力推动基础建设，并积极振兴农工商业；同时，金融部门也展开一连串重建、改革与规划的工作。在那个筚路蓝缕的年代，台湾的人民携手写下一页“从无到有”的成功故事，更为后续的20年，打下经济起飞的厚实基础。

第二章

挑战巅峰的年代

(1961 – 1989)

1960年代伊始，台湾开始迈入了挑战巅峰的年代：重大建设替经济发展打下了深厚基础；中小企业的兴起及80年代高科技产业的成功，让许多Made in Taiwan (MIT) 的产品赢得了举世的赞誉。“高成长、低失业、低通膨”的表现，使得台湾经验因此被称为“经济奇迹”。

第一节　金融体制与资金来源

金融体制的变革

台湾光复之后，台湾银行代行货币主管机关之业务，但以地方银行的地位，无法贯彻及执行有效的金融措施，也难以贯穿金融体系，发挥调节金融及稳定经济局面的作用。直到1961年7月1日“中央银行”复业后，成为货币主管机关，负责发行货币、统筹调度公库与外汇业务，同时强化经济研究与金融检查。

金融检查的彻底与否，有助于防范金融弊案的发生，进而稳定金融机构的运作。当时负责金检工作的何显重曾经说道：

“金融检查要有威信，金融法令要能贯彻，最好平常多做，才可以提早发现危机。而金融危机有如炸弹，你必须在还未爆炸之前，就先把引信拆掉，用水浇熄它，即使炸弹要爆，威力也会减弱。”

原先在台仅设置办事处的其他大陆时期的公营行局，也于1960年代初期陆续复业。1960年2月，由于台湾经济环境的改变，加上民间企业对长期资金的需求急迫，交通银行因之奉准复业，并继续办理实业银行业务；1960年4月，“中国银行”在台湾复业，专营国际贸易汇兑及一般银行业务；1962年1月，邮政储金汇业局正式在台复业，所吸收之存款全部转存至货币主管机关，本身则不办理放款业务；1965年5月，农民银行复业，办理农业金融与一般银行业务。此外，唯一在台复业之民营银行为1965年的上海商业储蓄银行。

1975年“银行法”的修正，为台湾金融史上一次具有重大意义的里程碑：重新定义了各类金融机构的业务性质，并修正、废除不合时宜的法规条文。在此前后，台湾陆续成立了一些新的商业银行，包括华侨商业银行、世华商业银行、台北市银行；此外，除了外商银行（注1）、信托投资公司（注2）及保险公司（注3），台湾在此阶段也逐步建立了资本市场。至此，台湾的金融体系逐渐完整，让资金能够透过更多元的管道进入到需要的部门。

表2　台湾保险业者一览表

产物保险	人寿保险
太平产物保险：1948年台湾分公司成立，1966年将总管理处与台湾分公司合并为总公司。 "中国"产物保险：1950年总管理处迁台 "中信局"产物处：1949年迁台北 台湾产物保险：1946年成立于台北 "中国"航联产物：1951年奉令改组为台湾"中国"航联产物保险公司。	邮政储金汇业局简易寿险处(公营)：1935年成立 中信局寿险处(公营)：1941年成立 台 湾 人 寿 (公 营)：1947年
国泰产物保险(民营)：1961年成立于台北 华侨产物保险(民营)：1961年成立于台北 泰安产物保险(民营)：1961年成立于台北 明台产物保险(民营)：1961年成立于台北 "中央"产物保险(民营)：1962年成立于台北 第一产物保险(民营)：1962年成立于台北 国华产物保险(民营)：1962年成立于台北 友联产物保险(民营)：1963年成立于台北 新光产物保险(民营)：1963年成立于台北 华南产物保险(民营)：1963年成立于台北	第一人寿(民营)：1962年 国光人寿(民营)：1962年 国泰人寿(民营)：1962年 华侨人寿(民营)：1963年 南山人寿(民营)：1963年 国华人寿(民营)：1963年 新光人寿(民营)：1963年

注1：至1975年，依先后顺序外商银行来台共计12家，其中包括：日本第一劝业（1959）、美国花旗银行（1964）、美国商业银行、泰国盘谷银行（1965）、美国运通银行（1967）、菲律宾首都银行（1970）、美国大通银行（1972）、美国欧文银行（1972）、美国大陆银行（1972）、美国华友银行（1974）、美商第一联美（1974）

及加拿大多伦多道明银行（1974）等。

注2：1970到1980年代，台湾陆续成立之信托投资公司共有8家，其中包括：台湾第一、华侨、国泰、“中国”、中联、台开、亚洲信托、中华开发。短短十余年间，8家公司即吸进了1000多亿的信托资金，相较于同时期全体银行定期与储蓄存款5000余亿元，占将近五分之一，在金融版图上已经具有相当重要的地位与角色。

注3：台湾保险业始于19世纪的海上保险，当时台湾出产之糖、茶、樟脑等物资出口，咸赖外船运销海外，保险以适应需求，应时而生。1960年代以前，台湾的产物保险公司仅有6家。1960年至1962年间，产险公司由6家扩增为15家，寿险公司则由3家增为10家。直到1992年底才重新开放保险公司设立。保险业者不仅为台湾金融体系带来另一股活力，也种下了1990年代伊始，保险业跨足其他金融领域的先机。

1986年起，台湾对外开放保险业务，先后有美国家庭人寿、安泰人寿、乔治亚人寿、大都会人寿、保德信人寿、纽约人寿等14家美商，及澳大利亚的国卫人寿在台成立分公司，经营一般人身保险业务。

后美援时期资金管道

1965年美援终止之前，台湾每年可获得将近1亿美元（不论何种形式）的挹注，对于台湾的资本形成、财政与国际收支均有极大的贡献。美援于1965年7月1日正式终止后，台湾积极寻求开拓后美援时期的资金来源，其中主要的管道及方式如下：

一、中华开发信托公司

中华开发信托公司（以下简称开发公司）于1959年5月1日正式设立，其目的着重于民营工矿事业的发展，提供中长期资金贷放各民营企业，作增建厂房、扩充设备等建设性支出之用。开发公司资本额为新台币8000万元，其中3000万由“中国银行”、交通银行及台湾银行分别认购。其余5000万元，则向民间认股，主要是以民营企业为对象。

然而，因为开发公司的资本有限，且放款时间长，自身的力量不足以适应众多民营企业之需求。因此，美国政府、国际开发协会、国际复兴开发银行等机构都给予财务及技术上之协助，提供长期低利的贷款，作为营运资金。开发公司取得这些无息或低利的贷款，再以较低的利率转贷给公、民营企业。

与这些国际金融机构来往，对于贷款额度、利率、转贷利率、保证、贷款企业的评估等问题，常发生歧见。但更重要的是，在彼此交涉与沟通的过程中，无形地提升了台湾金融机构与国际接轨的谈判经验与视野。

二、“三一运动”

由于人均收入开始提升，台湾开始鼓励储蓄以促进资本形成。首先，1959年起，包括台湾银行等商业银行连同其分支机构，开始设立储蓄部，并由邮政总局扩大办理简易存款；1961邮汇局的复业，及在加速经济发展博览会中所倡议的“三一运动”（一人一日储蓄一元）与利用间接储蓄（保险）等方式，自1959年起至1969年的10年间，台湾的储蓄毛额占生产毛额的比率，由10.3%提高至23.8%。台湾资本形成的财源，1959年时依赖美援及外国资金将近二分之一，到了1969年，外资部分仅剩下3.5%，自身的储蓄部分则高达96.5%。

叶万安先生推敲“三一运动”的由来时说：

“为什么叫三一储蓄运动？当时我们了解到美援快要从赠款改为贷款，不久就要停止。而美国每年援助我们1亿美金，相当于40亿台币，当时人口是1100万，如果每人每天存一块钱，就是365块，乘以1100万，正好40亿。”

三、邮政储金

邮局在全省偏远地区陆续设立支局，便成为汇聚民间游资的大磁铁。

冈山邮局梓官分局业务佐王岩雄在受访时聊到：

“我们外勤人员一个礼拜去学校收7块钱回来，卡片都收回来交给出纳，盖个章明天早上再交还给小朋友，一个礼拜收一次，很麻烦、很啰唆！一年到了再连本带利还给小朋友，这个叫做一元储金。”

储蓄运动热闹登场，小学生和邮局人员都成了推展全民储蓄的开路先锋，小

我们外勤人员一个礼拜去学校收七块钱回来，卡片都收回来交给出纳，盖个章明天早上再交还给小朋友，一个礼拜收一次，很麻烦、很啰唆！一年到了再连本带利还给小朋友，这个叫做一元储金。

——冈山邮局梓官分局邮务佐 王岩雄

老百姓纷纷把血汗钱存到邮局，涓滴细流的邮政储金，被统筹运用在公共建设上。1952年，台湾的储蓄率只有5%，到了1963年，已经爬升到13%，超越了英国和美国。自身的储蓄逐渐取代了美援，成为支持工商发展所需要的资本。到了1970年，台湾储蓄率甚至高达30%。

四、国际贷款

美援结束后，台湾借到的第一、二笔外债是分别向日本（大藏省海外经济协力经济及日本输出入银行）洽借的540亿日元贷款（约合1亿5000万美元）和美国进出口银行的3000多万美元。前者用于高雄第二港口、曾文水库、台北大桥改建、唐荣等建设与工业计划；后者则用于南部的两座火力发电厂。

藉由相关人员努力不懈的奔走，陆续接踵而来的国际金融机构资金，才得以延续美援时期的建设计划蓝图。值得注意的是，约有四分之三的资金是流向公营事业。

台电公司在1965年以前，资金来源多半来自低利、长期的美援借款；美援终止后，外币资金多转向国际开发机构、外商银行（包括出口银行）举借，或以分期付款方式向外商筹借。台币资金则以本地银行中长期借款，或发行公司债支应。当时的台电董事长陈兰皋还被誉为“最会借钱的董事长”。直到1975年为止，外币借款除了1966年外，均大于新台币借款，可见依赖国际资金之重。

五、华侨、外国人投资

1961年设立的华侨商业银行，不仅是第一家新设的民营商业银行，更成为吸引侨资回台的重要管道。美援结束后，侨资回台增加迅速，对于后美援时期的资金吸纳有明显的帮助。事实上，若从投资对象而言，华侨资本属于一种政商资本，规模较外资小，大多投资于服务业。

除了吸引华侨回台投资外，外国人投资在当时也相当重要。美国通用汽车投资在台电公司的资金，在1953年就已经先汇入台湾。之后，还包括日商，如松下、东芝、三菱、日立等公司。此外，美国的福特汽车公司、通用公司、杜邦公司、标准电子公司及荷兰的飞利浦公司等知名企业纷纷来台。初期外资都以台湾本地市场为主要目标，后来则转为利用台湾廉价劳力的出口导向。

外资对台湾经济的影响，可反映在对资本形成的贡献上。因为外资是外国的储蓄，当台湾自身的储蓄与外汇不足的时候，外资当然有很大的帮助。另外，对于技术的移转及技术扩散都对当时的台湾，产生深远的影响。

第二节 白手起家的金传奇

中小企业的贡献

一般人皆认为，台湾中小企业的成功，特色在于家数多而占总产值比重大。然而，这并不是台湾所独有的现象。美（99.72%）、日（99.1%）、加拿大（99.8%）等先进国家的中小企业所占家数比，甚至超过台湾（96.49%）！事实上，台湾中小企业真正著称的是其高度出口的导向！

经济学家薛琦，对于中小企业的定义与特色如此解释：

“一般对中小企业的定义，大概就是离不开用一个企业的实收资本额，或者是它的营业额，或者是它雇用的员工数来定义。”

但是，台湾的中小企业有没有它的特色？薛琦特别指出：

“第一点，就是全世界很少有中小企业出口的。但是台湾在1970年以后及80年代，出口的主力，居然是中小企业。第二点，在90年代后期的发展，台湾中小企业竟然在高科技产业方面，有非常突出的表现。第三点，近20年来，尤其是在新台币升值以后，台湾的中小企业还可能创下一个世界奇迹：我们的中小企业竟然可以把生产的地点移到海外去！”

中小企业高度出口的结果，是1971年国际贸易收支开始转为出超（出口大于进口），外汇储备加速累积（从1971年的4亿美金到1980年的22亿美金）。另外，中小企业占制造业的比重也由1971年的47.48%提高至1976年的71.61%，雇用员工数的结构相较于大型企业，则明显地可以看出中小企业对于台湾就业市场的帮助是明显的。同时，创造财富的过程中，在这个年代，贫富差距的水平仍然维持在极低的水准；这也意味着，不论从经济发展的角度、均富的理想或者是社会安定的基础方面看，中小企业着实扮演了相当关键的角色！

中小企业融资与辅导

中小企业在草创与发展上，资金需求可分为两部分：创业资本与发展资本。创业资本意指企业家要从事企业投资最先需求的第一笔资金，这是一个从无到有的过程。而发展资本则是当企业主创业之后，要将公司扩大、永续经营下去所需要的资金。

公司草创初期，没有人能够预料到未来是否成功。在没有担保品可向金融机构借贷的情况下，创业资本只有依靠企业主的人脉关系。当站稳了脚步时，发展资本的来源，民间金融的管道（如融资性分期付款、融资性租赁、民间互助会、存放厂商、远期支票借款、质押借贷、信用借贷等）却仍然相当重要，其余才得之于正式金融的资金管道（如银行、资本市场、货币市场等）。

东海大学社会系高承恕教授，曾经访问过600多家中小企业；他分析时提到：

“台湾的中小企业基本上就像我常称的‘自强牌’。所谓自强牌呢，就是grass-rooted，从这个草根、无中生有的情境来发展。绝大部分的中小企业，都是动用当时极为有限的，我们称之为家庭、家族或社会关系，所能够动员的有限资金。”

高承恕接着说：

“中国人的社会，是一个非常强调关系的，非常强调朋友、家族或者同学等等这种人际关系。透过这种人际关系，他不需要去触碰到所谓的公营银行的板块，因为他知道那里他也借不到钱。去跟银行借。银行说：行啊，你拿机器、设备来抵押嘛，所以他们讲说银行是‘当铺’。”

同样地，捷安特董事长刘金标，站在产业界的角度，评论道：

“以现在的眼光来看，当时银行就好像‘衙门’。嗯，你有没有抵押品？你有没有业务？好，我借钱给你。但是，你的还贷计划是什么？你的业务计划是什么？其实我们不能怪他们（银行），因为他们‘看不到未来啊！’，连我主持人都担心自己公司的未来。”

台湾的金融一直存在双元性的金融体系，当企业主无法从地上获得资金的同时，即会转往地下，造成正规金融（地上金融）与民间借贷（地下金融）共存的现象。而正规金融体系因为法规的限制、金融机构的保守心态等原因，以致无法充分发挥其功能。再加上长久以来地下金融的活动并未受到严格管制，于是无形中给了中小企业主调度资金的弹性空间。

中小企业具有代表性的一个模式，就是有些公司在成立的时候，或是在创业初期，几乎和银行不曾有过密切的往来。例如，野宝科技公司董事长林春山就曾说道：

“大概一两年之内就还掉所有的借款，然后就跟银行很少往来。10年后，到最近才开始再往来。一般来说，我们只是维持关系，比较不会再去贷款，我们是比较保守的。”

虽然金融机构曾受到许多负面的批评，事实上，台湾金融体系在中小企业融资方面还是有着不可磨灭的贡献，在中小企业的发展与成长上发挥了重要作用；其中，最值得称道的是：（1）中小企业银行的改制；（2）信保基金的成立；（3）金融机构对中小企业的辅导，兹简述如下：

（1）中小企业银行的改制。台湾首先将各地的合会合并成为一家“台湾区合会储蓄公司”，并另外成立7家区域性的合会储蓄公司（台北区、新竹区、台中区、台南区、高雄区、花莲区及台东区）。随后，在1975年将“合会储蓄公司”纳入银行系统，再于1976年改制为“中小企业银行股份有限公司”，并规范其对中、小型企业的放款比例。

（2）信保基金的成立。台湾在1974年成立中小企业信用保证基金。曾任信保基金总经理的张钧谈道：

“中小企业最大的困扰，就是抵押品不足，担保品不够，信用还没有办法让银行相信可以给予信用贷款。这个阶段，可以透过信用保证基金来保证、补充他信用保证能力不足的部分。小企业经常有伤风感冒，所以欠几个月利息是常事。但是呢，他不会刻意地倒账，他会兢兢业业地去还款，维持他的信用。”

雷虎科技董事长赖春霖对于信保基金抱持着肯定的态度：

“如果以前是那种纯粹盖章的银行，那就没有用，因为他们要不动产。雷虎当时连一毛钱都没有，所以是非常的辛苦。但是，我找到中小企业信保基金给我们帮忙，银行看到信保基金对我们的信任，也就肯进来了。所以信保基金是真正帮助雷虎从家庭企业，成为真正的企业。”

信保基金成立20多年，中小企业利用信保基金向银行取得资金，发展成为中大企业的，超过3000家，占台湾中大企业家数的三分之一。

(3) 中小企业的辅导。中小企业融资困难的原因有许多，其中包括：组织不健全，缺乏专业管理；会计制度不健全，财务报表不实；及管理、经营环境的掌握不确实等。针对这些问题，台银、土银、合库、三商银及台湾中小企银于1982年成立“财团法人省属行库中小企业联合辅导中心”；此外，许多商业银行，包括交通银行等也都针对中小企业客户提供辅导，以此来协助中小企业主解决融资上的问题。

交银前总经理李仲英提到：

“台湾的贸易为什么会这样的发达？就是我们这些中小型的企业，跑到世界各地去推销产品所造成的。企业有机会发展，就要靠银行来支持，尤其是当中小型企业，或是高科技的事业，慢慢都需要更大的投资，不过因为自有资金有限，相对地他要融资的比率、比重也会增加。所以对于中小企业的辅导，跟高科技事业的辅导，就成为我们银行开拓业务的新方向。”

在金融体系的辅助下，台湾的中小企业逐渐成为中大企业，甚至是大型企业，金融体系与中小企业的互生互动关系，在台湾的金融发展史上，不仅写下了一段不朽的传奇，更创造了一项辉煌的经济奇迹。

第三节 科技创业的推手

高科技产业兴起

1970年以前的经济快速成长，工资也不断上涨，受到石油危机的影响，低能源价格时代结束；过去劳动密集产业与能源密度高的产业，发展进入瓶颈。为求加速整体工业升级，台湾开始进行产业结构的调整，并宣布积极发展机械工业与电子信息工业。这些技术密集性产业，就是所谓的“策略性产业”。

为配合“策略性产业”的发展，台湾在1979年设立科技顾问组，聘请外籍人士担任顾问。并于1980年设立“新竹科学工业园区”，其英译名称为Science-Based Industrial Park，顾名思义它想引进的公司以高科技为基础，这些公司无论是有无生产，它们着重的是创新及创意，大量投入研究发展的基金，聘用高水平的科技与工程人才。园区内提供多种优惠待遇，同时，开发基金及开发银行（交银于1980年设立分行）得以参与投资并提供低利贷款。

1970年代末期，台湾积极着手推展策略性工业及高科技工业的发展，并同时设置了工业技术研究院（以下简称工研院）、信息工业策进会（以下简称资策会）等工业技术相关的研究发展机构。这些机构的目的是以产品及生产能力为导向的应用技术发展，往往在完成前瞻技术的开发后，可将部分人才一并移出，组成衍生公司，或用以移转技术于工业界。

除此之外，生技中心、食品研究所、金属发展中心、生产力中心、塑料中心、自行车中心、鞋业中心、车辆测试中心等，这些财团法人研究机构在1980年代与往后岁月中，对于整体产业的升级与转型，及人才的培育作出了相当大的贡献。

高科技金融体系

台湾的金融体系中，银行对于高科技公司创业的协助，可以说是从交通银行，与另一家工业银行——中华开发开始的。其他的商业银行大多是借着联贷的方式，提供科技公司发展时所需的营运资金。除了银行之外，创业投资公司对于高科技产业的兴起更是发挥了关键性的作用。许多科技公司如雨后春笋一般蓬勃发展，它们一方面依赖台湾的资本市场提供扩充资金，另一方面也扩大了资本市场的规模。

兹将台湾高科技相关之主要银行及创投业简述如下：

一、交通银行

1975年交通银行改制为“工业银行”，作为供给工、矿、交通及其他公用事业所需中长期信用为主要任务之专业银行。由于中长期资金本身特性与一般短期资金相比，不论是风险、回收期、管理等方面都有所不同，因此欲发展中长期信用最重要的是要有充裕的资金。1976年交银的资本额仅12亿元，后于1979年改制为“开发银行”，资本额调整为100亿元。为了补充资金来源，交银在海内外发行金融债券。除了积极扶植生产事业，交银还主动参加创导性投资，积极推动科技工业。

对于科技产业，交银除了提供资金支持外，还在人才、技术、财务管理、市场眼光、专业管理、国际观等面给予配合。1989年，交银在美国加州硅谷设立第一家分行；负责筹备开设硅谷分行的张绍台回忆道：

“到硅谷的圣荷西市设立分行，是谢董（森中）与李总（仲英）的决定。开业不久，接到日本某家银行洛杉矶分行经理要求约谈的电话。原来他的东京总行希望了解为何台湾这家银行不到金融中心的纽约，或是华人聚集的洛杉矶，而是要到硅谷开设第一家美国分行。”

根据张绍台的说明，交银当年设立硅谷分行的目的，除了服务交银的客户外，还负责搜集国际金融市场的信息及发展国际金融业务，并希望为台湾科技公司与美国相关的科技公司作一桥梁，以引进新科技工业到台湾。

高科技产业的发展，延续了台湾经济奇迹的能量。交通银行无疑是金融体系中的代表性机构之一，不仅为高科技公司提供资金，还引进创导性投资，开创投公司先例，整合了企业与民间的资源，成为高科技产业成功背后的金手指!

二、中华开发

1959年中华开发信托投资公司在世界银行的协助下开业，主要目的在因应美援结束后情势，藉以引进中长期资金，办理对生产事业之授信与投资，以协助产业发展；其后改制为银行，仍着重于提供中长期资金，协助民营工矿事业的发展，供作增建厂房、扩充设备等建设性支出之用。

交通银行前总经理李仲英说：

“交通银行是公营的，中华开发是民营的。民营公司的弹性比较大，公营的就会受到很多法规限制，做事也比较小心谨慎。”

中华开发前总经理张孝威说：

“我们看中华开发，在50、60年代，其实是有相当大的贡献；它帮助很多轻工业、纺织业等产业自动化。交通银行改制成开发银行是在70年代，真正开始有开发银行的规模，是到了80年代的初期。对一些高科技产业来说，交通银行不管是贷款也好，投资也好，对于科学园区的发展，也是功不可没。”而中华开发也参与投资很多高科技公司，对于台湾高科技产业的发展同样是贡献卓著。

三、创业投资公司

1983年，有“台湾科技之父”之称的李国鼎先生深感高科技产业发展的背后，创业投资事业扮演了不可或缺的角色，于是在他的推动下，台湾的创业投资事业开始迈出关键性的第一步。

时代基金会董事长徐小波谈道：

“（科技产业）风险可能大一点，不过创投本来的想法就是分散风险。多投几家，有失败是当然的事，但是有少数成功的话，就可以把经济效益展现出来。”

1984年11月14日，由宏基计算机与大陆工程公司出资的第一家创业投资公司加入了金融版图。而为了推动“创业投资”业务，1984年，由交通银行与开发基金编列新台币8亿元作为基金，配合来自欧美、日本等国的专家及资金成立多家“创业投资公司”，共同协助台湾本地的科技业者，提供给它们一个新的筹资管道。

科技创业推动之初，很多本地的企业并不了解创投的概念，因而不敢投入。而且，由于台湾股市尚不发达，退出机制缺乏，以致必须引导国际上有经验人士先行创设若干家创投基金公司及管理公司。1985年美国旧金山的创业投资公司H & Q在台成立汉鼎公司，再于1986年6月找到远东纺织、统一企业、联华实业等股东参与投资，共同成立“汉通创业投资公司”，这是台湾第一家美式创投公司。

建邦创投董事长胡定华谈到创投的贡献及科技业的资金面时说：

“早期的科技产业，风险都会很高。创投的资金不是特别大，但每个创业投资基金的管理者，大概都有一些特殊的背景跟经验，使他在某个产业，或特定领域，譬如行销、技术、策略联盟等方面，都能够跟经营团队共同打拼。所以，创投在早期扮演非常重要的角色。目前，有很多保险业者、证券业者，还有一些法人成立自己的创投；它们都有自己的特色。除了一般的银行外，今天还有工业银行，及非常有活力的证券市场及柜台买卖中心。”

台湾创投20年，截至2003年为止，214家创投公司总资金规模为新台币1717亿元，海内外投资案件超过8000件，直接投资于台湾高科技产业金额达新台币1200亿元。这个新的筹资管道，不仅成为企业的投资者，也为企业尤其是新成立的高科技业者，提供经营管理、市场行销及财务方面的咨询。总之，创投对于台湾科技产业发展的影响程度至深且巨。

第四节 金融市场的建制

回首过去，当台湾处于一个“创造财富”的阶段时，强调的是“稳定中求成长”，所以，台湾的金融体系在早年，是处于严格的管制框架中。直到1970年的石油危机，台湾经济和金融环境受到重大的冲击。因此，如何因应变动的局势，而又能稳定金融以配合经济成长，就变成了当务之急；尤其在规划金融制度改革方面的工作更是重要，其中就包括了建立有秩序、有效率的金融市场。

资本市场

资本市场是由证券发行市场与证券流通市场组成。前者指的是以证券发行公司与证券承销商为主体，构成一个没有具体形式的市场，主要任务在使发行公司透过承销商之中介，以特定人或不特定公众为对象而发行各类有价证券（如股票、存托凭证、公司债、金融债券、受益凭证等），藉以吸收民间储蓄，投资于生产事业。流通市场则为一个有组织之具体市场，由证券经纪商与自营商在证交所中以公开竞价方式进行证券之集中交易或柜台买卖。两者息息相关且相辅相成。

台湾资本市场的发展，大抵可以1962年2月台湾证券交易所成立为分界线。早期的证券市场都是经由店头进行交易，没有一个集中市场。1961年6月22日台湾证券交易所股份有限公司成立，公股42%，由13家公营企业及银行分担。1962年2月9日证交所开业。当时证券交易限于现款、现货。禁止场外交易，股票采分盘竞价制，债券则采专柜竞价制。

光复之初，民间规模较大之企业机构不多，很少有利用公开发行股票筹集资金的现象。市面上只有若干公营事业少数民股股票的存在。1953年，“耕者有其田”政策是将台泥、台纸、工矿及农林四大公司股票，采取补偿地价方式搭配发予民间，而非采取公开发行之方式。

真正采取公开发行者，应为大同制钢机械公司于1957年所发行之优先股票，唯其股息固定，其性质上接近普通公司债，而与普通股票不同。截至1960年以前，尽管市面上已有多种股票流通，实际上却无股票的公开发行。

服务于证交所超过40年的彭光治回忆：

“台湾证券市场就有了集中竞价的流通市场。上市公司只有18家，为了增加市场筹码，我们曾经标售了12次的台糖优先股，那时期，刚好又碰上国际糖价大涨之后又大跌的局面，使得台湾股市自1963年开始，以台糖优先股为主的暴涨暴跌、波涛汹涌时期，长达3年。经过这个教训以后，在社会上几乎是人人谈股色变。60年代随着台湾经济飞跃成长，股市才呈现比较像样的流通市场。”

台湾的证交所在1960年代初期成立至今，上市的股票从当初的18家，增加到2007年初的688家，总市值达到新台币193769.75亿元。另外，台湾在1994年又成立了“证券柜台买卖中心”，上柜的股票截至2006年底达531家，日均值超过新台币400亿元。

但是，当台湾资本市场的规模不断增大的同时，除了架构、制度的建立之外，是否还需要什么其他要件？而且，在面对突如其来的冲击时，例如1960年代发生的“台糖事件”，台湾应该如何在不影响社会及经济金融秩序的前提下，对资本市场作出合理而有效率的处置？这些问题都是值得深思的。

在资本市场中，除了证券市场之外，债券市场也是重要的一环。中信证券董事长王慎谈到过去的债券市场说：

“台湾的资本市场有两个主轴，一个是股票市场，一个是债券市场。虽然我们从1949年开始，就有公债的发行，但那时发行的公债，并不是一个经常的筹资活动。而且发行的数量不多，主要的投资者就是一些公营的银行。银行购买公债，赚取利息，到期的时候就去兑本。这种做法就像是向银行借款，实质上没有太大的差别。但是，债券市场如果没有发展的话，事实上，它（资本市场）是一个跛脚的市场。”

当年第一批发行公司债的公司包括：唐荣、工矿、裕隆、大同等4家公司，结果被抢购一空，公司债也成为企业筹措长期资金的管道之一。在金融债券方面，因为1979及1980年间，工商企业资金需求殷切，银行头寸紧，各专业银行乃积极策划以发行金融债券方式筹集中长期资金。首先，1980年由交银、土银与台湾中小企银发行金融债券，继而农银、输出入银行也跟进发行。

其后，1988年永丰余造纸公司首创发行转换公司债，再于1989年再次首开先河赴伦敦发行一亿美元海外附条件转换公司债或存托凭证，至此，上市公司资金调度与企业理财活动正式进入国际金融市场。

在国际经济繁荣和出口导向发展的有利条件下，台湾的经济开始起飞。在这个阶段，扮演"间接金融"角色的银行业，发挥了相当的功能；同时，资本市场的设立及运转，也让"直接金融"开始有了初步的架构。

近年来，台湾的资本市场，不论是股票或债券交易，所扮演的角色日益吃重。1980年代后期，市场内的交易更为活络，进而推动整个金融体系的自由化。越来越多的投资人已经有能力、有财富加入这个市场的运作，而这也是金融体系作为经济成长的过程中最佳的见证者。然而，这个过程是相得益彰而逐步积累的。

回顾过去这段历程，金融研训院董事长侯金英谈道：

"当时，从事间接金融的银行或者是直接金融的证券，都还在严格的行政管制下，原因是这些金融机构业务的好坏，牵涉到存款大众的权益、社会的安定及经济的发展。不过，从现在的观点来看，那个时候的管制似乎严厉了一点，对于他们（金融机构）的成立、经营、种类或是各项业务等，能够做到怎么样的地步，怎么样做，利率怎么样决定，都是规定得非常详细。"

货币市场

在金融市场尚未正式建置完成之前，台湾的企业界盛行以远期支票来"调头寸"，这种"地下组织"的民间金融交易方式，可以说是"货币市场"的前身。

前国际票券总经理李明纪提到：

"所谓'地下组织'的货币市场，其实已存在很久。那个时候交易的形态，都是用远期支票作为短期资金拆借的工具。但是，远期支票不是货币市场的信用工具，因此可以讲它不是有计划、有组织的一个市场，只能说是underground的市场。"

1970年代，随着经济快速发展，外汇储备迅速积累，导致货币供给巨额增加，又逢国际油价大涨使台湾的物价节节攀升。鉴于缺乏调节金融之有效工具，于

1973年制订“国库券发行条例”，并在当年发行，藉以收缩货币供给额，此为创造货币市场信用工具之始。

1975年台湾第一信托投资公司买入台湾化纤公司签发之本票3000万元，为商业本票之始；同年4月台银开办台湾本地远期信用状业务，创造出以实质交易为基础的银行承兑汇票；同年8月核准发行可转让定期存单，以利银行资产负债管理。这些短期票券均是货币市场信用工具的滥觞。

货币市场可定义为：“低风险、高流动性及短期债务凭证的批发市场”。中兴票券前总经理林立鑫说道：

“货币市场只是一个架构，本身是无形的，并不是有形的，它连集中市场都没有。所有的专业机构都是架构中重要的一分子。”

1976年5月20日，台湾银行邀集土银、一银、华银、上海商银及中央投资公司等合资而成的中兴票券金融公司正式开业，这是货币市场“地上组织”的第一家专业机构。中国人造纤维公司随即透过中兴票券在货币市场上发行新台币5000万元的商业本票，成为第一家透过票券公司取得周转资金的民营企业。

其后，“中国国际商银”筹办的国际票券金融公司也在1977年正式营业，股东除“中国国际商银”外，尚包括台北市银行、合作金库、农民银行及台糖等。交通银行筹办之中华票券则于1978年开业，主要股东包括交银、彰银、世华银、“中央”投资公司、台电及“中国石油”等。

货币市场虽然是“无形”的，但是对于台湾企业的财务运作，确实有着“有形”的帮助，货币市场的建立，让企业也开始善用市场中的理财工具。

捷安特财务长杜绣珍曾对票券工具的使用有这样的批注：

“我们有短期资金的话，我们大部分都是去park在这个票券，甚至一天我们都很愿意！我常常跟我们同事说：这些票券寄来寄去不要嫌烦，想想看，你的薪水只要做这个操作，就可以把你养活了。”

货币市场为金融市场的一环，其功能的发挥与规模的发展对促进整体金融市场进步具有提升的作用。在这个无形的货币市场当中，另一项重要的机制就是“拆款市场”（Inter-bank call loan market）。台湾在1980年成立“同业拆款中心”，从此银行同业的拆款交易始逐渐发展为有组织的市场，进而成为货币市场不可或缺的一环。

外汇市场

台湾自1949年实施币制改革后，到1979年外汇市场建立这30年间，所有之外汇都在严格的控制之下。其间，虽然随着经济的发展及环境之变迁，对贸易的管制有所放宽，但因外汇资金皆系统筹调度，并无所谓自由的“外汇市场”存在。

台北银行协理陈琼姿回忆当年换取外汇的故事：

“因为严格的外汇管制，每人每年的汇出金额是有限制的。那时我的姊夫在海外，因病住院，需要汇款给他。但是因为一个人半年，我记得好像只有750块美金的额度，所以要去找人头，才能汇给他。要不然就要去黑市买，而黑市当然是比较贵。”

“中信局”前副局长张锦源回忆：

“在银楼买外汇不是直接到银楼去，哪里敢？那时最有名的地方，日本时代就有的，就是在那个世华银行后面的巷子里边。那些卖外汇的人也晓得，看我们的样子应该是要买美钞的，大家战战兢兢，不小心给人家逮到怎么办？”

中华集币协会创办人洪子林聊到外汇黑市时说：

“有的时候也有行情，报纸上偶尔会登，好比今天报道银行的外汇兑换价，旁边还有一个黑市价，这就是民间的行情。”

1970年以前，美元币值稳定，实施固定汇率制度并无太大问题，1970年以后，美元在国际市场不断贬值，加上台湾经济蓬勃发展，造成外汇储备不断增加。这个时候，假如采用浮动汇率，一旦外国对台湾地区出口需求激增，就会自动引起新台币汇率的升值，进而造成台湾出口货在美价格的上升，同时台湾的进口商品价格也会下降。如此就能够一面控制台湾的输出过度增加，一面刺激本地市场对输入商品的需求，而使国际收支始终保持平衡。

于是，台湾自1978年7月11日起新台币对美元之汇率自38元调整为36元，同时放弃固定汇率制度，改采浮动汇率制度。并在1978年12月7日由台银、三商银及“中国国际商银”等5家银行共同筹组“外汇交易中心”。为实施机动汇率制度，台湾的外汇市场于1979年2月1日正式成立。外汇市场有两个层次。一个是外汇供给者及需求者，由他们跟银行进行交易，这个就是店头市场，参与者包括一般民众，但主要的是进口商和出口商。另外一方面就是银行之间交易的市场，这是一个典型的集中市场。

台湾经济发展的需求，及金融市场的出现、金融商品的开发与金融机构的转型，都使得台湾金融体系的建构愈臻完备。但是，长久以来的金融管制，对金融市场有效运作的负面影响，也就在这个时候逐渐显现出来。

第五节　金融管制与开放

金融自由化可分为对内与对外两方面来谈，对内自由化是指解除对本地金融部门的各种管制，如解除利率及各类金融机构设立与业务限制，以促进市场竞争并提高资金运用效率。对外自由化则指开放本地及域外的金融市场，或解除与贸易及国际资金移动有关的外汇交易管制，以促使本地及域外金融市场相互结合、连成一体，进而让内外资金成本趋于一致，达到资金有效运用的终极目标。

自由化背景

金融自由化的浪潮最早在拉丁美洲的一些国家兴起，其理论背景是McKinnon-Shaw Framework的金融深化理论。这是金融自由化理论在1970年代最具代表性的成果，他们把分析的重点放在发展中地区，分析了发展中地区金融抑制的特征与缘由，并考察了这些金融抑制政策对经济发展的影响。他们认为：抑制政策会压抑储蓄和投资的形成，降低均衡状态下的经济成长率。因此，推动金融自由化将使资金价格反映市场真实情况，并淘汰低产出效能的投资项目，整体效率因而提高，从而经济成长的速度就会提高。

McKinnon同时（1984）也认为，经济自由化与金融自由化，应该要有一个循序渐进的步骤或时间表。解除贸易管制（价格机能，减轻进出口贸易的扭曲与失衡）之后，应该是开放新设金融机构及资本市场的自由化（中介管道、资金运用途径），接着应该推动利率及汇率的自由化，最后一步才是开放资本账。这一段时期，世界经济思潮从凯恩斯的总需求决定理论与政府干预，回归市场与价格机制。在自由经济大师海耶克和傅利曼获诺贝尔经济学奖后，经济自由取代政府干预成为经济思想的主流。

回顾1980年代的台湾，经济快速成长，对外贸易的特性与国际接轨更为密切的情况下，却也同时受到国际因素的冲击。多年来经济发展使得贸易顺差扩大，外汇储备激增，货币供给大幅增加的情况下，通货膨胀的压力呈现山雨欲来的局势。

在另一方面，由于管制而压抑的金融政策下，合法金融机构的存款利率偏低，让一部分储蓄流入了地下。同时，一些向合法金融机构借不到钱的企业也向地下金融去筹资，当资金过于浮滥的时期，也就会让地下金融活动更加猖獗。

此外，期货公司、投资公司，如雨后春笋般地出现，名义虽不是金融机构，实际上却经营金融业务。尤其是投资公司，以史无前例的高利，吸收社会存款，若非诈骗就是盲目投机，许多人因此本利无回，倾家荡产。这些现象，无疑造成了金融秩序的混乱。

因此，台湾便提出经济与金融自由化的方针，期以减少不必要的行政干预，让市场机能充分发挥，并加紧健全现代化的规章制度，以应付新环境的一切经济行为与冲击。

梁国树教授是台湾金融自由化阵营的大将，他认为：

“金融自由化并非放任自由或为自由化而自由化。金融自由化必须安排更多的金融交易能够在更好的市场进行。因此，金融自由化并非单纯地放宽限制，而必须作更多的努力，为建立新的游戏规则而加以重新规定（Re-regulation）。”

利率自由化

回顾台湾过去的经济成长历程，中小企业创造了台湾奇迹。从1960年到1990年，台湾的人均所得，从154美元，跃升到8111美元，外汇储备从7100万美元，成长到724亿美元，赢得了“台湾钱淹脚目”的称号。

薛琦谈到当时的景况时说：

“大家觉得突然间钱这么多，不但是‘淹脚目’，人家还说会淹到肚脐。”

利率究竟应当“管制”？还是“开放”？长久以来这都是台湾金融界争论的焦点。

薛琦分析了这个论争的原貌：

“过去比较缺少资本，所以刻意地压低利率水准。因为低利，我们的金融市场才出现黑市。虽然黑市利率比较高，但‘地上’、‘地下’两个市场却也相安无事。

“在资本慢慢地变得充裕，贸易变成有顺差的状况下，黑市利率水准已经降低，如果银行反而维持固定而较高的利率水准，这时就会有人把市场上多余的资金存到银行。既然银行的资金已经供给充裕，显然固定的利率政策这时也不符合时宜。此一时也，彼一时也。在客观环境改变的时候，若不跟着改变，就会出问题。”

在1980年起引发的“王（作荣）蒋（硕杰）大战”，正是代表着学界对于利率自由化议题，所秉持的不同观点。

王作荣是从厂商、公司行号、产业的观点来看，当然不希望高利率。因为利率高，利息就要增加，成本就会随着增加。一旦成本增加，要不要反映在价格上呢？就会造成成本推动的通货膨胀。从短期来看、从企业营运的角度来看、从个体的角度来看，大家会觉得这个不好。而且，如果物价也在涨，你要不要让利率反映实质的资金成本？如果把这个通货膨胀率也考虑进去的话，市场利率当然会涨，这是很正常的。

蒋硕杰则是从利率是资金“价格”的层面来看。这个价格跟时间的长短及通货膨胀率有关，也跟长期的经济，包括储蓄率和投资意愿有关。如果经济环境，尤其是物价上有什么变化，最好不要去干预它，就让市场去决定。如果要去盯住这个低的利率，就会产生两种情形。第一，银行会不太愿意借钱出去。第二，很多人（企业家）会特别喜欢借钱，因为他借钱甚至不需花什么成本。这时，因为利率很低，没有人会把钱存到银行去，黑市就会形成而且会兴盛起来。假如想要把利率固定，却又去扭曲市场机能，这样的结果，总是比那只市场看不见的手去运作的结果要来得差。

当时曾在报章杂志上撰文讨论的薛琦说道：

“简单地讲，如果你看得期间比较短，或是从工商企业的角度来看，你会觉得利率最好不要让它去动。但是，如果我们看得比较长一点，然后去思考一旦介入市场后，通常会让价格机能无法发挥的缺点，这时候就会知道，我们还是要付出很大代价的。”

1976年成立的货币市场，就是以建立市场决定利率的机制，作为调整银行利率的指针，这不仅是“货币市场”的一大步，更是“利率自由化”的一大步。然而，合作金库前董事长陈冲谈到：

“利率自由化其实是渐进的，做任何事情，绝对不是说一步就跳到自由化的。1980年的时候曾有一个‘利率调整要点’，这个名词本身，就表示利率是受到管制的。因为‘利率调整’居然还要有‘要点’！尤其我们现在来看的话，会觉得说利率调整还需要有要点吗？还需要来颁布吗？”

台湾利率自由化的进程可分三个阶段：

(1) 1976 – 1981年奠基阶段。首先是设立票券金融公司，并于1976年成立货币市场，从事短期票券的发行、流通业务。建立货币市场的目的主要有：建立以市场决定的利率、协助企业获得短期资金、将资金由黑市引入短期票券市场等。

(2) 1982 – 1984年逐渐放松阶段。1984年4月起，新增邮政储金可以自由转存以充实中长期放款资金。这部分资金占当年增额的80%，资金结构变得较松，利率因而下降，使得银行利率趋向货币市场资金供需情况调整。此外，台湾利率水准与欧洲美元的走势渐趋密切。

(3) 1985 – 1989年毕其功阶段。在这个阶段，台湾平均年经济增长率达9%，而通货膨胀率仅1.3%，所以每年创造的超额储蓄率占GNP比重的16%，银行资金充裕。1985年3月起，各大银行在规定的放款利率上下限范围内，根据本身资金情况、客户信用、同业标准等因素，自行订定其基本放款利率(prime rate)。1985年8月，金融机构可以弹性订定存放款利率。到了1989年7月废除利率上下限，使银行利率完全由银行自订，利率自由化宣告完成。

由于长久以来的利率管制，银行业者对于固定利率早就习以为常；开放之初，许多银行对于利率走势、市场变化和因应措施，都感到难以掌握。

华信银行前董事长林立鑫回忆道：

“那个时候，利率走势正好往下走，（某家银行）正好发行大约新台币5亿左右的固定利率金融债券。我们开会的时候，就觉得纳闷，大家都看到利率走低，它居然还发行这种固定成本的债券，那它将来死定了！”

汇率自由化

台湾光复以后，面临一个生产破坏、物资缺乏、外汇枯竭的困境，为了平衡国际收支，实行严格的外汇管理，在当时确曾发挥稳定金融的作用。随着经济发展，对外贸易由逆差转为顺差，外汇储备不断累积，导致货币供给额猛增与通货膨胀压力上升。要根本解决这个问题，就要逐步实现汇率自由化，以市场的力量来疏通资金的去向。

1970年初，美元开始贬值，以美元为中心的“布雷顿森林体系”宣告瓦解。但台湾仍然采行“固定汇率制”，将汇率维持在一个狭窄的范围内，汇率不能反映外汇市场实际的资金需求状况。

在“固定汇率制”下，压抑台币升值的结果，就使得国际汇率的变化直接反映在台湾的进出口变化，更进一步反应在物价及货币发行额上，最终累积成通货膨胀的压力，反而导致贸易呈现逆差及经济衰退，削弱台湾的竞争力。这个时候，“固定汇率制”显然已经无法有效地因应台湾所受到的外来冲击，及岛内经济的大幅波动，而必须考虑采行“浮动汇率制”。

台湾的汇率制度是以1978年7月10日为分水岭。在这之前，新台币是采取“固定汇率制度”，外汇由货币主管机关统收统支。之后，改采浮动汇率制度，并于1979年2月1日成立外汇市场，从此汇率便由外汇市场之供需情况决定。“浮动汇率制”的采行及“外汇市场”的建立，使“汇率自由化”迈向新的境界。

新的汇率制度对于银行从业人员，及一般社会大众与企业，都是一个调适与学习的成长机会。当时台湾的外汇指定银行，为了熟悉新的外汇业务，不仅让行库人员到海外接受训练，同时也派遣业务人员向客户进行宣导教育的工作。

“中国国际商银”副总经理胡胜益，当年在迪化街的分行上班，他从银行员的角度看汇率自由化：

“从固定汇率变为浮动汇率，理论上我们懂。但是操作（operation）方面，应该怎么样操作，怎么样规避风险，都没有经验。因为如何避险其实是最重要的，所以我们上课学习汇率操作时，大家都非常注重这一点。”

联发纺织总经理叶清泽回想当年学习的过程说：

“汇率升值的压力大家都有遇到。在这种情形下，和银行往来，如果你是信用好的公司，银行多少都会教你，大家就是一面教、一面学习如何应付汇率变动所带来的风险。”

1980年代末期，台湾所采取的是渐进式的汇率升值，但在外汇市场，却引发了投机预期的心理。为了降低台币升值对中小企业出口的影响，乃决定维持缓慢调整汇率的做法，藉此降低汇率变动对于企业所带来的冲击。

捷安特公司财务长杜绣珍，谈到如何因应当时的变局：

“台币开始要升值的时候，我记得应该是在1986或1987年的时候，因为我们都是中小企业，经不起汇率的急速升值，所以金融主管机关一直给我们warning，那时候他们采取的升值是渐进式的，所以我们也就知道说：‘咦！假如台币就要升值1块钱的话，只要我们能够早点把美金寄回来，譬如寄回来100万美金，也就等于多赚100万台币，或者是说少亏100万台币。’”

业务自由化

为降低银行经营风险，保障存款大众利益，长期以来银行经营业务范围即受到两大类型的限制，其一为依存放款期限长短，区别银行种类，如商业银行以收受支票存款，供给短期信用为主；储蓄银行以收受存款及发行金融债券，供给中、长期信用为主。其二则是将票券、证券及信托业务与银行的存放款业务分离。台湾的银行业务所受到的种种限制要到1980年代后期才开始加速放宽。

侯金英回顾当时的情形，说道：

“业务自由化方面，过去清楚地规定银行能够从事的业务有哪几项。到了1989年的时候，核准的业务还是只有21项，不过银行业务的内容已经可由各银行自己决定，只要财务状况健康，那么主管机关采取放宽的认定标准。”

在这方面的重大改革事项包括：（1）1988年5月允许银行成立信托部，加强办理信托、投资及证券业务；（2）1989年7月新修订之“银行法”中，增列金融主管机关得弹性放宽银行业务范围的条款，以顺应未来银行开发新种业务的需求；（3）1990年4月准许外商银行得设立储蓄部，并可设置信托部办理证券业务；（4）1991年11月开放民营银行设立；（5）1992年5月开放银行经营短期票券经纪及自营业务等。

实际上，目前商业银行与专业银行之间业务有相当程度的重复，专业银行业务甚多由商业银行兼办，专业银行也办理一般商业银行业务。而商业银行也可办理信托、证券经纪与承销、有价证券融资融券、公债自行买卖及短期票券的经纪与自营业务，故银行、票券、证券、信托与专业银行分工的藩篱，已然打破，并朝向综合银行业务的方向迈进。

侯金英在讨论银行员今昔工作的不同时，指出：

“金融自由化之前，由于利率受到管制，因此银行所面临的是“V”的竞争，也就是Volume（量）、Vitality（活力）及Variety（多样化）。只要尽力达成这三种标准，即可获取相当的利润。而自由化后，由于竞争日益激烈，银行想要脱颖而出就必须要达成“S”的条件，所谓的S，包括了Speciality（专业）、Skill（技巧）、Sense（感性）、Speed（速度）及Slim（低成本）。”

侯金英进一步指出：

“一个成功的改革在事后看来似乎都是理所当然，但在当时却要靠极大的智能与勇气。1970与1980年代的金融改革，借着双率的自由化迈开了脚步。在处理如此复杂的议题时，为了达成这个目标，各方面都投注了相当的心力，激荡及调适与过往截然不同的局面。事实上，金融自由化的发展策略必须超越单一部门的范围，而且必须要同时盱衡当时的政经环境。”

徐义雄服务货币金融主管机关多年，他从这个立场诠释过去台湾金融自由化的历程时，说道：

“有些金融事务的发展，并不是主管机关所能够完全掌控的。我们回溯过去台湾金融发展的这一段历史，老实讲我们很难定下time schedule。因为没有time schedule，到底要多长的时间来实现目标？从目标管理的观点来看，当然是有缺失，但是要达到这个目的，还要其他的配合条件；否则，即使开放也是徒然。”

台湾的金融业在过去的年代中，不断地成长与蜕变。金融业在经历了“自由化”的洗礼后，不再只是扮演着支持经济发展资金需求的被动角色；无论是服务品质、业务种类、商品设计与经营策略等方面，都突显出金融本身已是一个具有主体性的产业体。

回顾过去1960到1980年代末期，在金融体系逐步迈向现代化的过程中，“金融”与“产业”之间，建立了更为紧密的联结。然而，产业升级与经济奇迹之后，却衍生出许多社会问题，例如房价上扬、股市飙涨、民间弥漫着投机的风气。除了像十信案、鸿源吸金案等金融弊案之外，“泡沫经济”的出现，为金融体系埋下重重危机。

环顾四周，包括香港、新加坡、上海，都试着在有限的资源下，构筑金融重镇。台湾的金融业在过去的改革开放历程中，虽然遭遇危机，却也伴随着转机；将来如何在“全球竞合”的年代中，成为“区域性的金融中心”，将会是一项更加艰巨的任务。

第二章

全球竞合的年代

（1990－　）

1990年代初期，台湾的金融版图出现前所未有的巨变，除了民营银行的设立，再加上外商银行业务的开放、消费金融的蓬勃发展及直接金融的兴起，台湾的银行业者应该如何面对瞬息变化、竞争激烈的金融市场？另一方面，国际上不论是资金或产业，均大量涌入台湾对岸的中国大陆市场；在全球布局的思维下，台湾金融业的优、劣势何在？在这个十字路口，台湾的金融业又该何去何从？这些都是值得省思的严肃课题。

第一节 金融战国时代

重绘金融版图

1990年代以前，台湾的金融体系长期处于一个管制与保守的氛围中，“稳定”、“成长”是首要的政策目标，市场的竞争与效率并非关注的焦点。1980年代以后，台湾的经贸活动快速增长，伴随着信息科技的发达，加速了国际资金的流动，在资金市场的“饼”越做越大的情况下，过去受到束缚管制的台湾金融业势必要有所变革。

1980年代后期，当时的金融机构绝大多数都是公营的，不论是在效率、服务及商品等方面，都已经无法配合经济快速发展的需求，更和一般民众对金融业的期待产生极大的落差。于是，质疑长期金融管制的声音此起彼落，许多专家学者都希望能够取消金融业的特权，期盼新的金融机构能够带来新的气象与刺激。

当时服务于金融主管部门的陈木在，负责审核新银行的设立。他在说明当年金融业开放的政策时，归纳出内、外在的因素：

“外在的原因有两点：第一是民意代表；第二是国际压力。当时的美国希望能拓展它商品及服务业的市场，对发展中市场的开放要求很高。而我们对美国长期以来存在的巨额出超，使美方透过谈判给予我们极大的压力。

“比较重要的是内在原因是，当时在政策及理念上，已经警觉到非要有所变革不可。早期的金融管制，一方面是担心通货膨胀，另一方面是怕金融稳定受到威胁。所以，基本上银行都是处在公营的体制架构之下。长期以来，公营金融机构的民营化做得不彻底，业务的拓展创新也不够快，我们发觉要从这里去改造不容易，不如设立新的机构。”

麦肯锡企管顾问公司台湾区总经理计葵生也提出相同的看法：

“1991年、1992年，开放16个民营银行进入市场，是因为发现，要这些原有的公营银行改变，必须让它们感受到压力才行。1991年，也就是新银行还没有开放之前，在台湾所有的银行平均ROE超过20%，银行是非常赚钱的business。要求它们改变组织、努力开发商品，还要加快innovation等等，它们会觉得for what?我已经很赚钱了，为什么还要做这么多？根本不用那么辛苦。”

关于民营银行的设立，无疑是种“金融革命”的主张。根据经济学家于宗先的看法：

“1990年代以前，从未见任何这种主张。最早提出的主要为学者专家。他们认为在一个标榜市场经济的社会，银行由民间企业来经营，才能在竞争中提高效率，改善服务态度；若仍是独占或垄断经营，既不能摆脱政治上的纠葛，也不能彻底企业化，更不能同外商银行在业务上竞争，这会使金融问题越来越严重。”

事实上，开放新银行在当时来说，是一大挑战。经历泡沫经济时期，造就了许多有钱人，登记要申请建立银行的人非常多，过去没有这方面的经验。陈木在回忆时谈到：

“过去新成立的银行采取‘发起设立’，我们这次是‘募集设立’，也就是公开向大众募集资金。第一个要面临的问题就是资本额要多少。

我记得很多人说20亿元、30亿元就可以，100亿元的资本额大家嫌多；另一方面就是申请的规定，像商业银行的设立标准是我们自己土法炼钢炼出来的。整套的制度定下来，在审核的实质内容方面，能够量化的当然就很好统计，不能量化的，我们都把它变成客观可以量化的指针来评分。”

当时原希望以较高的进入门槛（最低资本额为新台币100亿元）来减轻市场的冲击力道。然而，始料未及的是仍有19件申请案，最后核准15家商业银行设立，并于隔年核准第16家新银行设立。几乎每一家新设银行的背后都有大型财团的支持，“财团化”、“政金勾结”等负面批评纷纷出笼；更令人忧虑的是，急速加温的竞争局势，使得银行的经营管理与资产品质，受到严酷的挑战与考验，也埋下了日后金融体质恶化的种子。

新银行的成立，为原来的公营银行带来了震撼与冲击，这是因为新银行为了要争取客户，“调高存款利率”、“压低放款利率”，是他们最基本的竞争策略，而充满弹性的作风与抢占市场的企图心，更让公营银行不得不绞尽脑汁想出一些办法来留住老顾客。

开放商业银行设立的目的之一，陈木在认为：

“新银行的开放或者是金融机构的开放，让不同类型的金融机构得以出现，也藉此营造出金融商品创新的条件与环境。经过这样的过程，可以发现哪些（银行）经营得有效率，哪些经营得没有效率。”

于是，16家新银行开业，再加上信托投资公司、信合社纷纷改制为商业银行，大街小巷里，金融机构比邻而居，隔门做生意。除了银行外，基层金融机构，还有非货币金融机构，像保险公司，票券公司，证券公司之间的竞争日趋激烈，真正进入“战国时代”。

侯金英解释“金融战国时代”的表征时，认为金融机构所面临的挑战已非昔日所可比拟：

“公营银行要跟民营银行竞争，旧银行要跟新银行竞争，本地的银行要跟外商银行竞争，竞争的对手就增加了很多；除了银行外，基层金融机构，还有非货币金融机构，像保险公司，票券公司、证券公司之间的竞争日趋激烈，真正进入战国时代。”

处于这个新的“战国时代”，过去所谓的“省属行库”，因为要归民意代表监督，在经营上便受到种种牵制。不过，由于资产雄厚、经营据点遍布整个台湾，在市场上没有竞争，所以形成寡占的局面，但服务品质却也一直无法提升。因此，在新银行设立初期，许多学者倡议应当先让“公营银行民营化”之后，才开放设立“民营银行”。侯金英就认为：

“最理想的顺序应该是先将公营银行民营化。公营银行过去受到很多法规的限制，他们的经营是没有自主权的，要完全按照法规来执行，所以没有办法提高经营效率。”

陈冲谈到当年在金融主管机关服务，负责推动“公营银行民营化”及“新银行设立”的工作时，他以“挂号理论”来说明执行政策的逻辑：

“理论上来讲，先让‘公营银行民营化’的sequence是对的，但实际上要做的时候很难。在1989年的时空环境下，公营事业民营化要面临很多阻力。如果因为这样，是否就不去推动新银行的设立？这就好像到医院挂号，一号还没看病，二号就一直不准看，是不是要这样呢？市场还是要开放的，我们既然让一号先看，但他一直不出现，最后也只好让二号先看。”

谈到公营银行民营化的政策时，陈木在的感触相当深。因为要考虑面向的不单是股权的民有化，还必须要有周详的执行计划，及整个案子可能带来的结果或者影响，他表示：

“对这项政策，我的观念很简单：要喝一杯牛奶不如养一头牛。公营银行民营化的真正目的，是让这些金融机构能够至少在经营的体制上跟业务的推动上，不再像公务部门，而是像民间企业一样，可以好好地去解决问题，去发展、去经营。”

推动“金融改革”是一项艰巨的工程，而“公营银行民营化”的路程更是漫长，其中过程阻碍重重：

首先，必须面对的是一般大众对于“金融财团化”的疑虑。其次，规模大的公营事业要民营化，特别是省属行库进度比较慢的原因，一方面受限于隶属体制的关系；另一方面由于老行库的规模、制度及人事的包袱沉重，民营化的政策在推动上更显得窒碍难行。

即便是股权逐渐民营化，这些公营行库是不是就摆脱了原先的官僚气息？陈冲就认为：

“民营化有两种，一种是股权的民营化，一种是经营作风的民营化。股权民营化以后，如果作风没有民营化的话，它虽然变成大狮子，体能还是很弱，也不会有什么竞争力。所以，真正的民营化不仅是股权的民营化以摆脱原先法规的钳制，经营作风或 management 更要跟着民营化。”

计葵生更是一针见血地挑出过去台湾公营行库民营化的症结所在：

“公营银行最近 10 多年有没有真正地民营化？我认为是没有！虽然已经进行大规模的释股，但它还是最大的股东，超过 20%、30% 的都有。另外，在‘人’及‘文化’方面都没有太大的变化，甚至经营模式也没有变。所以，我认为台湾的‘公营银行民营化’才刚刚开始而已。”

基层金融变革

农、渔会信用部，信用合作社等机构在过去的台湾，是地上金融与民间金融之间，填补资金缺口的重要金融机构。由于此类组织是以“人”为组成基础，因此，与一般的商业银行相比就产生不同市场区隔的利基。此外，结合生产事业（农、渔业）使得这些基层金融机构与一般民众的关系更是贴近而密切。

然而，面临1990年代初期新银行开放，及2001年金控公司的成立，基层金融机构的重要性似乎每况愈下。基层金融机构的存款，占整体金融机构的比率，由1990年代初期的20%左右，下降到2004年的将近9%左右；而放款比重，更是由原先的17%左右，骤跌至5%。同时，由于“人谋不臧”导致风波不断，1995至1996年共发生了38件存款异常提领的挤兑事件，更让基层金融机构的评价与功能性备受质疑。

基层金融机构面对的不仅是客户的流失，更重要的是外来竞争的强大压力；他们在新旧金融机构的夹缝中求生存，在经营策略的调整上求突破。

首先，在基层金融光谱的一边，有三大类型：（1）改制为商业银行；（2）与商业银行合并；（3）强制被金融机构概括承受。

其次，在光谱的另一边，仍旧有许多表现亮眼的地区性小型金融机构，虽然没有改制为商业银行，但他们不仅找到存活的利基，更找出另一套经营策略和行销手法。

板桥市农会总干事王雪慧谈到，如何善用自身的优势、建立有利可图的营运模式时，说道：

“我常常跟员工讲，金控再大，只能做金融的服务，只有农会才可以融入生活，关心所有的客户群。你能够抓住他们的生活规律，就会有很多业务的互动。

“社会大众在日常生活中，有许多不同的层面与需求，存、放款只是其中的一种。当他有需求的时候，才会想到这方面的服务。所以，我们要融入生活去关心他们。一旦建立起这个信心品牌后，跟客户之间有了互动，下次他想要存款或贷款的时候，自然会来找你。”

对基层金融机构而言，虽然有其历史的价值与意义，但在竞争激烈的金融战国时代里，仍需要找到一个明确的定位。2005年农业金库成立，王雪慧站在农会经营者的角度就认为：

“我觉得只要有心去经营，一定可以做出不同的东西。农会金融除了本身的经营要健全外，也要能在农村拓展据点、照顾农民，建立更为密切的关系，这是一个很大的利基。也就是说，当金融的通路与农会结合在一起之后，我们便可以做更多的事情。”

在信用合作社的业务方面，竹南信合社总经理林文奇曾提到：

“体质好的信合社受限于营业区域的范围，在市场受限的情形下，无法进一步拓展业务。”

为此，台湾在2005年扩大信合社业务经营范围，这在一个高度竞争的金融战国时代中，对于经营体质较佳的信用合作社而言，不啻打了一剂强心针。

金融控股公司

在全球金融发展的过程中，欧洲国家一向采行“综合银行”的模式。执全球金融界发展牛耳的美国在1929年之前，也是采行“综合银行”的架构。然而，1930年代发生“Great Depression”，经济大恐慌使美国国会及总统小罗斯福通过格拉斯-斯蒂格尔（Glass-Steagall）法案，禁止商业银行跨业经营证券业，且将商业银行和投资银行分离，以防止商业银行藉由其投资银行发行评等太差的债券并卖给客户所引发的道德危机。

格拉斯-斯蒂格尔法案的通过在当时不啻为重要的分水岭，将国际银行业分驰而进。美国、日本金融业走向分业经营，直到1997年日本仿效英国实施“Big Bang”，美国也于1999年通过格雷姆-里奇-比利雷法（Gramm-Leach-Bliley Act），删除了1933年的Glass-Steagall Act及1965年的银行控股公司法（Bank Holding Company Act）中，不准跨业经营的规定，朝向综合银行的方式改革，同时也开启美国金融改革之新纪元，藉以增加美国银行体系之竞争力，使之能与欧洲综合银行对抗。至此，分流汇聚，“大型化”乃成为逐鹿全球版图的主要阵仗。

许多全球化的企业为了提高竞争力，也有大型化的趋势。台湾在加入了WTO以后，所要面对的就是跨国的大型金融集团。在这种局面下，业者有需要，也可以用金控公司的方式来减少银行的家数，扩大银行的规模，以增强银行的竞争力。

金控公司的组成，就是在一个母公司底下，拥有银行、证券、保险，各个横跨各种不同金融领域的子公司，可以提供顾客一次购足（one stop shopping）的服务。因为它能利用银行、保险、证券三个行业的交叉行销共享资源，使资金更为雄厚。所以金控业者将规模扩大，享受规模经济（scale of economies）以降低成本，提高资本额的有效运用，藉此强化竞争力，产生各种综效。

“华南金融控股公司”于2001年底成立后，开启了台湾金融版图崭新的一页，这是台湾金融发展史的一大里程碑。从此，台湾的金融版图将呈现大者恒大、小的必须精致化的两极化走势。其他各式各样的金融机构，若没有特色，也很难长久生存下去。

继“华南金融控股公司”之后，陆续有13家金控公司设立。至2005年3月为止，共计有14家金融控股公司成立（见表3）。其中，以银行为主体的态势相当明显。但国泰金、新光金与富邦金这些以保险公司为主体的金控公司，并非没有竞争的优势。以国泰金为例，最大的优势就在于历史悠久、资产规模庞大，加之全省拥有五六百个据点，将近3万名的保险业务员，这样的阵仗，要发动跨业行销必定可将网撒大。

但是，寿险业过去以人海战术来达成高业绩成长的时代可能不复再现，因为这些业务员本身的素质、学历未必整齐，面临如此多变、复杂的新金融商品时代，可能会是另一个包袱。然而，危机就是转机，一方面藉由在职训练、证照考试来训练这一批既有的业务员，另一方面则招募精英进入服务，双管齐下，对保险业者而言无疑是利基所在。

近年来，由于承销、包销、经纪业务的利润大幅衰减，以证券为主要收益来源的金控公司，将会面临更不确定的获利状况。同时，相较于银行业，证券业的最大弱点就在于产品平台供给不足、据点数不如银行。虽然，证券业可以藉由跨业的方式，将银行或保险业纳入旗下，不过，整合的成本可能会很高。

开放金控公司成立迄今仅有数年的时间，能否带来一加一大于二的综效？或是出现一加一大于二的系统性风险？这还有待观察。一旦子公司发生周转不灵，就会影响到母公司，甚至整个社会。因此，金控是不是唯一的经营模式？市场上要有多少家金控才是最适的规模呢？

表3 金控公司组成一览表

单位：新台币百万元（2005年3月）

金控公司名称	核准设立日期	开业日期	资产	净值
国泰金控	2001/11/28	2001/12/31	25023	1542
兆丰金控	2001/12/31	2002/02/04	19660	1571
华南金控	2001/11/28	2001/12/19	15502	777
第一金控	2001/12/31	2003/01/02	15086	765
富邦金控	2001/11/28	2001/12/19	15005	1487
“中国信托”金控	2001/11/28	2002/05/17	14018	997
新光金控	2001/12/31	2002/02/19	8890	442
台新金控	2001/12/31	2002/02/18	7899	687
建华金融	2001/11/28	2002/05/09	5694	490
玉山金控	2001/12/31	2002/01/28	4823	377
复华金控	2001/12/31	2002/02/04	3377	389
日盛金控	2001/12/31	2002/02/05	2980	301
中华开发金控	2001/11/28	2001/12/28	2518	1097
国票金控	2002/02/08	2002/03/26	1078	245

林立鑫抱持着比较中性的态度认为：

“金控是选择性的，未必一定要走。比如德国小而美的银行也能够生存，不但能生存，腰杆还挺得很直。主管机关要大家都朝金控公司的形式迈进，理由是每家银行的市场占有率要多少才能够生存的论调，这种鼓励不一定非常正确。只要你是合理的经营，正派的经营，合法的经营，你有生存之道，就该任由你自己去选择。”

金控公司的开放设立，虽然为台湾金融业带来新的契机，更为金融监理带来新的挑战。在这样一个日趋复杂的金融环境下，必须发挥“金融安全网”（safety net）的功效，达成永续不变的监理目的。经济学家吴中书就强调：

“金控公司下的子公司彼此间风险不同，金控公司虽然扮演串联的角色，但应防范子公司间风险的转嫁。因此，应力求各子公司的财务信息透明，且维持财务的独立，藉以避免不当的利益输送或赋税规避等情形发生。”

经济学家杨雅惠的看法则反映出对于金控公司未来发展的担忧：

“到底整个市场的胃纳量如何？严格来说，整个市场比较适合几家的金控，应该是由市场本身来决定。

“我们现在的问题，在于没有退出市场的机制。如果经营不好的话，我们如何来善后呢？是不是还要成立一个基金，投入大笔的资金来吸收这个金控将来所造成的弊端呢？还是要由其他的金控想办法把它吸收过去呢？这是值得持续关注的潜在问题。”

外商银行台湾梦

在过去，由于企业对美金的需求旺盛，台湾本地的金融机构无法满足厂商，因此外商银行在台的业务，一直深耕在企业金融的范围；虽然台币资金有限，但仍靠着先进的技术与观念，在放款市场上占有一席之地。

前台积电财务长张孝威回忆说：

“1960年代，外销贷款变成外商银行最大的利器，也是他打通很多新业务关系的敲门砖。”

比较外商银行与本土金融机构时，本地的银行注重的是贷款者有多少的抵押品，例如不动产的担保品，还有董监事连保等；外商银行则强调公司的未来性，及管理团队的能力。一旦让外商银行对你有信心，它就会提供较多的资源来支持你，而未必是能给它多少的抵押品。

杜绣珍从资金需求者的角度评析台湾本土金融机构的经营时，谈道：

“台湾当初深受日本的影响，沿袭了一些不好的practices。但我们还是一直在往前走，尤其在外商银行进来以后，渐渐pickup起来。现在有很多本地银行的董事长、总经理，都是先前外商银行转任的。我必须说，本地银行进步很多，但在金融产品上还是比较落后，仍有进步的空间。”

1980年代中期，台湾人民财富快速增加，但金融机构在消费金融方面的业务，并未相对成长。外商银行眼见着这块大饼，由于管制，看得见却吃不到。1985年4月，花旗银行终于获准办理消费金融业务，推出汽车贷款，从扶轮社及狮子会会员着手行销，成为第一家投入消费金融业务的外商银行。

外商银行虽然并非最先抢进消费金融市场（第一家发行信用卡的是“中国信托”），却创造多项消费金融业务的第一：1985年花旗银行首创的贵宾理财中心。1993年的照片信用卡，1994年的无人银行及24小时电话理财中心；渣打银行在1994年的现金红利回馈，1996年引进芯片卡；荷兰银行1997年首创信用卡结合理财功能等，都带动台湾消费金融业务一波接着一波的高潮。

外商银行中投入消费金融业务的机构屈指可数，如花旗银行、荷兰银行、渣打银行、汇丰银行、美国运通银行等。关键在于消费金融业务除了是点的作战外，线与面的串联更是重要。限制外商银行设立分行及本土金融机构的强烈竞争，使得这场战役并不好打。

但也因为如此，外商银行的消费金融人才，在拓展市场的能力，及行销观念与手法等方面，都相当杰出。同样地，外商银行在其他方面，譬如制度规范、经营策略、业务开发和商品设计等方面，也培养了许多人才；这些人才中有的转换跑道，为本地的金融机构所聘用。可以说，这些外商银行在抢占台湾市场的同时，也间接地提升了本地金融业的经营管理品质。

英国《金融时报》驻台特派员席佳琳在分析外商银行对于台湾金融业的许多贡献时，提到：

“外商银行的进驻对台湾金融界是有非常深远的冲击，但也有许多正面的贡献。比如除了人才培养方面，还有就是所谓的compliances，也就是放诸全球皆准的金融游戏规则。对内，所有的金融机构成员都必须遵守，同时还要有内控机制来强制遵守这些规则。外商银行的另一个重要贡献，是在企业文化方面。”

1997年亚洲金融风暴后，许多跨国银行考量商机及所获得的经济效益，得到的结论，多是大幅缩减占有率较低的地区分行，以致在台的外商金融机构版图起了相当大的变化，包括撤出台湾、裁减分行、出售业务、裁员、冻结人事等。留下的外商银行，早期即进驻台湾，奠下雄厚的发展基础，如花旗银行、美国银行、荷兰银行、盘谷银行、汇丰银行、第一劝业银行、法国兴业银行等。

在过去，外商银行主要都是以台湾作为基地与跳板，着眼于经略“大中华区”的人才储备；时空环境变迁后，如今大陆金融市场对外开放，今后台湾若要成为外商银行在亚洲布局的首要考量，甚至成为亚洲区的重要金融重镇，台湾就必须以更高的视野及更宽阔的胸襟，迎接外商银行的进驻与挑战。

第二节 理财与融资新趋势

消费金融

“消费金融”一词，是1990年代以后逐渐流行的话语。顾名思义，消费金融是以个人或小额贷款者为主要的设定族群。举凡信用卡、现金卡、车贷、房贷等产品，均可算是消费金融业务的范畴。

1990年代后，台湾的人民生活水平大幅提升，消费者的购买能力不断增强，对于新金融商品和理财的需求快速成长，内容也更丰富。

前台北银行协理陈源沛在谈到消费金融时，说道：

“比如说个人金融，我们发现金卡及信用卡的循环息都非常的高；甚至一般的房屋贷款，信用贷款这部分的利率也蛮高的，对于提高银行的盈余有相当大的助益。”

薛琦引用经济学“Lifetime Consumption”的概念来诠释消费金融：

“年轻人有比较大的消费需求，要成家立业，都在年轻的时候。很讽刺的是，在你一生当中，你要去赚钱的时候，大概就是你最穷的时候；然而，随着我们年龄的增加，到了40岁、50岁，大概是我们这一生中，薪资所得最高的时候，但你可能太忙，没有时间花钱，反而你的消费会减少。

换句话说，当你最需要钱的时候，却是你钱不够的时候；当你开始有很多钱的时候，你的消费好像又不一定赶得上。消费性贷款在某种意义上，可以平衡这样一个不对等的趋势。”

消费金融崛起之后，银行的经营文化有了不同的面貌，银行降低了柜台高度；为了拉近和消费者之间的距离，过去捧着金饭碗的银行从业人员，如今必须提起公文包，离开冷气房，走到街头寻找客户，推销新的金融商品。

台北银行前协理章慧光提到这样的变化：

“以前的银行员习惯坐在柜台后面，跟客户之间存在着距离感。但是，如果现在银行员不能够以客户的需求为导向的话，你就没有生存的空间。”

席佳琳以一位外国人的眼光来看台湾的消费金融服务：

“我第一次到台湾的印象，就是台湾人很会做生意。而台湾金融业的行销花招很多，刚从欧洲来的时候，甚至觉得我当消费者的权益有点被侵犯了，因为我真的会被销售员（salesman）追来追去。

“可是也有一个好处，比如说你为了拉客户，就会努力思考一个新的、有创意的服务来拉拢他，这个是非常台湾化的一个行销点子，我在其他地方还没有看过。”

“消费金融”成为金融业者的新金矿，但也为金融业开启了另一个潘多拉的盒子。以邻近的韩国为例，现金卡已造成严重的呆账问题。台湾也有类似的情况，但在近年来经过劝导、纠正等一连串的动作下，金融机构频踩刹车，浮滥发卡的现象已见缓和。

1990年代，台湾的人均所得已经超过8000美元，外汇储备达到800亿美元的新高；民间财富不断累积，却也历经泡沫经济的磨难，股票市场的崩盘，民众对投资更加小心翼翼，加上台湾社会年龄层老化，更引出了财富管理的需要。“理财”成为民众的热门话题，而理财的商品，更是越来越多样化。

之前担任信托业务主管的陈源沛就提到：

“开放外汇以后，本地银行业者得以办理一些指定用途的信托基金，去投资海外的有价证券。譬如说，过去是保险公司，甚至是外商银行专属品的连动式债券，现在你也可以向一般商业银行购买这类产品。”

“消费金融”和“财富管理”，是各家银行争食的大饼，也成为银行从业人员之间新辟的战场。如何在成本、风险与收益之间取得平衡，是所有金融业者必须面对与克服的挑战。银行从业人员如何在竞争激烈的消金市场上脱颖而出，随时吸收最新的金融商品信息，抓住市场脉动和消费者的嗜好，便成了刻不容缓的课题。

财富管理

“财富管理”一词的兴起，意味着财富必须像工厂存货一般，进行有效率的管理。简单地说，财富管理就是以个人本身的财务状况、风险承受强度、生活理财的保障等为出发点，由专业的投资者协助拟订管理计划，借着多元化的金融市场、产品，来达到所设定的目标。

根据银行业者所提供的资料，台湾民众的个人资产，有75%至80%为银行定存，只有20%至25%投资在其他金融工具；但在先进国家，存款却只占民众资金的三成。这块市场，长久以来都由外商金融机构所主导，且门槛相当高。在外商银行的界定中，财富管理服务开户门槛为新台币300万元，因此，拥有10万美元以上净资产随时可动用的客户，就是他们锁定、争取的对象，银行业者由此预估，台湾至少还有新台币20多万亿元的市场可以开发。花旗银行消费金融部门也预估，符合这个条件的客源，在台湾至少约有40万到50万人口。

由于消费金融的利润在市场恶性竞争的情况下，被压缩得相当严重。在金融业的“微利时代”，金融机构面对开拓新市场、新客源的沉重压力，因此，除了传统的企业金融、消费金融业务外，“财富管理”自然而然地变成大家必须要抢进的市场，分食这块大饼；而最大的诱因来自于理财顾问的收入相当优厚。

金融机构如何创造出差异化的服务，关系到如何判断市场、拟定经营策略，才是胜出的敲门砖。从不同金融机构的策略来看，外商金融机构仍旧以顶级客层为主要服务对象；一般本土金融机构则是以都市为主要决战场。

台湾的资金向来充裕，金融机构也都清楚要抓住这个机会，全力冲刺。关键是，如何为客户提供恰当的财富管理建议？在这方面，计葵生特别强调：

“财富管理完全是服务方面的创造。而服务的载体除了信息设备外，更重要的还是在‘人’的身上。”

“理财顾问/专员”行业的兴起，也是近几年来的事情。然而，业绩压力的包袱，无形中压缩了每位理财专员的培养及学习过程。因此，晋用率及淘汰率之高，令人咂舌，再加上新人前仆后继加入这块战场，理财专员的平均资历大幅压低，更让过去银行员“金饭碗”、“铁饭碗”的称号已不复见。陈琼姿在谈到银行员今昔工作的不同时，说道：

“以前我们是一招半式走天下，现在我们就需要很多招来随时应付客人多元的需求。专业素养就是来自于你怎么去替客户量身定做适合的理财计划，这些知识要靠自己不断的充实、不断的学习，而考取相关类别的证照就是一个证明书。也因此，银行员已经不再是金饭碗，而是瓷饭碗；你要保住饭碗，就要小心地捧着。”

企业融资

在企业金融方面，台湾的厂商因为大量而频繁的国际贸易活动，在融资及调度资金方面，不再局限于本土金融机构，已经能够利用国际金融市场，来满足与日俱增的资金需求。

1990年以后，台湾“市场自由化”、“经济全球化”的步伐未曾懈怠，而信息科技突飞猛进，对生产技术与成本的冲击更形加速。因此，台湾的企业在资源运用及资金的筹措与调度上，都要有相应的变化。金融自由化之后，如何善用多样的金融商品及多元的融资管道，就变成企业在经营管理上的新契机与挑战。

联发纺织总经理叶清泽谈到：

“时间不同就要有不同的动作，做研判，公司的治理者就是要在不同的时间点做不同的动作。台湾金融的自由化，塑造了得以让我们有操作空间的环境，这对公司经营来说有相当大的帮助。”

事实上，企业金融最大的变革是表现于从资本市场取得的资金比例大增。

台积电前财务长张孝威观察：

“到了90年代末期，我们的证券市场事实上已经相当地发达，最重要的意义是直接金融取代了间接金融。而直接金融有一个很大的功能，尤其是对于比较大型的企业而言，过去只能向银行借钱的态势，已经有了很大的改变。”

2005年，企业利用直接金融筹资的比例，从过去的一成，提升到将近三成，显示企业除了利用传统的间接金融管道，向银行取得资金外，他们运用直接金融市场管道的方式也越来越盛行，企业筹资的方式日趋多元化。

资本市场渐趋多元化后，一些需要大量资金的产业，甚至还到海外发行FRN、存托凭证及可转换公司债等。

财讯文化事业执行长谢金河认为，资本市场改变了过去筹资管道主要依靠银行的模式：

"台湾的资本市场非常发达，台湾的股民对大部分电子股都情有独钟。也就是说，他买股票一定优先选择买电子股，电子股的比重在台湾曾高达80%至90%，电子业的老板在资本市场筹集资金非常方便，包括盈余转增资、现金增资、扩大发行CB、ECB等，都能非常自然地从资本市场取得资金，所以大部分都是透过资本市场公开募集资金，对银行依存度相对减少很多。"

胡定华在评论台湾的直接金融时，说道：

"我们现在的证券市场比较具有活力；另外，我们也有了柜台买卖中心。台湾的科技业可以直接募集大众的资金，也可以运用国际上的ECB、GDR、ADR，及其他的种种方式来募集资金。企业越长越大，需要的资金及募集的管道也越来越多。"

王慎在比较直接金融与间接金融的差异时，指出银行的资金主要来自于存款，她认为"存款"还是比较标准化，比较难有变化。她还说：

"直接金融可以设计出多样化的产品，你可以套在股票、债券，或是很多的衍生性商品上。它可以符合不同筹资者的需求，及不同投资者的需求。我想直接金融的比例会越来越高。"

从公司经营者的立场，叶清泽对于企业融资的看法是：

"基本上，必须要作出对公司最有利的决定。发行公司债、短期的票券或是短期资金的调度，还是说银行中长期的贷款，这些都要随着时间做长、短期的调配。以前台湾的生意人，哪有听说要去操作金融商品？企业都是在这个过程中，一边摸索一边学习来的。"

在财务调度上，早期即接触海外新金融商品的杜绣珍便认为，除了透过传统的联贷方式外，还有其他不同的管道可以善加利用：

"银行能够给我们的贷款也是有限，我们那时候考虑很多：到底要用联贷，还是要用floating rate note。我了解它之后，就觉得这个产品很有趣，因为能够serve the same purpose，比联贷又来得好一点，所以我想可以来做做看，反正并没有增加成本。"

1997年，台积电在美国发行ADR（American Depositary Receipt），不仅是台湾的企业赴海外筹资的代表作，更重要的是显示出台湾企业已有能力达到美国资本市场上市的高规格要求。当时负责筹划的张孝威谈到这个案例时，认为：

“从台湾金融的角度来看，当初1997年台积电到美国纽约证券交易所去挂牌发行存托凭证，是非常有意义的一步。这是台湾第一家公司在美国证券市场挂牌，同时也提供了台湾大型企业另外一个新的筹资管道，过去是没有的。

“外国投资人若有兴趣投资台湾的产业，就不再局限于QFII这个管道，到台湾的证券市场来。他也可以选择在纽约的证券市场直接买进存托凭证。另外一方面，因为在美国挂牌，本身必须要具备相当好的条件，对于台湾的企业来讲，这也是一种学习。”

第三节 金融创新——变法图强

金融创新的定义

经济学家熊彼得（J. Schumpeter）将“创新”定义为“创造性的毁灭（Creative Destruction）”，更是“资本主义发展的动力”。熊彼得的创新理论，强调“变动”和“发展”。在创新理论上是如此，在金融的发展历程上，更是需要创新的思维。

广义地说，金融创新不只是金融商品的设计，更重要的是如何塑造一个适于创新的环境，包括体系架构与制度法规的变革。哈佛商学院的Peter Tufano教授就曾将金融创新定义为“创造”新的金融工具、技术、市场及制度，尔后并将之“普及化”来运用。管理学泰斗Peter Drucker更是一语道破创新的重要性：“如果没有创新，就会走上灭亡之路”。

金融创新的研究，可以1970年代为分水岭。在此之前，相关的文献并无完整而系统的讨论。直到1960年、1970年代初期出现的金融创新，被认为是造成货币需求不稳定的主要原因。此后，创新的因素在讨论金融发展的过程中才逐渐受到重视。台湾也有相当多的专家学者钻研金融创新的领域，黄志典（1993年）将金融创新界定为：“足以对金融业的营运造成相当影响的新金融工具、新金融作业程序、新金融组织或新金融市场的出现。”

1970年代赴美研究的陈木在，在谈到金融创新的名词时，说道：

“金融创新是指任何有关金融机构的创新，或者是指任何金融技术的创新而言。这些创新也许可以促进财货与劳务的交易、债务的清算及提供财货跟劳务生产者所需的资本。

“金融创新以银行为例，可以分成三种不同的类别来源。第一种是跟银行吸收资金，也就是跟银行负债能力有关的创新；第二种是影响银行运用资金能力有关的创新；最后一种则是属于金融机构形式的创新。创新本身就是怎么样把这些方法实际上引进到业务上的一个过程。”

金融创新的动力

在金融战国时代，激烈竞争压缩了金融机构原本微薄的利润。因此，如何尽速地从业务、管理、产品等方面，利用“金融创新”扩大利基，对金融服务的提供者而言实属当务之急。而每个金融服务的需求者（社会各个阶层）更可以藉由多样化的金融服务，有效率地从事投资、理财与风险管理的活动。因此，从金融服务的供、需两方面，都有推动与接受金融创新的迫切性与正当性。

胡定华诠释金融创新，就是一个字：“变”。要落实金融创新，就必须要警觉环境的“变”，才能够找出机会来“应”变：

“随着经济社会的发展，这中间一定有很多空间来让我们改变，这改变就是创新。”

金融创新的概念虽然抽象，但可以用很生活化的方式来说明，陈冲以“馒头理论”的故事来说明推动创新的“动力”：

“小时候，我们家那里有一个卖了20年的馒头店，一直都是卖同样的东西，为什么？因为客户都没有需要什么新的东西。等到人民所得增加以后，馒头已经不能满足客户的需要，这时候就会想说有没有新的东西？没有，那我就到隔壁的面包店，买特别的面包或其他东西，来代替这个馒头。原先的馒头店开始发现它有压力，就会把馒头加一点颜色，或‘变’成各种不同样子的花卷。”

同样地，老百姓富裕之后，对于金融服务也有了新的需要，陈冲接着指出：

“所有老百姓财富的增加，就是创新的驱动力。因为在那之前，金融机构不需创新也可以过easy的生活。但是当这个客户有钱了，开始有比较多的要求，如果不能满足，客户就会换另外一个提供者。原先这家金融机构就有压力了，必须想办法‘创新’。”

金融创新的前提之一就是“观念”的突破。如果观念上无法突破，纵使有新的硬件、商品与技术，创新还是有可能沦为空想。对此，钜国创投董事长洪星程就下了这样的脚注：

“我认为真正的金融创新要从观念出发，观念创新是什么？比如说‘数字内容’（digital contents）。现在规模还小，大家都感到陌生，但是你要想办法给它资金，这就有待观念上的改变。第二个我觉得应该要有积极进取的资本市场，比如说美国的生物科技公司，有概念就可以上市，但是台湾现在还不行。其次是要跟世界接轨，但是现在还离得很远。假如能够把这三个元素合而为一，我想创新就会跑出来。”

2003年6月ETF的挂牌上市，不仅为创新金融商品记上一笔，更呼应了观念上的创新。当时担任证交所董事长的陈冲就说：

“ETF在台湾被认为是很重要的里程碑，事实上我们也是抄来的。看名词就晓得，ETF三个字，Exchange Traded Fund，就是在交易所买卖的基金。从这个词本身看不出它真正的含意，当年刚推出时，我曾经把它换一个名词叫做Expect Taiwan Fly，我期望台湾藉此起飞。为什么？因为这是一个观念上的突破。”

王慎也认为：

“其实，我们把台湾现在所做的东西，拿到国际市场，几乎称不上是金融创新。如果把范围缩小，以前台湾没有的金融产品，或是发行条件，大概都可以当作是一种创新。一般在台湾的创新，很多都是把外国已经有的一些新产品、新形态移植到台湾；即使如此，这也还是需要一些创新的思维。因为新产品虽然在外国能够风行，却未必适合我们。”

金融创新的驱动力基本上是为了满足客户需求的变化。我们可以整理出金融创新的成因与推动力：

一、人民生活水准提升

财富所得的提升，增加对金融产品的需求。过去制式化的产品，必须有所区隔，针对不同族群给予不同的服务。即使是相同的族群，也要注意到多样化的需求。

二、规避金融管制

金融业透过信用创造、信用分配等机制，创造出可观的价值。然而，这个过程具有潜在的危机，为了减轻可能带来的伤害，行政当局设下重重管制。但是，金融业者为了争取客户、维护市场占有率、减低成本、提高获利，便会藉由创新的手段迂回前进。

三、市场竞争压力

来自同、异业的激烈竞争，不仅使金融业获利下降，更会导致经营上的严重挑战。因此需要藉由金融创新来求取生存的机会。

四、信息科技进步

由于IT产业的兴起及计算机的广泛运用，许多金融商品得以开发，并大幅减少时间与金钱的成本；金融业者利用这个机会，强化内部研发能力、提升服务效率与增加商品类别。

五、风险分摊

金融商品日益多元化，意味着金融安全将更加不确定。如何防范、消除金融风险所带来的危机，将是金融创新的另一个新的重要课题。

创新与制度架构

Tufano教授认为“金融创新”提到的“制度创新”是指金融体系、架构、法律等方面的突破与改变。其实，这类的创新对于金融业来说，是最根本、最重要的。在国际上，金融业通常都是受到高度管制的行业。每当环境需求发生变化的时候，只有在制度面及法规面能够适时地松绑，金融业才能够有创新、改变的空间。

侯金英分析：

“1989年后，台湾的金融业从以前的管制走向金融自由化。所谓自由化，就是放宽不必要的管制，开始孕育金融创新的环境，然后用市场的力量来代替行政管制，使银行能够借着竞争的力量，来提高金融效率与服务品质，发挥它应有的功能，促进经济发展。”

金融自由化的初期，必然会出现相应的阵痛期，银行业者也不例外，由于长期管制的结果，使得一开放便有无所适从的感觉。当时身为财政主管部门负责人的陈冲就举了一个真实的例子来说明这种景况：

“有一家银行的总经理打电话给我，他说老弟啊，不是说现在可以创新了？报上也这样讲，哪有什么东西可以新的？我就举一个很简单的例子给他听，当时银行定期存款只有4种，3个月、6个月、9个月，还有1年，当然也有2年、3年到期的，原则上就是固定的。我就告诉他，现在没有任何的规定，3个月利率是多少，6个月利率是多少，都是由你自己订，还可以推出任选到期日的存款。”

金融创新成功与否，关键在于能否营造一个适宜的环境与架构。对于金融创新的育成环境，王慎认为：

“当你看到一个产品进来，它应该是跟整个公司的前、中、后台业务都有关联，甚至牵涉到法令上的突破、客户的再教育及制度上的变动。另外，你在风险上怎么看，你的IT怎么去记录与控制。这些都要注意到，才算是完整的创新。”

欧华创投总经理蔡美丽则用另一个角度来诠释金融创新：

“金融创新本身，应该是全面性的。最重要的是结构上的创新，就是所谓的infrastructure。就像我们要推动创业投资，是因为传统的金融体系结构里，没有这类的机构，所以我们引进创业投资，带动民间资金，配合政策，推动高科技事业。”

当传统的金融体系或组织结构，无法配合发展需求的时候，适当的机构或工具就会透过金融创新而产生。在台湾金融发展的历程中，除了创业投资公司外，我们还可以看到许多例子，包括：提供电子金融信息服务的“财金信息公司”、增强金融征信功能的“联合征信中心”、建立台湾信评市场的“中华信用评等公司”及处理不良金融资产的“金融资产管理公司”等。这些例子都是金融创新的另一种形式。

信息科技与创新

1980年代开始，受惠于IT科技的大步跃进，信息的储存、运用、计算、整理及传递，都变得相当方便。金融业就是“人”、“金钱”加上“信息”的产业。金融创新最容易表现在商品的开发与设计上；信息科技发达后，对于金融服务业更有着推波助澜的作用，创新商品就如雨后春笋般地出现。

曾担任过信息室主管的章蕙光说明了信息科技对于银行商品设计的重要性：

“信息系统对于金融商品的设计跟创新有很大的帮助。原因是所有的金融商品，都跟利率、汇率有关，或是跟市场上投资工具的价格，及它的票面利率有关联性。必须透过财务工程的结合，才能够设计出新金融商品。

“银行推广这种商品，赚的是手续费，所以必须要有相当的量才能够有利基。如果没有良好的信息系统，就没有办法设计出有利基的商品。”

新的信息科技改变了过去很多传统金融服务业的做法，而且产生许多新颖而想象不到的金融商品。薛琦举例指出：

“一个最好的例子就是衍生性金融商品。它的一个基本作用，就是站在眼前这个时点，透过远期的市场，透过所谓的SWAP，或是透过warrant权证等商品，让希望避险的人，跟愿意投机的人，做一个媒合。”

信息科技对于金融业最直接的影响，就是日常运作效率的提升。章蕙光道出今昔的差异：

“计算机化之前，大部分的银行员，都有一种恐慌、排斥计算机化的过程。感觉最深刻的是6月底年度结账的时候。以往计算机化之前，我们都要花一天的时间去做记账、过账与计息的动作。计算机化以后，所有的交易输入计算机，相关的账务同时也都完成。现在只要多花1个钟头或一个半钟头的时间，账务就已经完成了，7月1号也就已经不再放假。”

全世界银行间金融电信学会（SWIFT）的系统是另一个应用信息科技提升精确性与效率的例子。章蕙光回忆道：

“有了SWIFT之后，速度提升得非常快。几乎是你按键的同时，几秒钟之内就可以达到目的地。由于是全球性的组织，所以成本上可以压低，比我们当时发telex的成本还要低，时间还要快；而且不像telex是一个free format，它是一个表格化的电文，加强了正确性。所以SWIFT系统的导入，使得我们外汇业务量可以做大，而且一般也不会担心发生失误。”

除了协助开发金融商品及提升业务效率外，信息科技的运用还可以推展市场行销及提升管理功能。曾担任台北市银行信息室副主任、现任财金信息公司董事长的李明纪，在谈到信息科技与金融创新时，认为：

“信息科技对金融创新，就像医疗工程、医学工程对医疗技术的进步，同样有着非常密切的关系。现在每个银行都在做CRM（客户关系管理），这是data warehousing的观念。在CRM的管理下，随时可以看到客户跟所有银行的往来情形，及客户的股价、媒体揭露的有关讯息，甚至它在大陆的投资事业。这些信息，就要看你如何去整合。

过去的金融创新，都是属于所谓的操作层次（operation level），其实更重要的是管理层次；如何利用所读到的信息，做管理上的分析跟判断。简单地说，信息科技对金融创新最大的帮助，是在管理面。”

创新服务与人才

许多人谈到金融创新，就会想到商品的开发。其实，金融创新跟一般商品最大的差异，就在于金融创新的产品是无法申请专利的，常见金融机构彼此互相抄袭。以台湾的例子来说，新商品如果成效不错，不出三个月市场上就有类似的商品出现。如果金融业要有比较高的利润，就不能只靠商品的开发。计葵生就认为：

“商品不一定要自己做，你可以在市场上找得到。银行不一定要发行自己的信用卡，你可以找其他公司合作，只要把你的品牌（brand name）放上去就好了。

“‘服务（service）’才是最难copy的东西。‘服务’包括速度、正确、态度及专业。这几个方面能够做得好，其他人就很难跟得上。”

根据麦肯锡顾问公司在台湾和香港两地所做的调查，如果要把价格、方便性等客户最在意的银行各项因素排序，前10名里有9项都跟“服务”有关。也就是说，根据市场区推出金融商品，必须很清楚地了解客户的属性以拟定行销策略，这里就必须要强调“速度、正确、态度及专业”。

计葵生在谈到金融业创新与服务的时候，强调道：

“金融业是一个information的行业，比起其他的产业，你必须非常了解客户。不管是把商品bundle在一起，还是给客户特殊的服务，你都必须善用‘知识’，发挥优势。最后，也是最关键的要素是在风控方面。如果你对整个金融市场的风险很了解，你提供的服务就可以帮客户减少风险。

所以，我觉得金融创新不是只看商品而已，因为这是非常短期的因素。而‘服务’、‘信息’跟‘风险管理’，才是比较长期的，也是比较能够维持利基的要素。”

在人才培训方面，必须强调金融创新的实践是以“服务客户的需求”为依归。

而所有影响“服务”品质与内涵的关键因素中，就以“人才”最为重要。台湾金融业在过去受到高度的管制，特殊的时空环境使得金融人才的培育与成长，特别在创新方面，无法得到适当的发挥空间。在这方面，外商金融机构不仅为台湾带来外资，对本土金融机构的经营管理能力产生深远的影响，也弥补了创新人才不足的窘境。

计葵生谈到外商银行对于台湾金融业发展的影响时，说道：

“外商在台湾的贡献，主要是在人才方面。举例来说，第一个就是信用卡，第二个就是财富管理。因为他们在这两块本来就做得又快又好。本地银行跟不上的时候，就必须去挖外商银行的人才进来，把业务做起来。”

席佳琳在分析外商银行对于台湾金融业的许多贡献时，提到：

“在我的印象中，花旗银行似乎已经变成台湾的银行补习班了。因为不管去哪一家大型的本地金融机构，许多高层的银行人才都是从花旗银行出来的。”

陈琼姿从本地银行的角度来观察外商银行的影响时，说道：

“外商银行的专长在产品创新、经营管理，与专业知识等方面，他们培训了很多杰出的银行员及金融专业人才。所以，我认为外商银行对本地银行跟银行员来讲，都是一个良性的冲击，而且是互利共生的。”

全球化竞争源自于信息科技的发达、国际金融的兴盛及客户需求面的带动；金融机构已经从过去的资金中介角色，进一步又担负起风险中介的角色。在全球竞合的年代中，“金融创新”将会是决定台湾金融业胜负的关键因素之一。

第四节　金融环保——险中求胜

国际金融弊案与风暴

金融业是“人”、“资金”和“信息”的结合；在人的经营管理下，经由信息科技的运用及金融商品的交易，资金流通的过程经常暴露在各种不同的风险中。而当信息科技被更广泛地运用于金融业务的时候，智能型犯罪的案例，更是层出不穷，金融业已变成高风险的行业。

1990年代中期，英国爆发一件震撼人心的弊案。巴林银行（Barings）新加坡期货部门的首席交易员兼总经理，李森（Nick Leeson），在1993年为巴林银行赚进900万英镑。李森所做的衍生性商品交易主要标的是日经期货指数，因为1995年1月阪神大地震的影响，受到巨额的损失；李森本身是交易员，又负责所有的清算工作，于是一手遮天，在持续亏损的情况下，造成了8亿7000万英镑的呆账，使得拥有资本额4亿7000万英镑的巴林银行不得不宣告倒闭。

曾经担任过银行财务部襄理，负责财务交易的陈蕙英在评论巴林事件时，谈到：

“他（李森）当初在发生一个错账后，因为损失太多，不愿意承认这个损失，所以再去进行交易去补那个洞，最后发觉补的洞越来越大。其实他只是为了补一个过错，所以才会有第二个错、第三个错。交易员有一个特性，当他已经沉入市场里头的时候，说真的，跟赌徒没什么差别，因为他已经完完全全失去理智了。为什么一家百年的老银行会因为一个人而倒闭呢？最主要是风险控管没有做好。”

巴林银行后来由荷兰的荷兴银行以1英镑的象征性价格收购。“李森事件”让所有的金融机构学到了教训：即使是一家超过230年的老店，若是忽视“风险控管”及“公司治理”的重要性，也一样会在市场上摔跤，一蹶不振，令人扼腕。

除了英国外，1990年代至今，国际间上连续爆发多起大型金融弊案，包括国际商业及信贷银行（BCCI）、美国的储贷协会（Saving & Loan Associations）及安然（Enron）等事件，其手法包括假造获利、虚列营收、违法逃漏税等。这些弊案使得全球投资者对资本市场失去信心。美国舆论甚至认为，金融弊案的影响，不亚于“911”攻击事件，因为“911”发动攻击的是敌人，而在金融弊案中，发动攻击者却是自己人。（见表4）

同样地，金融弊案与风暴在亚洲也是层出不穷。例如，1997年初，国际货币基金组织（IMF）预测东亚经济可望持续快速成长；同年7月，泰铢却急速贬值超过25%，投机性的交易也牵动亚洲其他邻近国家，包括马来西亚、韩国、菲律宾及印尼等国，爆发一场令人震惊，且具有“传染性”（contagious）的经济金融危机。

薛琦在分析亚洲金融风暴的成因时，认为：

“东南亚的这些国家，在受到金融风暴冲击之前，总体经济已经出现问题。从三个指针，大概可以看出它们有三点共同特征：第一是外债，它们向国外大量借钱，导致外债增加很快；第二是赤字，因为贸易出现赤字，而没有能力偿还外债；第三是外汇储备，这几个国家的外汇储备几乎枯竭。在这种情形下，再加上通货膨胀不断地加剧，它们怎么去解决问题？最后还要刻意地去维持本国的强势货币，等到撑不住的时候，就崩溃了。”

曾经因“休克疗法”著称的哈佛大学教授Jeffrey Sachs谈到：

“亚洲金融风暴之所以如此严重，影响层面如此广，有两个重要的原因。第一，这些国家存在着严重制度上的问题，造成国家财政金融上的脆弱；第二，部分国家采行了过于紧缩的稳定政策（tight stabilization）及没有适当地重整金融部门。”

2001年诺贝尔经济学奖得主Stigilitz则进一步指出：

“东亚危机最根本、最先决的症结就是金融体系的危机。金融体系可以看作是经济之脑，它会将稀有的资本配置于各项最有效的用途以产生最高收益。金融体系也会进行监督，确保资金用于当初承诺的用途。如果金融体系崩溃，厂商将无法取得维持生产所需的营运资金，也无法取得新投资所需的融通。”

薛琦在分析金融风暴的三个指针，也就是外债、赤字及外汇储备时，将这些条件放在美国、日本甚至台湾地区，却出现了很奇特而不同的结果：

“全世界负债最多的国家是谁？事实上，不是东南亚的国家，而是美国。全世界最大贸易逆差的国家是谁？也是美国。全世界有一个国家的外汇储备，不是很多的，也是美国。从前面三个指针去看的话，美国的金融是最有可能出现金融风暴。可是，在亚洲金融风暴时，美国是全世界金融最稳定，而且是最健全的。

“以这三个条件来看日本。谁是全世界最大的债权国？日本。谁是世界上最大的贸易顺差国？日本。谁拥有全世界最多的外汇储备？日本。日本有没有金融问题？它有，金融机构也面临严重的呆账问题，但是它的汇率基本上没有问题，这点跟东南亚的国家不一样。”

东亚金融风暴透露出一个讯息：受创的地区大多在经济自由化、国际化的步调上操之过急。这些地区的市场经济正常运作条件，并没有相对应地受到重视，政府的效率不彰，而且也未能适时制订或培育金融及产业环境所需的法规与检查制度，以至于在无法可管或执法不严的情况下，缺乏自律的市场，参与者得以肆无忌惮地牟取不当利润。因此，1997年的东亚金融风暴，可说是“市场失灵”与“政府失灵”两恶并存的世界级经济混乱事件。

表4　国际金融弊案整理

公司名称	弊案手法
安然（Enron）	钻法律漏洞，利用特殊目的个体，从事特定目的交易，隐藏数百亿元的亏损。
世界通讯（WorldCom）	原本应列作费用的38亿美元的电话线路使用费，改列为资本支出，使得费用的金额降低，相对拉高盈余。
全录（Xerox）	5年内浮报了64亿美元营收。
默克（Merck）	旗下美可保健公司将消费者直接付给药房的医疗自负额列为营收，1999年至2002年，默克将此种未收到的款项列为营收的金额达141亿美元。
泰科国际（Tyco International）	执行长可能挪用公司资金购买房地产和支付个人开销。

资料来源：张玉文，《公司治理不佳是美国经济的内忧》，收录在《远见》杂志，2002年8月号，p44。

台湾金融弊案与风暴

台湾虽然在1997年亚洲金融风暴中“幸免于难”，却有一股本土性的风暴，正朝着台湾席卷而来。

杨雅惠分析台湾之所以在1998年发生本土性金融风暴的原因时，说道：

“1997年亚洲金融风暴中，台湾的表现还不错。为何到了1998年的时候，反而产生了本土性的金融风暴？主要的原因，就是台湾的金融机构或者企业，本身的财务在平常就有问题。当景气好的时候，这些问题就被掩盖住了。

“但是，因和这些地区贸易的关联性，最后也使得我们难以安全脱身。再加上部分票券金融公司、金融机构，他们保证做的过多，在整个景气不好的时候，弊端就一股脑儿地爆发出来。”

长期观察台湾金融业发展的谢金河，说明台湾的银行业在亚洲金融风暴以后所受到的打击时，说道：

“台湾的银行授信比重以不动产为主。不动产价格从1990年代以后不断下跌，最惨重时大概跌到六成。很多人到银行贷款之后，干脆丢给银行，所以银行在那段时间承受不动产授信大概超过新台币一兆元以上。

“另一方面，1997、1998年台湾很多企业，因为到银行借钱炒股票、炒房地产，这些企业在亚洲金融风暴之后，几乎都破产。从台凤开始，鸿禧、新巨群、国扬到宏福，还包括国产汽车的1000多亿元，这二三十家公司的债务全由银行承担，最后都变成呆账。当时，银行的不良放款超过新台币25000亿元以上。”

谢金河有感而发地说道：

“如果我们把台湾金融机构50年来所赚的钱，拿去打呆账，差不多刚好打平。这对金融业来讲，简直是一场噩梦！”

本土金融风暴的噩梦尚未结束，1998年台湾又爆发了震惊社会的“国际票券弊案”，这一类的智能型犯罪手法，对台湾的金融体系来说，无疑是雪上加霜。

当时衔命参与重整任务的国际票券前总经理李明纪回忆道：

“国票弊案跟后来发生的“中央”票券及宏福票券不同之处，在于它是员工个人道德风险所造成的。

“这事件之所以严重，主要原因是金额非常庞大，被国票员工杨瑞仁所盗领的金额达102亿之多。第二个原因是国票的经营规模很大，当时保证的余额大概有1320亿新台币左右，假如国票倒闭，就会剧烈地冲击金融市场。”

对于金融弊案的处理，谢金河语重心长地指出：

“我们现在有两项应该要做的，一个是‘除弊’，另外是‘兴利’。首先，我们要有魄力去‘除弊’，将过去淘空银行的大盗绳之以法，而且要从重量刑。华侨银行被梁柏熏淘空53亿元，经过9年的法律诉讼，最后只判刑1年。这种案例如此的轻判，结果梁柏熏竟然逃之夭夭，连1年的牢都没有坐！很多人就会想，如果有机会淘空银行，就算坐1年的牢也很划算，对不对？”

谢金河接着说道：

“在‘兴利’方面，让银行能够强化体质，增强竞争力。例如，银行的合并，还有对证券市场的兴革，对会计师的严格查账、市场的退出机制及公司治理等措施，都是当务之急。”

本土金融风暴与弊案的影响，不仅会震荡台湾的经济与金融环境，若从国际竞争力的角度来看，更有其严重性。计葵生就认为：

“这个一定要改！否则，台湾跟其他东南亚地区一样，每5年就会出现较大型的金融风暴，使得国际资金不愿意进来，那就真的很难变成世界级金融中心。”

公司治理与自律

经济学家梁国树曾经一再强调，当金融环境因为放宽管制，并与国际接轨的时候，一方面应该尽量减轻自由化过程可能遭遇的阻碍；另一方面，更应该加强防范违法的行为，提振金融业者的自律精神。

谈到与国际接轨，张孝威从台湾本土的观点解释：

“国际接轨讲的是什么？譬如就是说很多风险管理上的要求、市场的深度、公司治理及公认的会计原则是不是跟国际的完全一致等。事实上我们跟国际还是有落差存在。”

公司治理（Corporate Governance）的概念，早在1970年代即已出现，直到

1997年亚洲金融危机发生后，这个议题才又被广泛讨论。“公司治理”为一种对公司进行管理和控制的体系，它不仅规定公司各个参与者（例如董事会、经理层、股东和其他利害关系人）的责任和权利分配，而且明确地交代公司在事务的决策过程中，所应遵循的规则和程序。

经济学家吴中书强调公司治理的重要性时，提到：

“公司的财务要透明化，管理要制度化。独立董监事制度，就是要借重外来的专家来监督公司经营。但是，即便在这种制度下，也还是要仰赖公司的执行者，因为独立董监事是他们自己请的，假如独立董监事不能发挥应有功能时，事实上对公司的营运及透明化没什么助益。”

郎咸平教授在其著作《公司治理》一书中，进一步扩大研究公司治理的层面，深入地探讨许多相关议题，包括公司的股利政策、长期债政策、破产与重组、兼并与收购、经营方式等，并且对不同制度与文化背景下的公司股权结构进行讨论。

金融环保的精髓

金融环保的主要目的，就是要创造及维护一个干净而有效率，并且是“安全与稳健（Safe，Sound and Prudent)”的金融环境。因此，除了要有完备而有效率的金融监管外，金融业者的“公司治理”能力能否提升，对于强化金融部门的抗疫力，是我们在谈“金融环保”的时候，必须要重视的课题。

什么是金融环保？陈冲解释道：

“金融环保有以下几个含义：第一，金融法规要合理化，不合时宜的就应该加以检讨。以自由化而言，能够开放的就应该尽早开放，未到开放时候的就应该审慎评估。第二，加强银行的内部控制与外部的金融检查。

“不过，这和真正的环保一样，光靠颁布法规是不够的，还需要社会上的每一个人都去遵守。同样地，金融环保必须要能够使每一个金融从业人员确实遵守法规（Regulations）及信条守则（Code of Ethics)。”

金融自由化、国际化之后，台湾的金融部门与国际接轨的程度越来越深，除了引进先进的金融知识及专业外，事实上，海外金融情势的风吹草动也会影响到台湾金融的稳定。常言道："美国打喷嚏、台湾重感冒"，假如台湾金融自由化之后，却因金融业者不遵守规则，以致体质不够健全、抵抗力不佳、金融情势不稳定、弊案及风暴不断发生；这种结果会烙印在海内外的投资人心里，将直接、间接地深刻影响到经济发展与社会民生。

侯金英举了一个很生动的例子，来说明金融自由化与金融环保的关系：

"我们可以把'金融自由化'比喻为开放高速公路，供车辆来行驶，大家都希望能以最快的速度抵达目的地。虽然高速公路没有红绿灯，我们还是要先订妥交通规则，来约束驾驶员共同维护交通安全。接下来，就要有交通警察来执行这个规则，违规就要罚款！否则车祸就会不断发生，造成交通阻塞。

"同样地，'金融自由化'就是放宽或取消不必要的法规，就如同高速公路没有红绿灯一样。但是，为了要能顺畅地行驶，还是要约束、监督及管理金融机构，这就是'金融环保'。"

1990年代，台湾在金融自由化、国际化之后，金融业朝向多元化经营，并跨足到不同的市场跟不同的领域。而海内外的金融业所发生的弊案与风暴，包括泡沫经济与呆账、舞弊、超贷、挤兑或衍生性金融商品因操作不当遭受损失等，都显示了风险对金融机构的经营，已经构成致命的威胁。因此，"风险管理"在金融环保的工作中更显得重要。

美联储前主席格林斯潘就曾指出，不论金融创新会带来何种金融商品和业务，金融机构的本质与功能并不会改变，除了担负起"资金中介"的角色，更要担负起"风险中介"的角色，也就是衡量风险、承受风险及做好风险管理。这些都考验着金融机构和监管部门的控管能力，而有效地规划及执行"金融环保"的工作，也将是台湾金融业在未来胜出的关键。

第五节　金融大未来

台湾金融优劣势

台湾的金融业在1990年代之后，所展现的活力，充分反映在金融资产的扩张上。根据有关统计资料，台湾在2005年有432家金融机构，其中金控公司14家、银行82家，金融总资产新台币25万亿元。面对全球竞合的年代，台湾金融业的优劣势在哪里？

经济学家杨雅惠认为，台湾的优势在于它的产业基础、长久以来所累积的经济实力、不算小的本地市场，再加上许多本土企业的国际化布局，为台湾金融业提供宽广的成长空间，发挥了相辅相成的综效。相较之下，香港或新加坡，因为几乎没有地方可以发展工业，它们的经济都是以服务业为基础。

杨雅惠接着指出：

“台湾的储蓄率在全球是数一数二的，曾经高达35%，目前也还有25%左右，这跟美国不到5%的情况不可同日而语。正因为有如此高的储蓄率，使得民间累积大量的财富，所以个人理财或财富管理，便成为银行业务的重点之一，这也是台湾的优势所在。”

从金融体系的表现来看，计葵生在谈到台湾金融业的发展潜力时，提到：

“我们拿台湾最好的5到10家银行或保险公司，去跟新加坡或香港比，不会输给这些地方。台湾真的是非常好，尤其在行销方面，这是台湾金融业的优点之一。风险控管可能落后一点，可是慢慢也在改进。第二个优点就是资金capital蛮多的。”

但是，在检讨台湾的金融改革，及公营银行民营化的成效时，计葵生指出公股仍然在一些重要银行占有很大比例，甚至还握有超过20%、30%的股份，因此在高层人事的聘用及经营管理等方面，仍然受到一定程度的政治因素影响。他强调：

“如果台湾无法落实金融改革，如果公股不能真正地退场，这样的局面会让整个市场缺乏竞争力。我看台湾未来金融业发展的机会，会因此受到很大的限制。机会不至于说消失不见，但是台湾顶多变成一个比较小而单纯的本地市场而已，这是蛮可惜的！”

杨雅惠进一步从金融活动（financial activities）的成长，分析台湾的优势：

“我们的金融体系成长得非常快。比方说，我们的信用卡交易量、金融资产的规模，还有股市的成交量，这些方面扩张的速度，跟很多地区比较起来，我们都排名在前5名之内。所以从金融动能的角度观察，我们的确具备相当的优势。”

然而，杨雅惠也点出了台湾金融业的劣势所在：

“台湾还需要改进的地方非常多，例如金融监管有关的法规必须健全、尽量减少弊端的发生、改善我们内线交易的形象等。内线交易事件频传，金融信息交易的透明度不足，在整个金融纪律上，国际评等是比较差的。

“还有就是要注意我们的时间点（Timing）。因为邻近的香港或上海，都是我们将来非常强劲的对手。假如我们的金融体系不赶快改进的话，不赶快争取这个时间点，那我们的优势，可能会随着情况的变化渐渐地消失。”

两岸金融的分合

20世纪后期，中国大陆经济逐渐开放，成为世界的工厂，金融活动也蓬勃发展；在加入世贸组织之后，2006年底中国大陆已经对外商提供国民待遇。台湾究竟应当如何看待两岸金融？

目前，台商在大陆能够享有的金融服务非常有限。碍于特殊的政治情势，台商在大陆设厂，则母公司无法以大陆地区抵押品向台湾的银行进行融资，加上大陆银行对台商企业的融资限制，初期台商多以母公司或主要股东自有资金进行投资，此举无疑造成台商在资金调度运筹上之不便与困扰，也间接地束缚了两岸金融业者的经营与发展。

英国《金融时报》的席佳琳认为：

“台湾是往大陆发展的理想跳板。因为语言通、文化通，而且有很多人在大陆已经累积丰富的经验。最关键的，也是最棘手的，就是政治问题横在那里！我真的不敢相信台湾不肯利用这个优势！”

谢金河则进一步强调，台湾必须正视两岸金融的前途及时间点，否则原来既存的优势将逐渐逝去：

“谈到金融业的优势，台湾目前似乎还在中国大陆之上，但是应该赶快展开到对岸的布局。时间对我们来讲是非常有限的。我们甚至可以用另外一种方式来思考，那就是台湾应该允许中国大陆的银行来台湾设分行，而台湾也可以到中国大陆去设分行。我们希望将来能透过两岸协商，找出可行的模式。”

计葵生则从国际观点，分析两岸金融业发展的可能走向：

“台湾的manufacturing在大陆是非常成功的，但是金融业还是受到重重的限制。2006年底，大陆根据WTO承诺全面开放其金融市场。可是纸面上的开放与实际的开放之间，仍然会存在很大的差别。日本就是很明显的例子，它设定很多限制让外商进不去。

“大陆市场会慢慢地开放。我的判断是未来的三到五年，大陆的金融业者会积极地考虑与外商结盟。但是，因为语言、文化、做事方法都不相同，这些联盟迟早会遭遇许多困难。最后还是要找了解它的市场、文化接近、语言相通的金融业者合作，因此，长期来看，台湾的金融业者还是有机会的。”

金融新愿景

2004年台湾宣示要成为“区域性的金融服务中心”，作为台湾金融业的新愿景，也指出了台湾金融发展的方向。然而，要将台湾发展成为区域金融中心的构想，早在1982年就已经提出过。当时，有感于经济发展必须向外拓展，而以推动贸易及金融为重要策略之一。接着，台湾在1995年再提出“发展台湾成为亚太营运中心”的计划，其中就包括区域金融中心的发展目标。

金融中心的特点除了在地理战略位置上的优势外，金融服务（市场、产品、经济环境）的完整和效率更是不可或缺的要素，香港和新加坡就是极佳的例子。香港由于本身开放的金融制度环境，及给予外商金融机构与本地金融机构同等的“国民待遇”，再加上适切的地理位置而水到渠成；新加坡则是在政府的推动下，从法规的完备、人才的养成着手而逐渐形成。

金融中心必须具备的基本条件包括：社会稳定、经贸与金融实力强大、资金进出便利、人才不虞匮乏、相关行业的配合（法律、会计等）、完善的金融市场及基本设施（电讯、交通设施、网络）等。过去，台湾金融体系的管制与保守风气深刻地影响金融业的发展，因此，揭橥金融中心为发展目标，就是要针对各项基本条件重新检视并予以改革。

另一方面，亚洲地区快速蓬勃的经济成长，所形成的庞大资金需求，凭借台湾的雄厚资金，及地处亚太枢纽的地理位置，应该有机会也有利基，能够发展成为区域筹款中心（regional funding center）、进而成为区域金融中心（regional financial center）。况且，发展台北成为金融中心的目的不在取代其他亚洲地区金融中心，而是在于谋求分工与相辅相成的发展形态。

但是，英国《金融时报》的席佳琳持平地指出，台湾要达到上述的发展形态，还是要面对现实的政治困境：

“过去台湾在产业、电子业、或贸易等方面，虽然一直没有变成区域服务中心，但还是创造了经济奇迹。当时的这些成就好像跟中国大陆没有那么直接而密切的关系。

“不过，金融业还是比较不一样，对内也许没有问题，只要把台湾岛内的市场发展起来，提升服务品质，把商品变得比较多元化。但是，当谈到区域或国际金融的时候，就很难去想象，台湾要跟美国、欧洲或亚洲其他的国家合作，可是偏就不理会中国大陆，这在金融业是行不通的！”

麦肯锡公司的计葵生则试图点醒台湾发展金融中心的迷思：

“从传统的观念来谈金融中心，有两个重点：第一点是能够吸引外商银行到台湾设办公室，做传统的企业金融、个人理财、或零售方面的生意；第二点就是参与本地的capital market，包括证券、债券及treasury的生意。

“平心而论，如果台湾想要变成这样的金融中心，吸引外商银行来台湾布点，我认为不太可能。因为全世界的银行，可能都是在亚洲只设一到两个营运中心，生意就在这些中心去run。放眼亚洲，未来不是香港就是上海，两者都有可能。”

虽然如此，计葵生仍然指出台湾具备另一个发展成金融中心的契机：

"我觉得台湾有机会变成'投资中心'。也就是说，未来要到中国大陆投资，大家会要通过台湾的市场，因为这里有很好的Venture Capital能力，也有很好的Asset Management能力，再加上丰沛的capital，及这方面的人才。一旦设好中国大陆地区的通路，台湾的金融中心就会有自己的特点，而不会变成类似香港的金融中心。"

但是，台湾要成为区域性的金融中心，计葵生语重心长地指出一些有待努力的地方：

"第一，如果没有把公营银行真正民营化，一旦资金贷放的方向不对，台湾就有可能会跟其他东南亚地区一样，每5到7年就会发生金融或经济的风暴。这样，要变成一个世界级的金融中心，真的很难。

"第二，台湾对中国大陆有关的限制，如果不开放、不改变的话，台湾要成为一个金融中心的机会，基本上可以说是零。

"第三，就是人事因素。我接触过的外商银行，现在比较少来台湾的一个原因，是因为他们每次去拜访银行，就会发现有些董事长、总经理，还有董事会的人，根本没有金融业的经验，主要是因为人事关系才被放置在那里。"

谢金河更是一针见血地点出台湾金融业的成败关键：

"到目前为止，台湾金融业的根本问题就是很少有真正的'银行家'。假如台湾的银行想要有竞争力，来迎接未来的挑战，那么银行的老板一定要想办法抛开个人的私利，把自己当作真正的银行家，同时大量引进人才，任用优秀的专业经理人，让银行有独立经营的自主性。"

金融大未来

台湾，从动荡不安到稳定成长，从民生凋敝到藏富于民，这些是花费百年以上的时光才得以实现的；金融部门所扮演的角色，就像是血液为人体提供养分，发挥融汇与融通资金的功能。回顾台湾50年来，从金融市场逐步建立，到金融体制日臻完善，为金融业带来宽广的发展空间，为更多的金融业者创造了机会。

纽约时报专栏作家汤姆斯·傅利曼（Thomas Friedman）在《了解大未来》一书中，特别强调"金融民主化"是未来全球化的一环。经济学家罗勃特·席勒（Robert

Shiller）在《新金融时代》一书中也曾提到，金融的“民主化”就是能够让更多的参与者加入金融市场的活动，使更多的消费者享受到金融服务所带来的福祉，而金融民主化的真谛，就是要让更多社会大众的权益受到保障。

陈冲如此诠释金融民主化的概念：

“‘全球化’有三个表征，一个是信息（information）的民主化，一个就是科技（technology）的民主化，另外就是金融（finance）的民主化。当愈来愈多的人提供金融服务，愈来愈多的人接受金融服务，这就是所谓的金融民主化，它和政治的民主化是类似的，但也有所不同。”

高承恕则从社会学家的观点，评析台湾金融业未来发展的轨迹与现象：

“第一，金融业现在的发展，与一般社会的认知还有落差。金融业本身跑得很快，但是社会搭不上，这个落差要弥补。

“第二，我观察到一些隐忧或奇特的地方。现在的金控公司越来越大，日后能够提供给社会大众什么样的金融服务品质？这些都有待验证。是不是能提升社会公益与促进社会公平？还是说只有少数人变得更富有？两者之间是有差别的。

真正的金融民主化不是单纯地变得有效率，其中存在有伦理的问题。”

在全球竞合的年代，台湾的金融业应该透过“金融创新”与“金融环保”，不断提升竞争力与经营体质，并且藉由丰沛的资金与行销能力的优势，在亚太市场上，达成区域金融中心的理想，同时为台湾的经济成长，及亚太地区的整合与稳定，作出更大的贡献！

第二部

与钱共舞

介绍台湾不同领域之六大成功企业，

并深入采访其财务长

第一章

聆听大地呼唤

巨大捷安特的飞驰双轮

第一节　巨大捷安特的故事

董事长与创业股东——刘金标

他于38岁创设该公司，创业资金由当时的10位股东共同筹集，投资额为新台币400万元，当时聘请了38位员工，算是很小的一家公司。

实际上，10位股东没有一位懂自行车，进入这行时都还是一张白纸，完全没有经验，于是边做边摸索，从错误中不断学习与修正。刘金标与股东常跑到海外实地调查，察看自行车工厂的运转流程。

自行车制造业是结合许多行业的综合产业，例如橡胶、钢铁、塑料、化学与铝合金。创业时因为什么都不懂，做出来的产品没人买。因此，需要尝试去做、去研究，直到实验品成为真正的产品为止。在这过程中，刘金标还曾锲而不舍地帮台湾建立自行车统一规格。如今，巨大的行销网分布50余国，是全球自行车产业中，企业组织网分布最广、最密的公司之一。

自行车Made in Taiwan

当时台湾自行车的品质非常糟糕，遭到很多退货，可说是市场上拒绝销售，Made in Taiwan的形象很差。美国的某些自行车专卖店外面就贴着一张海报，写着："本店拒绝销售来自台湾的自行车！"甚至拒绝修理台湾制的自行车，因为当时规格不一，没有适当的零件可更换修理。

创业维艰，巨大当时的财务非常凄惨！连续4年找不到客户，银行也都不贷款给自行车业，所以当创业时的400万元资金快用尽时，只好继续向股东借款。有信心的股东会拿出一点钱借给公司，没信心的就根本不愿意再出资了！

处于如此不利的环境下，全体股东及同仁凭着坚强意志力慢慢将巨大经营起来。4年后，巨大终于找到第一位客户，这位客户对巨大的要求是："你们的自行车品质一定要好，才卖得出去。”所以，巨大的传统理念就是：“品质是我们的第一考量，品质好，才有办法赚钱。”

第一位贵人Schwinn

1976年是巨大的转折点。当时美国有一家叫Schwinn的脚踏车公司，Schwinn是美国的第一品牌，很重视产品品质，美国小孩骑的车大都是Schwinn。为了与Schwinn合作，巨大敲了2年的门，终于找到机会拜访Schwinn的芝加哥总部。

透过沟通，Schwinn终于知道台湾巨大公司的经营理念。幸运的是，巨大得到Schwinn的试购订单（try-order），此事件成为国际新闻，在日本也造成轰动，因为Schwinn不轻易向外商购买自行车，甚至包括Schwinn的零件，必须要Schwinn同意才可以使用。所以，Schwinn买巨大的自行车，大大提升了巨大的形象。

在Schwinn同意买巨大自行车后，该公司态度立刻有了180度转变，给予巨大许多帮助。除了给订单外，也提升了巨大的信誉、形象与厂格。对于彼此的合作，双方愈来愈具信心，订购的车子也卖得很好，赚了不少钱。

当时Schwinn在美国有5家工厂，每一家都在罢工，该公司认为只要订单给巨大，巨大会妥当安排一切，价格便宜，又可以赚钱，干脆把工厂关掉。于是，Schwinn每关一家工厂，巨大的订单就多起来，后来仅Schwinn这个客户，就占巨大75%的产量。

75%的震撼与危机

这75%的产量带给巨大极度的不安！因为世上没有永远的客户，也没有不散的筵席，如果没有Schwinn的订单，谁来填补这个缺口？因此，巨大提出了一个建议，希望双方成立一家公司，共同投资，来推Giant这个品牌，巨大则希望透过Giant这个品牌，让员工有一种荣誉感、归属感与安全感。

Schwinn最终答应了巨大的要求，但是条件非常苛刻。Schwinn要求占新公司80%股权，巨大只占20%，品牌由Schwinn所有。Schwinn所持的理由是巨大负责生产，赚的是制造利润；Schwinn是销售公司，赚的是销售利润，所以Schwinn要求它的持股比重要多一点。

Schwinn把巨大带大，也让巨大赚了不少钱，抱着感恩的心理，巨大就答应了。巨大也终于可以向股东与员工宣布："要推出自己的品牌了！"

没想到相隔2个月，还没推出Giant品牌之前，Schwinn就到中国大陆深圳投资中华自行车公司，这对巨大来说，无疑是个非常大的震撼与危机！因为巨大知道订单迟早会被抽走。

决定自创品牌

在走投无路下，巨大立刻成立危机处理小组，进行沙盘演练，推算Schwinn要分批抽走订单的可能时间，并毅然走上自创品牌之路。于是开始与时间竞赛，到底是Schwinn抽单抽得快，还是自己的品牌打出的速度快？

短短5年间，巨大在全球先进国家包括荷兰、德国、英国、法国、意大利、美国、加拿大、澳大利亚与日本，都设立了巨大的直营分公司。

制造业者的心态是价格便宜、品质良好，一定有人买。但凭着价格优势来建立自己的品牌，这种心态对于品牌的建立绝对有相当大的阻力和负面的影响。所以，巨大一路边做边调整，把过去定位为"制造公司"，调整成"兼具行销公司"，也就是变成"拥有制造实力的行销公司"，重视顾客的满意度及售后服务，让顾客导向（Total Customer Oriented，TCO）成为公司的经营方向。

巨大非常重视经营品牌，每年投入总营业额的5%作为全球行销费用，规划捷安特国际宣传事宜，赞助国际自行车队或公益文化活动，俾以建立品牌系统。将捷安特品牌以清新、自然、休闲和专业形象，深植在全球每一位消费者心中，是巨大公司永恒不变的目标。

让客户"感动"

光是满足客户，似乎不够，巨大认为要建立一个高形象或有附加产品价值的品牌，必须要做到让顾客感动。从"满足"到"感动"，巨大又做了很多的调整。

他们希望客户骑捷安特脚踏车时，感觉好像开Benz名车一样！客户有这样的感动，品牌才能真正建立起来。

为了让客户感动，巨大成立研发团队，不断提升产品品质。巨大的研发团队备受各国际专业车队信赖，故接受委托定做各式各样的专业级车种。他们曾与自行车设计领域的顶级大师 Mike Burrows、世界闻名的专业自由车车队德国 T-Mobile Team 携手合作，研发新一代轻量化 TCR Advanced 碳纤车，除不断测试骑乘者之舒适感、车体性能外，更对自行车之总合价值（Total Best Value）进行改良创新。

当一款贴上“GIANT”卷标的巨大产品传送到全球消费者手中的时候，消费者享有的不仅是最佳总合价值的科技精品，更是国际品质认证的最优质产品。

要求标准规格

帮台湾建立自行车统一规格，巨大遇到很多挫折，但还是锲而不舍地努力。巨大创立初期，因为当时台湾做出的自行车规格各不相同，董事长刘金标就去“中央标准局”要求建立自行车标准规格，如果没有标准规格，就无法说服零件厂商改变规格，也无法实现自行车的零件在全球更换。可惜的是，刘金标无功而返。

竞争对手的致命错误

自行车业已经有200多年历史，世界各国都有，在强力竞争下，巨大通过考验，成为全世界数一数二的品牌。巨大下了一个结论：“或许应该这么说，我们的竞争对手陆续犯错，让巨大有机会乘胜追击，并非全靠我们的力量，让巨大做到今天的地步。”

竞争对手犯的致命错误是什么？就是公司成立久了，任其一直老化，业务量逐渐减少，产品不符合消费者的需求，因此，整个市场慢慢萎缩了，这种失败案例不胜枚举，例如Schwinn公司在离开巨大后倒闭了。很多美国大学课程在做个案研究（case study），讨论为什么Schwinn这么强的自行车公司没有台湾捷安特的后援会倒闭，而捷安特会成功？这的确是个微妙的问题。

历史悠久的公司最大的错误之一是老化，有人则持不同的看法，认为经营越久经验应该越丰富，产品应该越多，为什么会老化？

巨大认为问题的症结在于人心老化。公司只是一个工作环境，里面的成员才是真正的主体。因为人心老化，公司才会老化，而人心的老化，跟年龄是毫无关系的。

当历史悠久的自行车公司倒闭时，有年轻活力的巨大公司正摩拳擦掌，认为机会来了，别人让给巨大的机会，怎可轻易放过？

（注：以上部分内容系取材自巨大公司网站，并改写而成，经巨大公司杜绣珍财务长同意后予以出版。）

第二节　CFO访谈时间

——与巨大公司杜绣珍财务长对谈

财务长责无旁贷的责任

问：各企业之财务长所负责任不尽相同，巨大是否有特定的任务是财务长责无旁贷、必须负起的？

答：CFO是很重要的一个角色，尤其在设立海外子公司的时候，财务长最大的一个目标就是帮总公司和子公司找信用额度，让双方都有很正常的营运资金。

公司的一切都上轨道以后，就要让我们的重要伙伴之一的银行放心，让银行觉得当初把钱借给我们是对的。银行收的只是一点微薄利息，所以我们一定要给银行一个公道，要把公司的财务做得非常透明化，定期提供最新的营运信息给他们。

在银行对我们有信心以后，我的角色开始调整为给子公司一个清楚的方向，让他们知道什么是公司要走的路？公司财务的指针是什么？大家该如何朝这个方向去做？应该有多少的资本？当然，CFO另外一个角色是如何将"市场上的产品"呈现给银行，呈现给股东，而CFO所指的"市场上的产品"是"整个公司"，不仅是市面上的产品。

问：当时贵公司是怎样建立起与大陆当地银行合作的关系？

答：巨大在中国大陆投资12年，我们与一般台商做法较为不同。1992年，公司同事在寻找建厂地点与建立可能的销售管道时，负责财务的人员也同时到场。

当时，我知道可能在昆山设厂，第一件事就是马上去拜访昆山的银行。在彼此不熟识的情形下，我带着公司简介、产品型录介绍公司，让银行了解巨大公司。

不久，巨大在当地设厂，然后资金到位，加深了银行对我们的印象。后来因为内销，做的又是消费性产品，进一步加深了银行对我们的印象。在大陆昆山的投资，很快就打平了，也有不错的营运绩效。

直到现在，当地银行对我们的印象还是非常好！现在全世界资金流向中国大陆，中国大陆当地银行其实拥有大量资金，手上拥有很多美元，他们会优先考虑贷款给我们这样的公司。一向以来，中国银行、中国农业银行及中国工商银行，都对巨大非常支持。

问：巨大在全球各地都有行销网点，您如何处理外汇的需求？

答：巨大的营收有很多是美元、荷兰盾、日元、澳元或加拿大元等。为了不让子公司有汇率问题，公司全部采用当地货币。而总公司出货到各地区，那里的子公司要付我们当地的货币时，为了避免外汇风险，这些通通要去预售。

可是，早期的外汇市场，根本就是外商银行的天下，本地银行有很多规定限制。因为无法应付需求，我们只得与外商银行往来，当时荷兰银行扮演很重要的角色。

巨大公司获奖后，刘金标董事长（右四）与杜绣珍财务长（左三）等人合影

就银行而言，巨大绝对是外汇大户。我们收的都是外汇，60亿元里差不多都是外币，且巨大到海外采买很多东西，约40亿元，加起来差不多100多亿元。

问：有无因汇率升值，而让贵公司获利之故事？

答：在1986年或1987年，台湾因为中小企业禁不起汇率的急速升值，而采取渐进式升值的政策，如果我没有记错的话，每个月大约升值1元。所以，只要能够早一点把钱寄回来，就有利可得。如果能够寄回来100万美元，也可以讲是赚进100万新台币，或是说少亏100万新台币。

心路历程

问：可否谈谈您投身财务领域的心路历程？

答：董事长常讲一句话："东西就是在需要的时候，要有效去学习。"1980年我到新加坡，那时新加坡已经是东南亚的金融中心。因为夫家做生意，所以我在金融方面一直有涉猎。当时台湾的中小企业并不会有许多金融常识，我却在新加坡耳濡目染，所以对金融比台湾的一般公司有概念。因为夫家在新加坡、香港都有办公室，所以我就有当地的信息，然后自己在新加坡修习金融财务方面的课程，也到新加坡大学去上过短期课程。

另外，因为我打高尔夫球的关系，认识许多朋友，有很多是外商银行派在新加坡工作的，所以我有很多朋友是银行家。其中有一位朋友的先生是Citibank的资深副总裁，他家跟我们家是世交，我与他太太非常交好，她的先生就教我一些银行事务，所以我从他那边学到很多。我觉得所有事情来自于需要，你有这个需求，因此努力学习，即使转换跑道，也能做得非常成功。

台湾当初开放新银行时，很多人来找我们，问巨大要不要投资新银行？甚至把投资额度留下来给我们，我们都没有去投资，因为之前我在新加坡，知道经营银行是一件非常专业的生意，所以那时我就建议董事长："最好不要去碰这件事。"事实也证明，投资经营银行并非现阶段巨大的目标与策略。

问：有何忠告给投身于金融财务领域的年轻人？

答：大概财务长很少像我一样，觉得财务是“有趣的工作”。我总是随着公司开疆辟土的脚步，冲在第一线。

有句调侃财务长的话说：“财务长不过是个数豆子的人”，意指往往见树不见林。实际上，我大小事都关心，有同仁开玩笑对我说：“如果有什么是你不过问的，请通知我一声。”我认为，年轻人如果投身财务领域，以成为财务长为目标，那么，他们应该记住：“财务长要有企图心。”

问：怎样展现这种企图心？

答：巨大的触角遍布全球，当初为了分公司能和银行往来，我会提早和在台湾的外商银行来往，例如先和日本第一劝业银行、荷兰银行往来，建立信用关系，让分公司到海外设立时，更容易取得当地银行的信任。

当初，巨大一决定要到大陆昆山设厂，我就抱着一大堆财务资料往当地银行跑，尽管行员对我并不热络，我还是很有礼貌地留下名片，介绍公司，然后再存款进去，现在不少当地行长都是我当年接触过的小职员，所以对巨大的服务非常好。

我认为建立良好人脉关系，广泛阅读增进知识，凡事主动积极，深思熟虑，才有机会展现企图心。

问：财务人员的心态应该如何？

答：脸皮厚一点，不要画地自限。财务人员也是第一线的业务人员，行销的对象是公司的投资计划和整体形象。例如每次研究员或外资企业人员来拜访巨大时，我都会劝他们说：“如果你们不买巨大的股票，可以考虑买巨大的产品。”结果不少研究员买了捷安特的自行车。

面对压力

问：身为巨大财务长，您有何压力？

答：做一个财务的决策，基本上可以说是做一个公司的决策，我想大部分的财务长会面临的很大的问题是做一个决策时，绝对不会百分之百面面俱到，因为总是会有一些事情是对的，却会妨碍到其他某些事情。

Giant有一个很优良的做法就是，只要你做的事情是对的，你的第一选择就是公司。我相信这个做法对很多财务长来讲很不一样，他们可能会考虑到董事长本身或总经理本身的立场。所以在Giant工作，压力不是那么大。

应该讲我的压力主要来自工作太多，尤其公司位居偏远的大甲，现在的年轻人听到大甲，好像比新疆、大漠还要遥远，当地没有什么夜生活，所以没有人要来大甲工作。

我想我的另一部分压力还来自于要跑很多地方，要了解比如说什么叫做全球公司的财务长。例如巨大有荷兰子公司，我们必须了解荷兰的一些基本会计常识及税务，像美国、日本、澳洲、中国大陆的相关知识，都必须懂。

排解压力

问：您如何排解巨大的压力？

答：我觉得很多CFO的background来自于会计、经济或工商管理等方面，这一些background的同仁，会比较喜欢数字方面的东西，都是一律由数字切入，对于文字的东西会比较排斥，所以他们对于涉猎外文的东西时，会常有一种态度是：这个跟我有关系吗？我需要知道吗？和他们生活无关的东西，他们会比较排斥。

所以，我觉得CFO应该要有好奇心，对每一个税务计划或会计，都要抱持好像在登山的态度，登过了一山，还有另外一山，然后再去登，一座一座往上爬，就会很好玩，然后去多方面阅读，不要只是读一些商业方面的周刊、杂志等书，不要如此狭隘。其实这不只是对CFO，我想这种观念对年轻人也有很大的帮助。

我觉得台湾教育出来的学生，基本上都会考试，父母亲都希望子女在大学联考考得很好，所以孩子的视野变得非常狭窄，这是很可惜的事。

问：您的意思是说在面对巨大压力时，要open-minded？

答：对！要大量的阅读。有很多人读任何书好像在读教科书一样，很少能触类旁通。例如，有时我与同事沟通，他们得出来的结论有时都很狭隘，跟我预期的结果，是有一点差距的，我觉得这是很可惜的。

对知识好奇

问：您认为全球化包括对当地一些环境、风俗、民情、文化的了解，而不只是书上的一些数据？

答：这个非常重要。可惜的是，有些人大概英文较弱，就成为一种障碍，即使攻读到硕士也一样。他们可能教科书可以念得很好，其他的东西大概就比较弱一点，对文化比较不了解，所以造成与当地的人沟通不良。例如去到荷兰，可以跟荷兰人说，荷兰有些什么画家，历史怎么样，地理又是怎么样，别人会比较容易接受你这个人。你去到那边，除了数字以外，什么都不懂，会让人觉得好像是外星人。

问：除了对知识要有好奇心外，您还有什么建议？

答：还有一点就是不要对自己的专业太自负。我觉得有很多同事认为这是我的专业，我一定知道。可是不一定喔！我常常跟同事讲，你一定要有“孔子入太庙每事问”的态度。台湾话不是说，有一个老年人拿一个竹竿要过桥，就会在那里踱踱看吗？就是要确定那座桥是坚固的，是很安全的。不确定的事在事前请教别人，总比事后后悔、道歉来得好。很多事情，我们以为这样，其实不一定是这样。

问：您觉得时下的年轻人如何？

答：许多年轻人非常有才华，只是他们不能够把握当下。例如，我把一个计划交给他做，但是我觉得他没有做到我预期的，我会很失望，难道你给自己的expectation就只有这样吗？也许他觉得这只是老板给我的一项工作，其实我觉得这是我训练你的一个机会。

对我来说，我已经50多岁，很希望能够退休了。可是我总不能把一个球丢给你，你却把那个球掉下去，我不能做这样的事情。我很希望作球给你，但我发现常常有很好教育或专业训练的年轻人，并没有把握那个机会。

问：您个人如何把握机会？

答：对我来说，我大可不用这样跑东跑西，像UPS在安排一个Greater China International Conference，我知道那时候有很多人会去，我们要不要去，把握这个机会，得到最大的possibility？别人就问我，你要不要上台演讲，针对下面那些听众做一个presentation。我说：“当然要啊！为什么不要？”于是我就去了，我一定要把握这个机会。只要我觉得对公司好，就抓紧机会，让公司曝光，也把自己逼到一个必须要去执行的角落。

平衡工作与生活

问：在忙碌的工作与生活中，您如何取得平衡？

答：我是很会生活的人，绝对不会委屈自己。当然我不是那么神啦！为了工作上的一些不如意，也会号啕大哭。

基本上，我的个性比较外向、乐观，我想我平衡得很好，而且我喜欢运动。像有些女人喜欢的东西，我都不是很喜欢；有些人很喜欢聊天、逛街，甚至于打麻将，我都没有这些嗜好，所以我的时间就可以拿来运动。

在台湾的每个周末，我都会邀一些朋友聚会，有时听她们讲gossip，也觉得很有趣啊！听别人的gossip，也是一种平衡与解放。基本上，运动还是排解压力的最好方法。我会打高尔夫球，也会去骑脚踏车散散心。

问：当您的儿子年纪比较小时，您忙于工作，又要忙于生活，如何安排？

答：老大读六年级，老二读三年级时，我才回来台湾full time工作。之前在新加坡我只做part time，其他的时间我在家里陪他们，教他们中文。我很幸运，当时和妈妈住在一起。出差的时候，妈妈就帮我照顾小孩。回来台湾工作的时候，我的先生已经去上海了。我们不常在孩子身边，都是请父母帮忙。

问：很多孩子还小的职业妇女，希望工作和家庭生活能够平衡，您可以给她们一些建议吗？

答：我觉得有些妈妈不够尊重小孩，如果要取得平衡，就要从小就很尊重他们，然后把这个观念跟他们解释得非常清楚。当然这样的话，也有缺点，像现在我的孩子，他们个人的意见非常强。我希望他们去做的事情，会给他们当成参考，绝对不会要求孩子，我叫你做什么，你就要做。

如果说你希望你的孩子都听你的，你就不可能取得平衡，你就必须把全生卖给他，他就是你的全部，你就是他的全部。所以我们对孩子的教育是：你是一个独立的个体，必须对自己的行为负责。

做父母的都以孩子为重心，事实上对孩子来说，造成非常大的压力。如果大家互相尊重，那么就会好一点。你不要以他为你的生活重心，也不要期望你的话他就会遵为圣旨，这样子我觉得对双方都会比较好一点。

我认为想要掌控一个孩子，是非常不公平的。你能够帮他过他的一生吗？你只是生他的父母，不能dominate他的一生。我想大概是因为我有这种心态，所以我的生活比较能够平衡。我对我的先生也是这样。当家人与我在一起时，我会很努力地在那一段时间里，过最好的家庭生活，并尽量配合他们。圣诞节到了，从12月24日以后，我就开始休假，与家人同欢，have a good time!

问：当您很忙很累的时候，怎么还会有精神去运动？

答：很简单，尤其是女生，我觉得更是没有借口。因为你想想看，每一件套装都这么贵，不运动的话，每天都坐那么久，你的套装要怎么穿得下？从事财务工作的人很会计算，要不要运动？不运动的话，不划算，所以我每买一件衣服都至少可以穿10年。我的习惯是每天早上先做体操，然后才上班。回家时，如果先生、小孩不在的话，吃完饭以后，我又做体操。

问：请谈谈您的兴趣？

答：我本来是主修文学的，最大的兴趣还是历史、文学。有一些书，在我的管理工作上也有很多可以借鉴的地方。

问：您喜欢阅读自传吗？

答：喜欢，但不一定是自传。像康熙、雍正王朝不是很流行吗？在拍成电视剧之前，我在几年前就看过书了。我买了一套读了以后，就觉得这套书怎么这么好，于是买了十几套送人。

问：您怎么将看书心得用在工作及生活上？

答：我觉得看书就好像是美容一样，要分美容前和美容后。如果你看完一本书，还像是美容前，你就白看了。所以不论看什么书，一定要像美容以后。我也常看电视，尤其是knowledge和discovery频道，有很多历史、地理知识，那都是最好的东西，可以丰富常识和了解不同的文化。

第二章

千里漫游拨指间

大哥大牵动你我的心

第一节　台湾大哥大的故事

电信服务典范

台湾大哥大公司自创建以来，以提供台湾民众世界级的电信服务为目标。无论网络建设、产品、技术研发或客户服务，台湾大哥大均以达到最高品质自许，并拥有密集的服务网点，截至2003年12月，在全台及离岛地区共有30家直营店及加盟店。

近年来，由于移动电话用户激增以及电信科技日新月异，电信业进入空前的竞争时代。台湾大哥大除了坚持提供高品质的产品与服务外，还确信："成功的电信公司必须兼顾客户、员工及投资人的最大利益"，故致力于"客户关系维系"与"公司治理"，期以健全的公司体制提升市场竞争力，成为新世纪电信服务事业的典范。

公司治理

为了成为治理良好的公司，台湾大哥大实施实时公布信息及力求信息透明化，监督董事对公司所作的决定、订定董事会运作之准则、定期召开董事会与建立董事、高阶主管之薪酬考核等制度。

台湾大哥大所规划之公司治理架构设置两个委员会，分别为"公司治理委员会"及"审计委员会"。"公司治理委员会"主导公司治理制度之建立，包括规划并引进良好的公司治理制度予董事会参考、随时评估台湾大哥大现行有关公司治理之各项准则及实施办法。

"审计委员会"协助董事会监督财务报告之正确性、公司确实遵循各项法令规定、会计师之资格审查及其独立性，以及公司对于市场风险、信用风险、流动性风险与其他有关财务、营运风险之管理。

产品与服务

台湾大哥大的主要产品分为语音、加值服务与国际漫游三大类。语音包括月租型门号租用、预付型门号租用、加值卡与补充卡。加值服务包括图铃下载、交友聊天与休闲娱乐。国际漫游包括原机原卡原号漫游、双频手机漫游、三频手机漫游与用户识别卡漫游。

个人用户的加值服务包括金融理财、生活信息、简讯服务与移动写真。企业客户语音包括移动企业网络与移动总机，加值服务为商务简讯与商务多媒体简讯。

未来之手机功能

在不久的将来，台湾的手机功能要从通讯功能扩展到日常生活功能。但是，要达到这个目标，不是台湾大哥大单独所能做到的，需要整个社会一起来做。

例如，Nokia可以在芬兰任何地方，按一个键就可以买一瓶可乐。理论上，我们也可以做得到，但是台湾上万台自动贩卖机都要变动，这其中便涉及很多问题。

又例如：将来想看电影《神鬼战士》，只要log on到华纳威秀，在手机上一按，就传一张有影像的电子票给观众。看电影时，收票员看手机票就行了，中间的步骤全部可以省掉。理论上，这些都可以做得到，但技术上，还需要做许多的努力。

目前，我们需要集合社会的力量，创造一个环境让消费者可以改变他们的习惯。这是非常大的工程，是台湾大哥大现在所面临的极大挑战。因为，这牵涉到许多利益团体之间的利益分配问题。

营运绩效

透过有效运用、控制费用及成本，台湾大哥大2003年度营业费用减少14%，息前、税前、摊销及折旧前之获利率（Earnings Before Interest, Tax, Depreciation and Amortizations，EBITDA）由2002年度之42.54%提升为44.58%。营业净利为台币152亿元，较前年度微幅成长，并达成财测之97%。

从 CFO 到 CEO

台湾大哥大公司总经理张孝威凭着管理长才，在简化转投资架构、控制经营成本与增加信息透明度之公司三大经营重点上，发挥强大的竞争优势。他在金融界的资历深，曾先后担任交通银行海外部及信托部经理、大华证券总经理、中华开发总经理、中华证券投信董事长与台积电财务长等职。

2001 年，《CFO 杂志》以张孝威“在火线压力下有一颗冷静的心”为由，票选其为亚洲最佳 CFO 之一，认为他懂得借助专家，引进新观念和新工具，在策略能力上，更有优于一般 CFO 的历练。

毕业于美国宾州大学华顿学院的张孝威，拥有长达 20 年的专业金融背景。从可以掌控全局的 CEO，变成要融入团队作战的 CFO，再到台湾大哥大的 CEO，张孝威把过去在外汇、信托、证券、投资银行等领域所累积的经验，以及前瞻的眼光，发挥在晶圆代工业的台积电财务管理与电信信息业的台湾大哥大公司经营上。

最高营运目标与任务

台湾大哥大最高营运目标为追求股东价值与提升总市值，并将公司等级由 A 变成 A +。

张孝威总经理认为台湾大哥大的第一任务要求“组织定位要明确”，不同的人负责不同的部门，权责要明确划分；第二，“财务架构要透明”，要求按月提供给投资人公司基本营运资料。

在张孝威进驻台湾大哥大前，外资普遍认为该公司财务透明度不够，疑虑台湾大哥大是否能维持稳定的获利能力，股利发放能否持续？如今，公司沟通管道顺畅，财务日渐透明，荣膺“公司治理排行榜”第三名宝座，并获得投资者一致青睐，外资持股比重也由 10% 以下增加到 30% 以上。

（注：以上内容系取材自台湾大哥大公司网站，并改写而成，经台湾大哥大公司前财务长郑慧明同意予以出版。）

第二节 CFO访谈时间
——与台湾大哥大公司前财务长郑慧明对谈

面对财务问题

问：财务长面临很多挑战，创造股东与债权人的价值是否为首要议题？

答：当然是这样。整个公司的活动，都是为了要创造股东的利益，我们一定要做很多符合股东利益的事情。

问：如果再广义一些，是否可以推及社会的价值？

答：事实上，董事长经常提起我们还有一个社会责任。我们有一个台湾大哥大基金会，它有几千万元预算，基本上都是在做公益活动。台湾大哥大和台湾的《中国时报》一起赞助很多活动，像赞助清洁台湾海滩的活动，动物园的动物认养等。我们赞助了七八种活动，这个预算应该还会增加。

我们希望唤起台湾对一些活动的支持。我觉得台湾过去是穷怕了，大家都在喊经济成长，公司在喊投资报酬率。可是，我们的经济已经到达一个中度成长期，现在应该是要看质的改变。也许我们的人均所得成长变慢，但是我们的质在改变。质的改变很多是从心灵上的改变，从文化程度的改变，从人和人之间的尊重而改变。

问：公益活动不一定要和你们的产品有关，只要觉得有益的活动都会考虑参加吗？

答：我们会加以考虑。这会产生一种良性循环，因为慢慢很多单位会主动提出他们的需求，我们从这些需求中，挑出能够配合的，与比较属于我们游戏规则或风格的。例如，台湾的《中国时报》举办的公益活动，台湾大哥大就有参与。我们希望参与一定的系列和模式的公益活动。

问：也就是说慢慢找出自己的定调？

答：对！总之只有这么多预算，所以每个人、每家企业都去找出自己贡献的角落，持续地耕耘。2005年，台湾大哥大在这方面做了很多的尝试。

问：在快速变迁的时代，年度预算制度是否依然以控制为目的？

答：我们的预算控制不是着重在花多少钱，比较重要的目标是要做什么事？有没有达到公司中长期目标？如果可以达到这个目标，就可以花这样的钱。我会去追踪进度和各部门当初承诺的目标，最后当然是用一个数字来算。

CFO应该是从一个策略性的角度来看预算制度，而不是说预算制度只是一个加减法。控制有点像是加减法的问题，我觉得应该要加上一些策略性的考量。

问：身为财务长，是否需具备落实企业策略的弹性控制预算能力？

答：严格来说，真正有权决定企业最后预算的，只有董事会。除了董事会以外，谁都没有权力来改变预算。但是，如果讲得这么僵化，这家公司不就太没弹性了吗？其实还是有一定的空间可以调整，但必须要在董事会下合理的范围内。总经理和财务长不会过度地干扰董事会的运作，也不会过度地去扩大解

郑慧明财务长（中）与CFO群合影

释董事会给的授权。所以，这是有一个很小的范围，大家可以有个弹性的空间来谈。

问：面对投资大众，财务长应如何揭示正确的财务报表，以成为投资人信赖的角色？

答：所谓正确的财务报表，应该有几个标准。第一是时效性问题，报表太晚揭露，是不能被接受的。基本上，台湾大哥大会在1个月内揭露出来。

第二就是分类，所谓的允当表达。很多的会计原则有一个模糊地带，可以走甲的揭露方式，也可以走乙的揭露方式，这就看你要怎么来处理。基本上，我们的态度是要让投资人得到正确的信息，来评估他的投资标的。所以，我不会做一个让投资人产生误会，但会计上是解释得通的揭露。

第三是牵涉到非数字内容的揭露，我的标准是一定要让投资人能够独立作出合理的判断，足以做投资风险的评估。

问：您是怎么回应外界媒体对台湾大哥大的评鉴？

答：现在有很多专业杂志都会公布对各个机构的公司治理、信息揭露的评分标准。有几个评分项目或检查表，我们都会去看并自己算出结果，自己打分数。如果没有达到理想的分数，一定会回头改善。

台湾大哥大会自己定一个标准，例如信息揭露共有3级，我们不敢说自己是第1名，但是如果被分到第2级，那是不可接受的标准。我们的标准是一定要在最好的那一级；没有达到这个标准，就要改进，这是企业文化的一部分。

财务长的角色

问：今昔财务长有何差别，期勉为何？

答：我们的张孝威总经理曾经说过："财务长其实是在证券市场比较发达的环境里面，意义比较大的一个角色。如果证券市场不太发达，基本上财务长的角色不是那么显著。"

这是因为财务长最主要的工作，是在跟市场之间沟通。作为一位财务长，第一要有相当好的沟通能力、表达能力；另外，要对公司经营的策略，能够有深入的了解，同时，用深入浅出的方式，来对市场说明。当然，财务长对于数字要有相当程度的掌握能力。

此外，我个人认为，从前财务长的工作是比较被动的、幕僚式的，需要配合其他单位的作业目标，来订定自己的工作目标。现在的财务长，角色比较积极，要提供一个比较客观的看法，因为每个业务单位都有比较主观的营业目标和营业绩效，以及它对资源的需求。

财务长应该是站在客观的角色来看整个公司中长期策略，是否符合股东的最大利益。根据策略再来看每个单位的营运目标，有没有符合中长期目标，财务长的资源分配是不是符合中长期策略。

问：财务长要有勇气来砍数字，您认为如何？

答：当业务单位提出一个经营方向，公司从策略的角度来检验新的经营方向与目标，是不是合于一般经营的原则与预期。这时，财务长适时担任一个相当重要的角色。例如我们的行销单位提出一些计划，有时候财务长会站出来喊停，为什么呢？因为财务长认为这个经营模式，与市场的预期有落差。

我觉得砍数字本来就是财务长的职责，重点是资源投入如何产生合理的绩效，砍数字只是沟通协调后的结果。

对金融市场之看法

问：您对于电子金融的看法如何？有何创新金融商品？

答：利用计算机、通讯，来完成金融交易，这种情形已经非常普遍。我相信未来也是利用无限通讯的科技，来完成一些银行与生活上的交易，例如在贩卖机买1瓶可乐，顾客可能拨手机按1个号码，可乐就会掉下来。另外譬如停车付费，现在要有足够的硬币投到停车器里，但已经有些国家可以直接用手机付费。我相信这种交易会越来越多。

电子金融这一条路最后必定会走到，只是过程很长。其中有几个issues要注意：第一，作业流程的配合；第二，安全性的考量。因为电子金融很方便，风险相对提高。如果还有智能型犯罪，消费者的损失也会变大。这就是为什么电子金融会是中长期的努力目标，这牵涉到整个社会金融交易操作的一个大整合，非常庞大繁复，但迟早会达到的。

问：过去是间接金融在主导，资本市场还没有足够的量可以支持企业的成长，90年代后资本市场兴起，您认为这对企业的筹资和国际化有何意义与影响？

答：影响非常大。事实上，很多信息揭露的透明化或是公司治理，都是因为直接金融兴起而产生的。如果是间接金融，只要与银行谈，不需要揭露这么多信息，公司会怕要揭露这么多信息。

因为直接金融兴起，某种程度来说，环境逼着企业去揭露。信息不是只有必须揭露而已，还有很多好处，企业愿意揭露，会改变整个心态，运作模式也会更改。这对公司内部很多决策流程，甚至对公司内部的back office效率的要求都很不一样。

例如，从前是跟银行借钱，报表拿出来就可以借，2个月或3个月后结账，银行也没那么在乎。现在因为直接金融的要求，所以月结报表2天内就要出来，季报15天就可以全部结好，在从前这是不可能的事情。因为有这个要求，所以就不断地去改良内部计账系统，内部的ERP，产生报表的时间一直浓缩，就会计算机化，成本因此下降。所以，这对我们back office作业的流程，甚至于成本，还有一些观念的运作，也都产生很大的变革，甚至包括公司内部的授权都产生很大的变革。

问：新的资本市场上，有些发行全球存托凭证（GDR）、美国存托凭证（ADR），这对公司财务的运作调度，是否有不一样的改变？

答：首先，因为我们在市场上发行GDR、ADR，所以整个台湾开始重视公司治理，如果今天不是因为外资法人的话，台湾的这些经营者的心态会更缓慢改变的。

其次，台湾这几年的竞争力也来自于外资给了这么多钱。不然，以前我在银行时，给500万美元额度已算很大的数字。现在有GDR、ADR，随便可要个一二百亿台币。台湾要盖一个TFT厂、DRAM厂还不就靠筹资容易、本益比高，要不然怎么跟别人竞争？如果没有这些资金，台湾无法有现在的境界。

问：企业可以藉由联贷或是金融商品去筹资，对企业而言，面对这些选择，您会怎么考量？

答：当然是选择直接金融。

问：企业不是也可以透过联贷去筹集很大的资金吗？

答：当直接金融兴起的时候，通常跟公司的size有关，公司的size到一定程度后，通常就不需要间接金融。如果是半导体公司，因为担心景气循环，会部分采取直接金融，部分采取间接金融。直接金融面对的是几百、几千个投资人，间接金融只要面对二三个人。虽然半导体经营得好，一定还是有部分的钱是放在间接金融，这是由于比较好沟通的缘故。

问：过去有些人认为银行就是当铺或衙门，您认为呢？

答：我觉得那是不了解银行的人在讲话，了解的人是不会这样说的。银行如果看企业经营不善，还不抽银根的话，那不是在做慈善事业吗？

银行是在做资源分配。资源分配是好的时候锦上添花，不好的时候，就要把银根抽走，让公司倒闭，银行的工作就是要汰弱存菁。如果经营绩效不好，公司还不倒的话，就占据社会的资源，这样会降低生产力，浪费社会资源。

公司倒闭了，在整个社会体系中，是一件自然的事。如果公司永不会倒，不是鼓励每个人都该开公司吗？大家都当老板，谁要当伙计，当伙计的不是傻瓜吗？所以，银行抽银根是执行资源筛选的社会责任。

个人学业与事业

问：可否谈谈您的求学过程对事业的影响？

答：1976年，我毕业于台大化工系；1979年取得加州大学洛杉矶分校化学工程硕士学位；1980年取得印第安纳大学企管硕士学位。我曾在工学院念书，工学院的模式是要把数学上的公式投射在物理现象上。反之，物理现象投射为数学公式。这是对数字抽象观念很好的训练。

我记得当时曾为一个数学公式看了大半天，一页都翻不过去，后来读商学研究所，才发觉商学院简单多了，但书读完了，一般同学却没有搞清楚数字所代表的意义。因此，我在工学院受过非常好的训练，数字常常告诉我很多有趣的讯息。

问：现在如果让您重新选择，您大学会读何科系？

答：我还是会先去读工学院，而不会先读商学院。基本上，我在商学上的知识，大都是在大通银行学的。在公司里，我们要被训练作财务报表分析，这种知识在课本上仅是薄薄的10页、20页。我花了这么多年，一直在分析财务报表，把这个东西搞通了以后，就像练武功一样，其他东西就豁然开朗了。

认真讲，我进银行就是学教科书里那10多页的东西，整天都在分析这些，现在也还是如此。

问：在加入台湾大哥大之前，您在哪里就职？有何令您印象深刻的事？

答：金融机构和制造业，是两个截然不同的工作环境。在我进入企业界之前，完全没办法想象这之中的差距。基本上，金融是一个接触面很广的行业，所以我们对每个行业都有一些了解，可是，了解并不深入，大概只知道什么是电子业、什么是代工等。

企业界要求的是一个深度，全部的时间都要耗在这家公司里。进了企业界以后，我开始很认真地看很多企业管理的书，这是很特殊的一个经验。进了一个对的企业以后，一旦大家做了一个决定，它所产生的impact、feedback在几天内就可以看到效益，然后就觉得很有趣。

我在金融界的时候，觉得对社会的贡献没什么了不起，只是another one person on the street，能够提供相同产品的人满坑满谷。另外一个人在别家银行，跟我做同样的工作，可以有同样的效果。可是到了企业界，我有截然不同的看法。

像我们刚才讲的台湾大哥大的情况，有些迹象出现时，我们会问，你这样对吗？从财务长的角度来讲，这是不对的，就慢慢调教，结果省了好多钱。不是省几千、几百万元，而是省好几亿元。呆账一经查出来，突然冒出很多钱，这工作就变得很有趣。

问：可否谈谈您在金融界的资历？

答：我服务金融界已近20年，经手过企业金融、资本市场承销及私人资本投资等各类商品。曾任Asia Partern Fund基金总裁兼执行长，该基金为总额达1.55亿美元的私人资本投资，资金来源包括Capital、法国百富勤银行（BNP）、Tamasek（新加坡政府的投资机构）和中华开发工业银行（CDIB）等知名国际机构。

1989到1996年间，我任职中华开发工业银行（台湾最大的投资银行）资本市场处处长，主管股票与债券市场承销及相关业务。在此之前，于1981年加入大通银行台北分行，任职企业金融部，直到1988年时以投资银行副总经理身份离开大通。

我大概是那种不太喜欢做太多例行事情的人，在进入银行的前4年职务是corporate banking，当时我们都是跟台湾最大的公司往来，台湾有几十家大公司，那时候很赚钱，与他们往来，我学了很多东西。

我很幸运，没有太多的规划，只是顺着路走。每隔几年，有人来找我，自动给我换了一份工作，新的职位。比较大的转变是跑到企业界，需要面对不同的产品线、不同的需求、环境、新的人，并熟悉新的产品。

问：这是否要看个性，因为有些人比较不喜欢接受挑战？

答：你讲的没错，这有利有弊。有些人比较不敢承担风险，因为怕万一做不好怎么办？我是想，反正人家给我机会，就试试看。我想把事情做好，机会就来了，运气还算不错。

提升自我，重视信用

问：领导别人和领导自己，何者重要？

答：领导别人比较重要。事实上，没有一件事是靠自己做的，大部分的事情都要通过别人来做。然而，人要不断提升自己的能力，会领导别人，可是没有提升自己，还是没有用。这一定会跑到“彼得原理”，早晚会碰到瓶颈。所以，我觉得提升自己也很重要。如果自己没有一定的程度，别人是不会听从的，部属也不会支持，会变得找不到人来帮你做事情，这是互相的。

还有，我最大的工作是在销售我的理念，因为自己销售不出去，有什么事做得成？把自己的理念sell出去，这样才能做事。不能做好sell自己的工作，是无法领导别人的。

问：您觉得无论企业或个人，成功的要素是什么？

答：信用最重要，尤其对财务相关人员而言，没有任何事情比信用重要。整个财务是建立在信用之上，信用破产，一块钱都拿不到。同样地，当你跟别人谈论事情，别人要不要接受，你过去所有的作为，包括过去所有的工作经验全部都会被予以评估。过去如果老老实实做，别人不会对你有疑问。

情绪管理

问：电视报道70%的上班族有忧郁症，您认为怎样才能做好情绪管理？

答：不要让不合理的期望，超过自己的界线。我们处在一个竞争非常激烈的社会，每家公司对员工当然有一定的要求。但回过头来讲，其实没有一家公司的要求是超过average person所能承受的。

也就是说，当一个人有忧郁症的时候，通常是来自于不合理的压力与期望。其实公司是一堆average person所组成的，只有少数比较top的天才。公司再怎么做绩效考核、绩效管理，都是由average person的绩效来看的，80%的人都应该很容易达到。

问：可是为什么就有人会得忧郁症？

答：我觉得很多时候是因为他对自己有过度的期望。人最重要的是要对自己有充分的认识，对自己的能力和环境状态，甚至家里的状况或感情状态，都不要有不合理的期望值，否则情绪会很不好。

问：身为财务长，您的压力来自何处？如何排解？

答：我的压力来自于对自己的定义。我负责财务，要跟投资人做沟通，所以希望公司的业绩能够达到某种程度。如果公司的业绩预期值没有达到当初跟投资人所讲的，就会产生压力，其他方面则还好。

幸运的是，在这方面排解压力的问题不大。因为通常我们会谈的东西，都会先在内部取得共识。压力大部分来自于内部要协调怎样订定营运的财务契约，要常沟通协调，解释我对这个部门的要求如何，各部门不可以超出这个预算范围等。这种事需花很多时间去协调。

问：有没有特别做些运动排解压力？

答：大部分会跟朋友在一起，倒没有特别做什么运动。不过，我每年会到海外去玩，以旅游缓解压力。

问：哪一句话想送给读者？尤其是年轻读者。

答：不要太急功近利，人生应该注重过程，只要全心全意投入，通常结果是不会太差的。

对有志从事财务工作的年轻人，我建议找工作的时候，应该要去看哪个机构会给你最大的、正确的学习环境。即使很辛苦，要加班，竞争很激烈，都不要紧。可是不要挑一个pay很高，离家近，同学都在里头的环境。

另外，工作不要随便换。通常一个好的学习要经过许多年，才会熬得出来的。如果一直跳槽，还没有把真正该学会的东西学完整，没有历练很多事，我觉得不能获得最大利益。

在工作上能够有所成就的人就是努力、聪明，加上运气比别人好，但如果把努力拿掉，我看是什么都没有。

第三章

用心关怀、不断创新

宏碁敲响品牌的金钟

第一节 宏碁的故事

全球IT产业的中流砥柱

1976年，宏碁(Acer)公司成立后，由于施振荣先生等企业创始人对于台湾IT产业有强大的使命感，因此在公司发展的过程中，培养出很多人才，也率先切入许多新事业，产生了带头的作用。如华硕早期经营者多是从宏碁出身。此外，宏碁也曾成立许多新公司，例如：生产DRAM的德碁，后为台积电并购；发展网通的国碁，后为鸿海所并购；从事IC设计的扬智，后为联发科并购，以及IC测试的台宏半导体公司，后来由Amkor公司并购，可见宏碁对于台湾整体IT产业的发展具有广泛而重大的贡献。

目前，台湾信息界中同源于早期宏碁集团的企业仍有宏碁、明碁与纬创集团。其中宏碁集团成员包括：宏碁、展碁、建智、乐彩、宇瞻与网际威信等公司；明碁集团旗下除明基外，还有友达、达方及达信等公司；纬创集团则有纬创、建碁、启碁等公司。这三大集团不但开创出名扬国际的品牌，其产品更涵盖了全球IT产业的主要领域。由此可见，宏碁经过30年的成长，从台湾发迹，进军国际市场后，早已是根深叶茂，成为全球IT产业的中流砥柱。

关于宏碁

宏碁集团全球员工人数计6590人。宏碁公司为一专注于信息产品行销服务之国际化企业，主要从事自有品牌之研发、设计、行销与服务，其产品包括桌上型计算机、笔记型计算机、服务器、液晶显示器及数字家庭等。该公司还发展通路事业与微巨电子化服务事业。

宏碁现阶段目标在以欧美之成功管理经验为基础，将新经销营运模式推广至其他地区，让宏碁跻身世界前三大PC品牌。

在企业持续强化“创新关怀”之服务文化下，2005年宏碁合并营收约达台币3169亿元，全球员工总数为5560人，产品行销全球100多个国家，为世界第四大个人计算机品牌。

宏碁文化

标榜人性本善的宏碁，充分授权与培养人才，以相互利益落实为共同愿景；崇尚顾客为尊、发挥贡献、永无止境；不断贡献智能，善用有限的有形资源，开发无穷的无形资源；追求平实务本，名实并存，稳健经营。

宏碁以鲜活思维，全方位追求创新和贡献。提供“新鲜”科技，让人人能够享用；用速度、弹性、零闲置的运筹体系，将最新计算机迅速送到客户手中；打造人性本善的环境，培养最具创造力的团队，发挥最大潜力，永葆宏碁生生不息的活力。

发展创新的附加价值，并随时自我检视、勇于丢弃过时的优势、建立未来的优势，是宏碁永不改变的精神。在信息业多变的环境中，宏碁不变的原则是，照顾所有的利益共有者与精益求精、创造价值。宏碁坚信通过长期的追求与努力，这些原则一定会成功。

成为世界公民，广受各地赞誉，是宏碁的企业愿景。人人享用新鲜科技，用新鲜科技造福全人类，是宏碁责无旁贷的使命，也是永无止境的追求。

“三一三多”策略

宏碁之新策略包括以“三一三多”策略，即“一个公司、一个品牌、一个全球团队”，以及“多供货商、多产品线、多通路”的营运模式，提升企业竞争力、建立足以与直销模式分庭抗礼的“经销营运模式”。

上述营运模式除积极整合供货商与通路伙伴的资源外，本身亦掌握品牌、行销、技术与产品，还要求全球运筹与服务的能力，以及了解消费者需求、积极拓展创新的经销营运模式至欧美以外的地区，健全落实全球化经营，发挥行销智能

（Marketing Intelligence），以创造出更高的价值。

三大核心业务

宏碁的三大核心业务是信息产品事业、通路事业、电子化服务事业，宏碁对它们订定不同的策略，分别为——信息产品事业策略：开发“Empowering Technology”，提供易用、可靠的产品，专注能获利的市场与产品，多元供应厂提升竞争力，创造产品的差异性；通路事业策略：拓展“大中华”市场、争取代理多品牌产品；电子化服务事业策略：专注发展信息安全（IT Security）、行动应用（Mobility）、营运服务（IT Service），以优势的网络资料中心（eDC）为基础，提供e-solution与e-service，选定特定目标市场及应用领域，专精深耕。

（注：以上部分内容系取材自宏碁公司网站，并改写而成，经宏碁公司同意后予以出版。）

第二节　CFO访谈时间

——与宏碁公司前财务长彭锦彬对谈

台湾的竞争力

问：您认为台湾的竞争力在什么地方？

答：一般来说，竞争力主要体现在土地、设备、资本和人才等四个方面。基本上，我觉得台湾在技术、应用方面的竞争力很强，产生很多商品化的东西。

依我来看，台湾有很多优秀的工程人才，能够让产品很快地商品化，这对电子业是最重要的。至于资本，台湾过去股市所提供的环境，也加强了竞争力。而竞争力的核心，应该是人才。相对地，美国的人才是在先进的技术方面，而我们讲的是商品化，是应用性的。

问：可否举个例子？

答：例如我们从事半导体工作，Intel在做，其他厂商也在做，为什么台湾后来也能够做？最重要的原因，是因为台湾有很多工程师，能够懂得这个制程，利用这个条件，很快就能引进技术，并将其演变为可以使用之商品。计算机其实也是一样，这项产品的跟进速度很快。实际上，产品生命周期越短，技术更新也就越快，这也越能显出台湾的竞争优势。在电子业，我个人的观点是，人才比资本更重要。

问：不同产业，竞争力也会有所不同？

答：有可能不同。譬如钢铁业、航运业或银行业都可能不一样。就电子业而言，台湾主要的竞争力在于人才。竞争力怎么形成？人才如何形成？

台湾早期，工程的人才都来自电子系、电机系。1960、1970年代，大专联考的理工科学生，他们的第一志愿几乎都是电机系，最优秀的人才都到那里去了。这样就有机会让工程、产品做得很好，使技术得到及时更新。再加上，这些人才很多到海外去，有些在外商企业，大部分在美国硅谷，后来有些电机人才愿意回到台湾工作。而台湾的人才形成，和这个有相当大的关系。

问：企业如何因应长期性的冲击？

答：特别要考虑到长期性的冲击，因为企业的经营受到政治、法律、经济层面影响很大。例如欧洲，工会的力量很强大，发展到某个阶段，都会要求社会安定、社会福利与经济发展。其实，任何地方都有自身的问题，管制得越少，企业的发展就越兴盛，管得越多，可能发展就受限，企业规模就变小。

问：一个公司或企业，除了人才之外，若是透过不断研发创新，进而提高产品价值，是否已具备竞争力之要素？

答：从电子业的角度来看，可以说已经具备了。创新有很多定义，我觉得不一定是发明；一般来讲，也可以是属于应用面的。

台湾是不是已具备竞争要素？过去，台湾并没有消失竞争力，但电子业这几年没有这么大的发展空间，主要是因为人才已慢慢跑到别的地方去。这有两

宏碁公司前财务长彭锦彬现担任智融集团总经理

种趋势，一种是跑到大陆去，另一种就是跑到其他的产业去。我相信现在是两种都有，只是观察的时间如果拉得越长，就会比较清楚人才到底往哪边流。一旦留不住人才，竞争力就会消失了。

问：所以您觉得我们台湾应该要好好地留住人才?

答：本来就应该，这里还必须谈到一个最基本的教育制度问题。因为，人才的培育，需要很长的时间，并且靠教育来养成。虽然到了企业工作，员工会接受训练，但是基本上，人的素质好坏，还是随着教育体制一路走来。

比较令人担心的是，要走什么方向？如果要走创新的方向，教育制度是不是有这样的做法，可以来培育？如果是很死板的，尤其太注重升学主义，会不会把人带入一个不见得有创造力的境地？我们现在的教育制度已经在改了，但是还要经过一段阵痛期，才会看得到变化。

我觉得靠不断地创新来产生竞争力，不如说是靠教育来产生未来竞争力。因为，不断创新的背后，来自于一个良好的教育制度，培养能够创新的人才，这是很重要的。竞争力最基本的要素，就是人才。

问：您刚才提到无线计算机，是否有很大的竞争优势?

答：无线计算机是Intel研发出来的，只是宏碁最早应用到市场去。由于宏碁在计算机上有多年的经验，对计算机市场的需求相当清楚，因此，宏碁是最早把centrino的技术用在计算机上的。因为计算机的技术变化很快，就算早1个月，也是比人家早。宏碁可能比Dell、HP都早，但是这两家公司规模都比宏碁大很多。宏碁对于市场的判断是很准确的，这就是因为重用人才的结果。

创造财务价值

问：企业所规划的策略，若与创造财务价值的目标有所偏离，就无法提升企业之价值，您赞成吗?

答：以现在台湾的条件，如果不适应市场，就会被市场淘汰。可是，要在什么情况下，不会被淘汰？就是一定要创造财务价值，否则别人怎么支持你？如果企业的财务策略，不是为了创造财务价值，那就变成财团法人、公益事业了。企业是营利事业，是要能赚钱，要创造财务价值。

财务价值能够达成时，心有余力，当然可以做一些公益事业。一般的企业都要订定目标，如果达成，也可以去做一些长期性的投资。企业如果规划策略，只看长期，不看短期，也是很难成功的。如果只看20年后的发展，才要做出什么东西，结果没有人要买，也是没有用。如果发展出一项东西，大家都很喜欢购买，赚钱以后，企业自然就可以继续做一些投资，创造下一波价值。

问：评估财务衡量指标时，是否须同时整合营运绩效的衡量，企业才能规划出正确的策略与走向？

答：一般营运绩效的衡量指标是用财务数字表达，很少不用数字表达的，否则就没有衡量的基础。有了数据才能判断公司营运的优劣。所以，评估财务衡量指标的时候，当然应同时整合营运绩效衡量指标，企业才能规划出正确的策略与走向。其实，反过来说，企业在订这些营运绩效时，具体目标就是财务。

问：各个部门营运绩效的衡量指标都是如此？

答：譬如R&D部门，一般认为和利润没有直接关系。但是，如果花太多钱，或做出来的东西没有效果，是没有意义的。即使你达到目标，把东西做出来，却没有人要用，或成本太高，根本没有竞争力，也是不行的。

一家公司必定有财务指标，但是，是否每个部门都会用到，这不一定。大部分是以业务单位、采购单位，作为利润中心或成本中心，利用数字来衡量营运绩效。R&D也是一样，用多少预算，花多少钱，做多少东西出来。东西可能不一定是财务，因为财务就是dollar sign。刚刚强调一点，做出来的东西，没有被市场接受，或成本太高，都是不行的。

问：21世纪，无形资产的价值已凌驾有形资产，对此趋势，您有什么看法？

答：以前都在谈ROE、ROA，这都代表有形的东西，ROA就是资产，也是有形的。因为21世纪强调的是人才，我觉得更重要的是强调ROH（Return on Human- Resource），因为它是无形的，能发挥到什么程度，我们不知道。也没办法说，如果这个人是公司的财产，到底值多少钱？ROH的意义在于，员工能创造多少价值，能替公司赚多少钱。所以这就不是传统的ROE、ROA，而是ROH的衡量指标。

问：可否请您进一步说明无形资产和有形资产，两者与产业之间的关系？

答：如果是资本密集产业，它的有形资产很大，无形资产的比重可能不明显。因为，该产业大部分的资产是属于资本财，相对地无形财产比重小。但是，还是可以用生产力、ROH去衡量。现在大家并没有重视ROH这个层面，如果有的话，效率会进一步提高，因为人才的重要性是与日俱增的。但是，怎么去评估人才的重要性？ROH可能是一个很好的评估方式。

问：是否可请您举几个产业的例子？

答：比如说，无形资产成分较高的顾问业，很明显地，就可以用ROH评估。若是制造业，像是台湾很多代工公司，可能就会觉得要ROH做什么？因此，根据产业的特性，会有不同的评估。例如，做品牌的行业，ROH很重要，该行业不需要具备很多有形资产，不需要很多机器设备，它要靠业务、靠人去维持和推销品牌，这种行业，便会强调无形资产。台湾的服务业越来越多，制造业慢慢移到大陆去，而服务业非常重视ROH。在服务业，无形资产的价值可能取代有形资产，这是一种趋势。

问：宏碁赞助F1赛车的原因是什么？

答：这是一个“水帮鱼、鱼帮水”的例子。F1（Formula 1）是“1号方程式赛车”，还有Formula 2000、3000，但是F1赛车最具盛名，是欧洲人最有兴趣看的赛车项目。车队的资金需求是很大的，可是宏碁每年只能赞助数百万美元。在欧洲，法拉利是很有名的车子，前几年都是赛车冠军，每年不知赚进多少钱，因为F1赛车有很多的观众。

宏碁推出了“红色的”笔记型计算机，和F1法拉利红色跑车的烤漆颜色完全一样。我们限量发行这种笔记型计算机，因为法拉利也是采用这种策略，走比较高贵的路线，计算机也一样，会因限量发行而比较昂贵。当然数量不会像车子这么少，计算机还是比车子容易生产一点。

花几百万美元，就可让全世界知道宏碁的品牌，如果业绩好，带动上来，我们就去做相关产品，也会卖得很好，利润很高。严格来说，这有全球促销的特殊功能。为了行销的需要，推出这项产品，效果自然很好。

问：您认为财务管理应该要有弹性吗？

答：财务管理本来就很有弹性，尤其是在产业变化快的环境，一定要有弹性。如果财务管理很死板，就可能积累很高的固定费用，固定费用越高越不好。

例如人是一种固定成本，在欧洲，工会的力量很大，不能随便解雇人。在台湾，要裁员或是要关掉一个厂，还不算难。在欧洲，因为倾向社会主义制度，对于劳工的保障比较高。故欧洲公司在财务管理上，就很没有弹性，也就没有竞争力。台湾的公司不太愿意到欧洲去设厂，要的话，也绝对不在那些工会太强，要资遣员工很难的地区。

问：财务长如何将企业资金有效运用，以影响企业的投资决策？

答：这个蛮重要的，因为财务长一般掌握的是公司的财务资源。财务的资源就是资金要怎么分配。不能把资金当作是资源无限，或唾手可得的。财务长要做的重要事情是，平常注重短期和长期的投资报酬率，并要对股东负责，所以，要有效平衡投资状况。

做一位财务长，一定要考量企业的资金运用，但必须经过董事会、股东会通过。财务长是要参与、评估某件事该不该做，而将企业资金有效运用。

问：能否请您举些具体事例？

答：我记得在1980年代末期，宏碁决定要做DRAM记忆半导体。当时认为台湾还没有人做，而日本正在慢慢取代美国，因此，我们觉得台湾绝对有机会、有条件可以做这样的产品，更何况台湾在计算机上用很多的DRAM零组件。于是我们就开始投入这方面的生产，大概做了七八年以后，发现它的投资报酬率并没有那么好。这时，作为一位财务长就应该加以处理，一定要从这个低投资报酬率的市场退出。

在1997年时，宏碁就决定转型，不做DRAM，决定做别的，也许能够改变低投资报酬率的状况。因此，我们也去做代工，跟台积电、联电一样。可是做了1年却发现不好做，因为台积电、联电实在规模领先太多了，要跟它们竞争其实是不容易的。所以，干脆决定把资金全部抽离，去做别的。

风险管理

问：如何做好风险管理？

答：第一，企业文化很重要，Integrity很重要；第二，事情不要复杂化，越复杂，越难管，要有更多内部的控管机制，避免风险的产生。例如，衍生性商品有多少人看得懂？看不懂，风险就在那里。

所以，做好风险管理就是把事情单纯化，不要太复杂，因为越复杂，很难从头到尾什么事情都考虑、照顾到。台湾的企业常常把经营搞得很复杂，想跨足许多方面，就太复杂了。多角经营可能有很多种产品，这时库存太多，可能会控管不好。

像宏碁过去的经验，仅notebook产品就有20几种，这时库存就很难控管。如果只有原来的1/2至1/3种，就好管多了。我的意思是，企业的经营最好做得越简单越好。

问：身为财务长，应如何控管营业风险，而成为风险管理的掌控者？

答：最重要的是，不要做风险比较高的产品或产业，要衡量企业能够承担多少的风险。如果不能承担这样的风险而去做，就有可能把企业带到一个危险的地步。

此外，还要去衡量自己有什么条件，而不要认为自己没有任何条件的束缚，想做的都可以做。必须要考虑，有没有人可以管好想要做的事，如果人都没有准备好就去做，是很危险的。

不论是电子产业，还是其他科技产业，“人”真的是很重要的一环。成也是人，败也是人。如果真的要控制风险，要用对的人，做对的事。

身为一位财务长，投资要实际，要控管风险，不要随便去做自己企业不懂的领域，跨领域的风险会更大。

电子商务与电子金融

问：全球已通过网络进行商业行为，您如何利用财务专业，在电子商务中为企业寻求机会，并创造利润？

答：第一，就是怎样运用网络中的电子情报作为信息，或是以最快的时间，得到最好的情报，让自己在最短的时间内，做最佳的判断。

第二，现在可以通过网络转账，财务也可以这样。许多企业目前是国际化经营，全世界都有钱，那要存在哪里？从计算机键盘打一下就知道，美国有多少钱？德国有多少钱？大陆有多少钱？现在比以前方便很多。财务人员根据这个，可以更容易掌握到全球的资源，与怎样有效地利用这些资源。

宏碁在90年代初期，因为国际化的缘故，就已经在利用这种电子资源。常需要看美国、澳大利亚、意大利或荷兰的资金，财务人员需要随时掌握到这些信息。当时，不是网络，而是电子银行。现在网络很方便、普及，付出的代价、成本比较低，以前就比较高。

问：网络带来很多商机，也很方便，但是您觉得也带来问题吗？

答：当然有很多。第一是垃圾信件，天天看到，都气死了！第二是病毒，搞破坏，我本来要看的东西都看不到了！

金融机构与金融市场

问：台湾应该怎样协助企业从银行取得融资，以提升本地企业之国际化与竞争力？

答：这好像不是行政部门的事，硬要他们做这件事，到底是对还是错？这点我是比较质疑的。应该是企业自己要知道怎么取得资源才对。当然大公司比较容易做到这点，因为有人才可以这么做，小公司可能比较难。如果行政部门一定要介入，让银行借钱给企业，万一发生呆账，要怎么还？行政部门应该要做的是宣导。例如，提供哪些协助企业之计划或有哪些对企业优惠的贷款，然后用奖励的方式，让符合条件的企业取得资金。

以宏碁的经验，是由信保基金来协助中小企业取得融资，可是并不滥用。信保基金提供台湾中小企业融资保证，每年需要编很多预算。许多公司深受其利，例如在1981年，宏碁刚在科学园区成立的时候，当时规模很小，银行不敢借钱给我们，银行要求由信保基金来保证，他们才愿意借贷。

问：许多人认为只有大企业，才能借得到钱，您认为如何？

答：对或不对都可以讲。对，就是银行不想以这么大的成本去做生意，如果可以借一大笔钱给大企业，等于1000笔对1笔，那为什么不做1笔，要做1000笔？对于大公司，银行的确有较高的合作意愿。但是，还是要经营得好，不然公司大是没有用的，还是没有人要借给大公司钱。所以，究其最重要因素，不是在于公司大小，而是在于经营的风险高低与绩效是否良好。有人批评银行很现实，“雨天收伞”，我认为这是很正常的事。

问：您认为银行雨天本来就应该收伞？

答：我的意思不是说一定要收伞，而是说一家企业最重要的是应该要经营得好，如果经营不好，才会有银行“雨天收伞”的问题。这种问题是企业自己引起的，不是别人造成的，最要紧的还是要想办法做好营业周转。如果做不好，是因为大环境的关系，此为非战之罪，银行通常是可以理解这种情况，而不会随便收伞的。可是，常常是公司自己经营不善，承担太多风险，以致造成企业危机。

问：现在很多公司注重无形资产，很多企业用知识财产权向银行质押借款，但银行并不接受，可否就这点谈谈您的看法？

答：如果是可口可乐以其商标向银行抵押借款，银行当然同意。所以，这要看对象。如果所质押的知识财产权是大家公认的，极具知名度的，我想是没有问题。

以我的经验来说，所谓的无形资产，如果它能创造很高的价值，银行自然会认同。如果无法创造价值，就不会认同。用无形资产质押借钱，对银行而言，是不划算的，因为银行赚的钱利润很低，为什么要承担这么高的风险？很多品牌好像很有名，可是却不赚钱，代表那个品牌不见得有价值。

问：近来许多企业纷纷赴海外筹资，其原因与动机是什么？

答：过去这段时间，台湾的资本市场比较活络，这可能是到海外发展的结果。如果海外的市场更活络，资金更多、更便宜，为什么不到海外，要留在国内呢？可以到香港、到NASDAQ。其原因是考虑到本益比不同，赚的钱也不同。例如EPS为1元时，台湾可能为10倍，只有10元，美国可能达到25倍，赚25元，为什么要在台湾，不到美国呢？

对一个财务长来说，资金成本是很重要的，哪里可以找到最便宜的钱，他应该要想尽办法去找。

问：有人批评说，台湾本地的银行业无法满足企业的需求，您的看法呢？

答：在八九十年代，银行的营运多为cooperate banking，可是这10年来，慢慢在改变，consumer banking占的比例越来越大，银行从这里面赚到钱的比例也在提高，例如信用卡、小额贷款与现金卡等。这牵涉到银行的机会，银行不能从提供给企业资金中赚到更多的钱，所以也不那么积极，企业也因此比较不容易拿到所需要的资金。我觉得现在cooperate banking不被重视，这方面的人才也渐渐流失，连从事这方面的外商银行，因为无利可图都慢慢跑掉了。

另一方面，现在企业要从直接金融筹得资金，比间接金融快又容易。银行是间接金融，现在的企业可以不透过银行，到资本市场直接筹资，非常方便。但是，国内银行又很多不一定有直接金融的条件，所以它们没有办法满足企业的需求。企业有很多时候，要找投资银行，这又是不一样的管道了。

问：直接金融已经取代间接金融，和香港及其他地区相较之下，台湾股市的本益比算很低，您觉得台湾的金融业在未来要怎么样帮助企业筹得资金？

答：台湾的金控公司包括银行、证券业，对企业提供各种服务，这是一条路。但问题是，企业必须到海外去找更大笔的钱，因为要在台湾找很大笔的钱，其实不容易。

在海外，可能有很多大的机构可以借到钱，但是相对地，企业自己的条件要足够好，否则外商金融机构贷款条件比较严苛，不见得会借钱给企业。但是，对条件好的企业而言，这是有机会的。在台湾，要借700多亿、900多亿的资金，是不可能的，因为市场不够大，但在海外却可以。

台湾的规模小也是一个问题，台湾不是全球的金融中心，不像香港、新加坡，甚至于东京。这样要怎么满足企业的需求？金融市场一定要够大，越国际化越好。

问：台湾的联贷市场容量有限，已经没有办法负荷更多企业的筹资，一旦发生金融风暴或上市弊案，会不会进一步影响企业的筹资管道？

答：过去电子业占的比重很大，较需要资金。传统产业没什么机会，也较不需要资金，但现在不同了，传统产业的资金需求已经增加，而电子业还有很大的成长空间，正面临着资本密集的趋势，一直都需要钱。所以台湾的联贷市场的规模加大是一件好事。

至于您说的金融风暴或上市弊案，坏的公司当然会影响到好的公司。如果银行碰到一次倒账，以后就会保守，结果好的公司取得资金也会受到影响。

心得分享

问：成功的领导人有何特质？

答：我觉得最大的一个特质就是拥有企图心。要做一位领导人，要有企图心，因为有很多人要追随领导人。如果没有企图心，不想做得很好，别人追随你有何意义？

问：从过去担任宏碁的CFO转换到现在的另一家公司的CEO，您觉得在心境上有何差别？在经验上，或在看事情的角度上有何不同？

答：我觉得CFO和CEO在台湾的环境里，CFO比较听从别人的命令做事，CEO比较可以领导别人做事。

问：CFO与CEO两个角色中，您比较喜爱哪一个？

答：这是阶段性的，我觉得都很好。在宏碁的时候，面对这么大的公司，要负很大的责任，在那里，我不会做CEO，做CFO就好了，做CEO的责任很大，就像刚才讲的要有企图心。在宏碁，我可以在CFO的专业领域上发挥，对我而言，是很不错的经历。到智融公司担任CEO，公司规模小很多，可是可以做自己想要做的事，可以试试看，这种感觉也很好。当然，还是要有一些企图心，不能完全没有。

问：可否请您分享在职场上的工作经验，作为年轻人进入社会工作的参考？

答：其实，不只是在企业。自从工作以来，我一直在观察，尤其是观察年轻人。他们刚进公司的时候，常会说："我喜欢做这个，不喜欢做那个。"我的感觉是，每一样东西都有它的学问，都可以学到一些。但是，现在的年轻人常认为没有成长机会的事，就不想做，或是只要去做钱多的事。

我鼓励年轻人，不要一下子就想赚很多钱，应该是尽你的力量，像海绵一样，尽力吸收更多的东西。如果只是想到钱，就越不容易学到东西，这样就越不容易成功。

问：除了工作，您的兴趣是什么？

答：我喜欢去了解跟工作无关的事物，如到海外旅行、因公出差开会或洽谈事情，这些事我都会做。但是，做完了以后，我一定会想办法观察别的事物。有一次到墨西哥开会，结束后，我就到附近的人类博物馆去参观，其实也不一定要做什么，就是去看看。

有些人邀我去开会，请我讲seminar，我觉得很乐意，因为不只是和见面的那些人交流，也可以从别的地方学习并获得新知。例如，以前林宪铭还在宏碁担任总经理时，我们常常一起到海外拜访客户。到了巴黎，事情做完后，晚上我们就到巴黎附近的小山丘看夜景，鸟瞰整个巴黎。有人问："为什么你知道这么多地方？"原因是我不会匆匆来去，常趁洽公之余，顺便去游历很多地方。

第四章

炼铁成钢的传奇

四大精神成就“中钢”文化

第一节 “中钢”的故事

“中钢”精神

成立于1971年12月3日的“中钢”公司，登记资本额为新台币1060亿元，主要产品包括钢板、棒钢、线材、热轧钢品、冷轧钢品、电镀锌钢品与电磁钢片。

“中钢”公司标榜四大精神：团队精神、企业精神、求新精神与踏实精神。

团队精神即各单位之间充分协调合作，群策群力完成公司目标。企业精神即做事讲求效率，事业经营不断追求利润与成长，并全方位地照顾到客户、员工、股东及社会的福祉及利益。

求新精神就是不以现况为满足，不断力求改进、加强研究发展、求新求变。踏实精神就是脚踏实地，勇于承担，苦干实干的精神。

1985年6月，“中钢”酸洗冷轧工场发生火灾，烧毁了价值6000多万元的设备。调查失火经过的报告中提到：“中钢的董事长、总经理、副总经理、厂长、控制室与现场的每一个人，都争着承认是自己的错，这点令人颇为佩服！”这就是“中钢”文化之一：不怕犯错，勇于认错。

经营理念与文化

四大精神是“中钢”企业文化的基石，经营理念则是“中钢”企业文化的具体表现。“中钢”的四大经营理念为增进社会福祉、落实实际绩效、发挥群体力量与讲求人性管理。

增进社会福祉即秉持“取之社会，用之社会”的态度，达成“己利利人，己达达人”的目标。落实实际绩效即讲求工作效率、提升经营成果、发挥整体绩效与达成企业目标。发挥群体力量即对内重视协调合作、发挥团队精神、努力达成目标；对外与下游业者合作，谋求共同利益。讲求人性管理即视员工为企业的宝贵资产，协助其智能提升与成长、奖励其发挥创意与进取心、尊重其工作尊严、重视其应得权益，使员工能与公司同心，贡献心力。

经营领域与策略

“中钢”将具有业务、技术及制程关联性的产业列为多角化经营的要项，透过海内外投资与策略联盟，寻求拓展新事业的契机，以提升“中钢”集团营运规模。集团中的其他公司主要从事钢品下游加工、煤化学加工制造、高炉水泥制造及废弃物处理、环保工程设计施工及硅晶圆材料生产制造。此外，在高科技和其他领域，“中钢”也已展开布局，其中包含电子、光电、通讯、生物科技、金融及轨道车辆、工程及场站开发等方面。未来，“中钢”将与集团其他公司发展以制造为主，兼营贸易、运输、工程、金融、信息、土地开发及新兴科技等方面。

（注：以上内容系取材自“中钢”网站，并改写而成，经“中钢”公司钟乐民执行副总经理同意予以出版。）

第二节 CFO访谈时间
——与“中钢”公司钟乐民执行副总经理对谈

企业经营环境

问：台湾在不生产煤、铁矿的环境下，成立了“中钢”公司，并远近驰名，可否请您谈一下“中钢”的成功之道？

答：这个问题很有意思。在数十年前，大家都认为有什么原料就生产什么，有铁矿、煤矿就炼钢、生产钢铁产品。其实，这种逻辑，已经慢慢在转变。

台湾其实也没有太大的钢铁市场。大家一般的想法是，钢铁是很重的东西，运来运去，是不是划得来？其实运输成本固然是不小的负担，制造、生产，还有管理等条件，加总起来，在原料生产国制造成品，不见得划得来。

“中钢”所秉持的精神是“无中生有”。钢铁和其他的零组件、工业材料都一样，如果没有自己生产的能力，永远被别人捏着脖子走。

幸运的是，台湾的中小企业成长得很快，为“中钢”提供了足量的原料，使“中钢”在无后顾之忧的情况下快速发展。因此，非常感谢这些中小企业。

问：国际钢铁产业在韩国、中国大陆相继设立钢铁公司后，“中钢”如何面对国际竞争？

答：韩国人口大概为台湾的3倍，其钢厂也差不多是我们的两倍多一点。所以，对台湾没有太大的威胁。

但是，中国大陆钢铁工业的快速发展是史无前例的。1996年左右，他们突破1亿吨，全世界大概只有日本有这个水准。4年之后，突破2亿吨；再过4年，又突破了3亿吨。这表示中国大陆的钢铁工业发展非常惊人。当然也造成很多脱序的问题，发展太快，不见得在经济、环保或原料供应，甚至在能源消耗上，能有非常经济的投资。

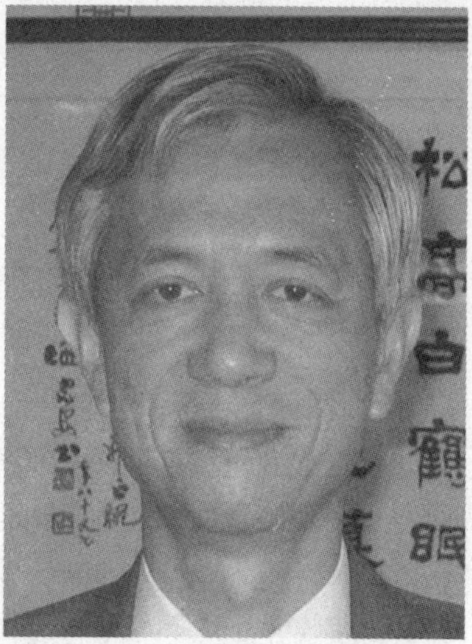

"中钢"公司钟乐民执行副总经理

所以，以大陆约3亿多的capacity来看，大概有1亿吨左右属于不错的钢厂，技术含量高。不过，剩余的其他钢厂虽然有的设备很新，但目前其他各方面还有待加强。这样来看，台湾钢铁产业的整体质量还是很有竞争力的。

问：1995年4月，"中钢"改制为民营公司后，经营模式与公营事业有何不同？

答：公营事业的预算或投资会受到民意代表的牵制，须经过他们的审查。民营之后则不会受到这些牵制、审查，重大决策在董事会就可以做成决定。这是在表面上看到的不同处。我们感觉到"中钢"民营化之后，公司的转投资，事实上变得比较灵活。转投资的金额变得比较大，约有四五百亿元。

问："中钢"在台湾投资高铁的背景、缘由是什么？

答：其实转投资并不是我的area，"中钢"是由企划部门在负责。我现在说的不代表公司，只能就我所了解的告诉各位。从政策层面上来说，高铁是很重要的建设，所以"中钢"就积极投资所谓的轨道车辆，参与了高雄捷运和高铁建设。不过，那时候高铁的竞标，我们有参加，但没有得标。

我觉得高铁不是钢铁业，和钢铁的相关性有限。高铁本身是个服务业。投资高铁到底对不对？如果以投资台湾的观念来看，好像对，因为它纯粹是台湾本地的建设。以投资效益来说，则不敢断论。

问：您对"中钢"投资生物科技有何看法？

答：坦白讲，生物科技与我们公司的特性、知识等方面有非常大的差别。生物科技对我们从事钢铁业的人来说，不外就是瓶瓶罐罐，也不像重量产业包含很大的资金，反而是包括很多的技术和人。这些不是我们的专长，我们的专长是利用重机械生产钢铁。生物科技产品的行销、管理、生产制度与钢铁业几乎也没有多大的关系。所以，我个人并不太赞成我们公司往生物科技走。

问："中钢"是否与海外企业进行投资策略联盟？其投资对象的选择与评估标准和本地投资有何异同？

答：我们没有跟海外企业进行投资策略联盟。就我所知，评估本地的投资案注重的就是ROE、ROI。此外还要考虑政治风险因素。

财务管理

问：贵公司的财务需求与其他公司有何不同？如何筹资？

答：这两个问题是连在一起的。"中钢"不筹资，原因是钢铁工业或资本密集的产业，资金会从内部自动产生。譬如每年的折旧，要把折旧出来的资金回馈到生产设备，以形成良性循环，那就不需要筹资。

有关"中钢"的转投资企业，例如中龙钢铁在台中要盖高炉，它需要现金增资及联贷。就公司而言，偶尔就是短期资金调度一下。

我们每年资金的水准是锯齿形的。差不多每年9月以前，公司会发放股息，今年就发掉了380亿元的现金。然后又累积了1年，每年都是如此，但数额有高有低，盈余水准也是每年有高有低，每年的模式都一样。

问：贵公司刚成立时计划引进外资，但并未实现，当年的背景是什么？

答：当时打算引进国际的投资，遭遇到一些困难。因为国际上的一般看法是，台湾要发展钢铁工业是不可能成功的。所以，外资不太愿意进来。那时候的外资基本上是零，就靠台湾本地的股本。不过当时的金融市场或资本市场不发达，我们一开始是民营事业，不得已，由行政部门编列预算来投资，因此，变成了公营事业，这应该是1975年的事。经过20年，慢慢又从公营转变成民营。

问：贵公司在预算编制、执行上，若与业务部门或研发部门发生歧见时，以财务长观点，如何看待处理？如何配合？

答：我们从来不会发生歧见。基本上，财务部门负责编列预算，对研发部门所提出各种项目并不删减。因为预算编出来的时候，到董事会做整个金额的审查，不会针对个别的项目。对于个别的部分，我们相信那个单位的主管会把关的。所以，我们只是负责编，他们自己要负责审查，以便通过预算。

这就是说，业务部门编了这个预算及投资项目，我们要去思考资金来源，而资本支出是各部门的责任，他们自己要把关。

问：在“中钢”成功故事中，财务长担任的角色是什么？

答：财务长这个职位很低调，属于支持性的，很多工作只能做，不能说。工作性质会牵涉到经营权、民营化、公股股权、金融整并之后等问题。

问：一般来说，现在许多公司的财务长所担任的角色跟往昔差别很大，您是否也有同感？

答：我不知道，因为以前我没有担任过财务长。我接任这份工作将近20年。其实这20年来，我的工作并没有什么大的变化，只是必须要想得比较远，要知道一些大的趋势，做一些事先的布局。

例如，设备老了，下一步是不是要更新？各部门什么时候会提出来，这时要先算一下将来的资金来源。员工老了，就有退休金的问题，退休金怎么去未雨绸缪做计划？

还有跟客户之间，怎么使用新的科技信息工具，来进行沟通及交易。因为公司大，有些东西我们要带头来做，如果我们不带头，基本上是做不成的。

问：担任“中钢”的财务长，除了财务方面的任务，还参与或涉及信息、人力等其他政策方面的工作吗？

答：除非那些部门的人找我开会，否则尽量不参与。

问：“中钢”公司如何培养财务管理人才？

答：财务是个蛮传统的工作。我总希望采用最简单的培养方法，那就是进来的人要有相当的水准，现在我们都希望最好是硕士人才。再下来就凭个人造化马上投入工作。

例如要开发系统，跟客户联机；要推出什么新的优惠方案，向银行申请联贷；或者投资公司要怎么去增资，这些东西，都需要一票年轻人一起投入去做。只要投入工作，过一阵子就会做这个事情，将来有机会就能够独当一面。主管只要好好观察，慎选将才即可。

问：良好的财务控管，是企业成功要件，包括会计、流程、信息等各方面。

能否分享您对于财务控管的想法？

答：这个题目很大，我只能从大的方面来回答。我希望我们的同事能够注重中长期的变化，只看每个月短期变化，成果有限。中长期的话，最好的一个参考资料，就是资产负债表。拿过去5年、10年的报告来分析其中的变化。

举例而言，在“中钢”民营化的时候，有一栏长期投资项目22亿元，现在超过600亿元。成长很快，变成需要有一个部门来控管。我说：“这一块资产负债表越来越大了，没有人控管，怎么可以？”有人说：“可以找财务的人来管。”但是财务部门没有人来专门负责这一些。投资事业这么多，还牵涉到财务以外的一大堆问题，像行政管理、人事、制度上面的问题，这不是我所能cover的。所以，公司成立了另一个部门，专门控管这一块。

问：您认为应该如何提升财务控管的质量？控管要点是什么？

答：我个人认为除了提高财务控管自动化之外，还要关注财务上的各种比率，包括获利率，以及与同业的比较。此外，成本的分析、竞争对手的分析，也很重要。

问：你们常会定期分析对手的财务报表吗？

答：对，这个很重要。我们有时候会设法取得证券分析师对各个钢厂的分析、评价，以了解分析师建议买进、卖出或持股的情形。我们会定期注意这些信息，因为分析师会写“中钢”，也会写别家企业，这是公正客观的第三者评估报告，而且往往是免费的。

信息科技与沟通联结

问：“中钢”已经有公司网站，怎么处理网站上信息的透明度？

答：网站上的某些信息可以完全公开，但很多东西都不能公开，只能看自己的。

说实在，本地的金融业这方面做得比较差。“中钢”自己成立一家公司，以便协助客户，透过网络申请信用状，再透过银行内部的作业，把信用状开出来，这个就是电子信用状。“中钢”收到信用状的时候，凭着这个就出货了，整个流程一天之内就可完成，算是利人利己吧！

问：您是说“中钢”自己成立了这家公司？

答：对。从客户去申请，到银行开出信用状，“中钢”收到信用状、出货，一天之内就要完成。我们现在要求，昨天出的货，今天一定要押汇、入账，要完成所有程序。

但是，一般银行的网络金融，现在看得到的，都是个人投资、房贷、存款等，这些其实都是小案子。重要的是所谓的企业金融这一块，而银行企业金融的网络服务水准很差，几乎完全不存在，令人失望。因为我们作业的要求，所以“中钢”就成立了这家公司，它是一个provider，替银行设计有关这方面的网络金融。

问：所以，到目前为止，“中钢”只在B2C，还没有涉及B2B领域？

答：B2B这一部分非常复杂。我们一定会做B2B的，只是时间问题而已，因为不做起来，公司整体效率就没有办法提升。

我经常碰到这样的情况：每次长假后，就会发现积存了很多要处理的票据，如仅是押汇中的单据就有5000张之多。这些是外销而已，还没有包括内销。所以必须想尽一切办法，做到自动化、电子化、无纸化，方便客户，并把时间尽量缩短。

“中钢”与金融市场

问：“中钢”与海内外金融机构接触频繁，可否比较本地银行与外商银行在与客户往来方面的特色？

答：全世界没有一家银行做到B2B的网络金融，包括Citibank。像Citibank能做到的是只能跟Citibank这家银行往来，你要跟其他银行往来，只能直接上其他银行的网站。对于一家企业来说，我是负责企业财务的，若跟30家银行往来，要是每一家都要上不同的网站、不同的密码，加上不同的画面来操作财务，那岂不烦死了！

问：“中钢”是如何处理这个问题的？

答:“中钢”把与各家银行往来的情形整合成一个home page，透过网络工作就解决了，像华南银行、彰化银行、Citibank在网站上都可以通行。但在传统西方银行的角度，它不会提供这些，其心态是你们最好只跟我一家银行往来，而这是不对的。

话说回来，我们怎么能只相信独家的银行。银行起起落落，我们看太多了，他们的政策随着人的上台、下台而改变。今天说非常注重台湾，明天说整个亚洲都不赚钱，全部都关掉，那我们怎么办？Citibank只希望我们跟它往来，能保证给我们的额度够吗？10年之后，仍然不变，甚至增加吗？这是不可能的事情。

问：您认为本土银行与外商银行提供的服务差不多？

答：我们看的是成本、效益。对于“中钢”来说，他们基本上没有什么差别。也许我们在价格上比较坚持，所以没有和外商银行有中长期的往来。

问：过去20年间，台湾金融市场有着显著的改善，例如直接金融之兴起。请您站在“中钢”财务长的角度，说说您的看法。

答：台湾的金融市场30年以来成长得很快，所以如果要做大的project联贷，应该是要在台湾借台币，这样做的好处是，成本上可以竞争，也没有汇率避险的问题，而且台湾的金融市场也够大了。

直接金融这方面，我们做得比较多的是台湾的公司债。我们曾经发放过5年期的固定利率公司债。最近因为公司本身的资金太多，故这几年我们在公司债方面没有介入。我们更是没有现金增资，基本上，我们不缺钱，缺的是计划。“中钢”的业务推展、扩建的脚步比较慢，这样资金相对就多出来了。反之计划多的话，资金不够，就要去融资、筹资，直接间接市场都可以借。

问：请问你们的避险产品做得多吗？Options（选择权）有哪些？

答：这种产品越精密，越复杂，成本越贵，因为它是一套的。最简单的东西就是Forwards（远期契约），转变一个角度就是一个option，好多种东西套在一起，就变成很复杂的产品。我们重视的是“自然避险”，成本非常低。所谓自然避险，如果投资到日本去，长期的股权，我就借个日币两边对冲掉，就没有风险了。

还是回到刚才我谈的资产负债表这中间的项目，若没有长期的外币外债，就不需要避险，但是若有长期投资，我会自动创造出一笔外债，投入的股本，我就去市场借外币。外币兑台币的升或贬，是个水涨船高的状况，无论空头或多头，我都会另外创造一个跟它对冲。

问：贵公司会进出证券市场吗？公司有规定吗？

答：基本上，我们认为好的股票，就会长期持有。认为跟本业没有关联的，例如台积电股票，就会在看到一定的价位时卖出。我们还是从生产、制造这边来赚钱。

问：站在使用者立场，您对衍生性金融商品的看法为何？

答：以我们传统产业来说，第一优先就是避险，但是会固守在本业里面去创造利润的原则。

问："中钢"把出货的应收账款卖给银行，这是不是为了避险？

答：其实，风险只是其中一个考虑因素。这样做其实也是帮助客户，因为有些客户蛮辛苦的，要向银行申请融资，第一个会遇到信用问题，所以我们干脆针对某些客户，到海外买信用保险，万一跳票的话，信用保险可以赔95%。然后，我们就对客户做AR，也就是应收账款的融资，出货之后，就把这些东西卖给银行，整个是电子化的作业。

问：贵公司有时也做信评？

答：对，因为做信评对我们的外资股东有些帮助。投资人说，你们的信评还不错，投资你们的股票，相对也会比较稳定。海外偶尔有些短期的借款，我们也提供信评的资料给海内外的银行。

问：财务部门采取何种措施，使"中钢"股价相对其他公司非常平稳？

答：我们不能影响股价，影响行情是犯法的，公司不能买卖自己的股票，反而有时是别人意图影响股价，放出一些多头或空头的消息，我们还要出来澄清。

如果有人说，"中钢"明年大好，我们也不能讲话，因为我们说明年不好，就变成打压行情。反过来讲，有人说明年"中钢"大坏，像Citibank就有个分析师说长期以来看空钢铁股。其实，这3年来，钢铁股一路大好，而他还在看空，所以我们就笑他是“空军总司令”。

个人经验

问：“领导者”与“追随者”二者之间有何不同？

答：这个题目很大，这两个层级应该是不一样的。部队里面，当班长和当总司令是不一样的。

就财务来说，财务长是部门的领导者，底下有许多部属。一个不变的原则是，你站得越高，应该要能看得越远。如果站在山上，却只看到脚下的石头，这种人不适合当领导者。

问：也就是说，领导者眼光要深远，追随者只要跟随就对了？

答：追随者有一天也会变成领导者。领导者要看得远，如果公司现在很好，股价大涨，那么下一阶段的成长要如何达成？客户碰到问题，有什么方法解决？要走传统的方法，还是突破传统，用比较先进的方法来解决？

问：在今天的社会，企业对员工之忠诚度与责任感有何期待？

答：员工忠诚度很难说，因为人心会变。我们这边的情况还好，是属于封闭的小团体，“中钢”坐落在台湾的南部，又在高雄的郊外，钱也赚了不少，所以薪水、奖金尚属不错。但是我刚才说过，只要一个随身碟，机密资料就流出去了。这需要层层控管，防小人的措施总是难免，而且，现在环境比较复杂，所以一切要谨言慎行。

问：在担任“中钢”CFO之前，您在何处就职？有何工作经验可以分享？

答：“中钢”是我的第一个工作，一做就是30年。中间到海外念了1年多的书，然后担任CFO大概20年。

问：您在“中钢”工作这么久，而且一直在财务部门，可见得这份工作一定有吸引您的地方，可否与我们分享您的想法？

答：一开始时，“中钢”是家新公司，所以并没有太多规范，很多事能放手去做。如果提出一些没有人做过的解决方法，做出来对客户、对营运有帮助，“中钢”会愿意支持我们去尝试。

其实我们在“中钢”做了许多事，有很多东西都走在前面。像计算机化现在变成网络化，我们尽量推出电子商务相关的东西，现在慢慢看出成果。我们在管理上的要求也比别人严格，应收账款只有半天的时间，这是个很严格的规定，但只要努力，一段时间以后，应该还是会达成的。

问：公司高层也非常支持您这些新的做法？

答：坦白讲，很多东西高层不懂，他们只看成果。要去推这些东西，当开路先锋总是很辛苦。要花很多时间努力去做，内部甚至还有些人不是很赞成。不过也没关系，试试看，给两年的时间看看有没有成果，说不定到了第二年、第三年，就能够看出成效。

问：您担任财务长，理不理家里的财？

答：我不理家里的财，全部交给妻子管，并用最保守的方式去做。例如，我兼了一些上市公司的董监事，这些股票就最好不要碰。上班就是公司的时间，下班就是家庭的时间，我分得很清楚。我绝对不会利用上班时间去打高尔夫球，运动是个人的事。下班时间，我也希望少应酬，因为那是自己的时间。

问：您如何平衡生活？

答：就是“生活简单”。因为大环境很复杂，如果喜欢吃、喝、应酬，那就天天都不用回家吃晚饭了。我们公司早上7点半上班，我6点半一定要起床，甚至6点钟要起床，为了要避开traffic（交通高峰期），所以早睡早起，生活简单是必要的。

问：有何忠告给投身于金融财务领域的年轻人？

答：忠告就是生活要简单，要沉稳，看得长，想透彻，照表操课。每天进一小步，每天做完几项工作，每天留下一些纪录。

从开始工作到退休大约要30到40年。每天进步一点，累积下来，不得了！你的观念、知识，对事情的看法，是不是每天有多一点点？千万不要浑噩度日，你如果每天进步一点，不要用走的，光是用爬的，累积起来，就比别人多很多了。

第五章

全球金融国际观

兆丰金控有容乃大

第一节　兆丰金控的故事

公司简介

兆丰金融集团成立于2002年2月，其金融版图由各类型金融机构所建构，是一多元化之金融服务集团。该集团资本额台币1136.5亿元，为目前台湾资本额第一大金融控股公司，其市值居业界第二大，但银行资产则是业界第一大，居企业金融及投资银行的领先地位。控股公司的业务范围广泛，包括银行、证券、票券、保险、投信、资产管理及创业投资等，海内外共有211个网点。

兆丰金控拥有9家子公司，其中交通银行为台湾本地投资及工业银行之龙头，以产业投资及企业融资专长；"中国国际商业银行"之外汇业务与海外业务为其他本地银行之翘楚，在联贷市场及企业金融上也占有重要地位；另中兴票券居票券业务之冠。

百年交通银行

台湾的交通银行，其创立历史可以追溯到1907年，当时设立的宗旨在辅佐路、电、邮、航四大要政的资金调度；1910年初期，奉命与中国银行共同掌管公库收支及发行兑换券。1949年，国民党迁台后，由于台湾经济环境的改变，加上民间企业对长期资金的需求旺盛，交通银行乃于1960年2月复业。

随后为积极改善工业结构，配合发展技术密集之工业，交通银行于1979年1月改制为开发银行，资本额台币100亿元，以办理中长期开发授信、创导性投资与创业投资、辅导授信与投资事业暨其他相关金融等业务。

1991年1月，交通银行的资本额增为台币200亿元，业务范围扩及服务业。1996年9月，该行股票于集中市场挂牌上市，于1999年9月转为民营形态，并于2002年2月与国际证券公司共同成立"交银金融控股公司"，之后，加入兆丰金控行列，再于2002年12月更名为兆丰金融控股公司。

"中国商银"国际化

"中国国际商业银行"（简称"中国商银"）历史悠久、信用良好，英文名称International Commercial Bank of China（ICBC）。该行在台湾本地的营业单位有64家，海外分行遍布世界重要地区，分支单位25家，是最具国际化的银行，外汇专业水准深获肯定。

"中国商银"曾多次获得台湾本地及国际上知名的奖项，包括被欧洲货币杂志（*EUROMONEY*）与亚洲货币杂志（*ASIAMONEY*）评选为1995年台湾最佳银行。1996年12月荣获台湾的商业周刊"银行服务品质大调查"第一名，同时获得国际债信评等机构穆迪公司（MOODY'S INVESTORS SERVICE）评等为台湾债信与财务最佳银行。

1997年2月，"中国商银"再度名列亚洲货币杂志（*ASIAMONEY*）之亚洲杰出商业银行龙虎榜。2001至2003年连续3年被*Global Finance*评选为"最佳贸易融资银行"。2001年5月及2005年6月获颁亚洲银行协会"亚洲杰出银行奖"。

票券之冠——中兴票券

台湾有组织货币市场的形成，始于1976年5月首家票券金融公司——中兴票券的成立。多年来，中兴票券参与货币市场各项制度的建立，拥有丰富的操作经验与稳健的经营体质。

初成立时，中兴票券资本额台币2亿元，目前资本额达台币251亿元，是台湾票券市场中最具规模的票券公司，无论初级市场买入各类票券、次级市场买卖各类票券或债券，中兴票券公司之业绩皆居市场领先地位。

（注：以上内容系取材自兆丰金控公司网站，并改写而成，经兆丰金控公司谢剑平副总经理同意后予以出版。）

第二节　CFO访谈时间

——与兆丰金控公司谢剑平副总经理对谈

金融产业全球化

问：如果台湾发展成为科技岛，金融业应该将焦点集中在哪里？

答：台湾是要发展成科技岛。我不是很懂科技，但是在筹资方面，金融产业的配合是十分重要的。大的科技公司一般都到海外筹资，在本地则大部分运用联贷，不过利差都很小，外商银行不大愿意做。另外，中小型的科技公司，银行虽然愿意做，不过因为它们没有足够的抵押品，银行会选择好的公司，经营不善或账目不清的公司，银行在处理上会更谨慎。

目前，台湾银行业的资金充裕，能为台湾成为科技岛提供资金帮助。不过，台湾银行在协助科技公司发展时，应该配合其全球化的布局。

问：现今，台湾是否还有可能发展为金融转运中心？

答：台湾此时要建构金融中心，或是资本中心，时机上已经太晚了。

为什么时机太晚？第一，台湾如果能成为亚太金融中心，基本上能变成台商的调度中心。但目前两岸金融没开放，台湾要面对上海、香港等金融发达地区的竞争。像德国的法兰克福一样面对伦敦、巴黎的竞争，这是同样的道理。

这不是代表金融不重要，金融还是一个根，产值占台湾的GDP约11%左右，而目标则订在13%。但是要整个再推进，还是应该要务实一点，不一定要常喊口号，台湾喊得太多了，最后检视都没有具体成果。我认为实际的就是要推动资本透明化，在金融的纪律上着手，另外要落实金融的处罚。

第二，从金融的供给面和需求面来看，目前，证券、银行等金融机构供给过多，品质也不好，只能在local市场供给，这方面还是要着手去整并。我认为比较好的方式，是要订出政策目标，整并一两家大的官股银行，来活化银行的经营。

问：您对台湾公营及民营银行的看法如何？

答：大家对台湾的银行财团化有很深的疑虑。台湾的民间银行经营效率并非很好，它们顶多比公股银行更具弹性，资产组合较符合时机，例如从事消金、财富管理业务。而公股银行管理上较为紧缩，行员刚进银行时，素质要求很高，要进银行工作不容易，但是后来因为制度僵化造成不少问题。

公股银行的壳是不错的，网点也够多，资产品质上有问题的话，也大都不是因为员工的判断，而是由于很多错综复杂的政商关系造成的。这方面可以随着加深执行金融纪律而改进，它的壳是可以好好利用的，不一定要变成民营化或和民间企业一样，虽然那也是一种方式，但是代价很高。

问：请问银行整并有什么困难？

答：我分两点来讲整并的困难。第一，民间现在的金融股价很低。银行的合并意愿不高，因为它的换股比例不好。民间要来并购官股，恐怕意愿不会很高。

第二，目前，行政部门推动公股与公股合并，如果台银和几家银行合并，市场占有率超过15%，股本达一二千亿元，这是没办法合并的。

问：应该如何解决上述困难？

答：最好的方法就是民营化。此外，寻求外资至台湾投资也是方法之一。但是，海外大的金融机构，例如HSBC或CitiGroup，它们对于capital和equity的运用非常谨慎，其投资是采equity，有所保留。

有个写书舞台可以学以致用，令谢剑平副总经理至感高兴。

方法之二是与保

险公司合作。但是过去几年，保险公司的经营情况并非良好，亏损不少钱。最近虽较好一些，唯几个天灾下来，保险公司过得比较辛苦。

方法之三是透过股权私募基金（private equity fund）整合后，再卖给别人，不过就是要碰到好的案子，价格通常都被砍得比较低。

问：兆丰金控具有何种竞争优势的金融产品？

答：以兆丰金控而言，竞争力比较强的是法人金融业务，包括联贷案、流动资金、薪资管理，还有外汇服务甚至投资银行业务、承销业务等。兆丰具有市场上很不错的价格和竞争力，服务量也够，我们全省有105家银行分行，证券42家，票券9家，海外24家分行，等于可以串连在一起，提供广泛的业务。

兆丰现在用网络的global banking全球金融网，等于这些B2B的客户和我们的作业平台连在一起。故它们有何需求，皆可与我们的金融管理平台联机，例如需要贸易融资、卖掉应收账款、透支账户等，都能进行全球运作，像在不同的地点需要资金，例如墨西哥厂，我们可以帮它们做全球的运筹安排。

法人的优势可创造出额外的业务，例如企业有许多员工，需要薪资管理、消费性贷款等。此外，交通银行投资150家未上市上柜公司，对这些公司的员工，我们也可以提供全方位的服务，满足他们的需求，像需要房贷或高阶主管要买海外的基金做财务、税务的规划等。我们希望把法人金融与客户的财富管理联结在一起。

问：兆丰金控如何进一步创造新的成长条件？

答：我们要创造的条件为扩大营运规模，主要需透过并购。因兆丰目前的资本规模够大，并购以后不容易被稀释掉，故有很多并购机会。我们在并购上的做法不会太急躁，会比较注意并购的价位还有未来整合上的可能性。

问：贵公司有何成功之创新构想，可供业界参考？

答：兆丰金控体系中，对银行商品创新较多的，应该是“中国商银”比较强。它们推出了兆丰企业基金（Mega Business Fund，MBF），把一些中小型的企业，大部分是科技业，用一个资金的pool去发行ECB给投资人，包括很多外资。我们扮演arranger的角色，收取手续费，一方面找其他的银行担保。当然募集到的资金怎么使用，是有一些规范的。从运作而言，包括风险控管、获利至产品创新、手续费，我们皆达到该有之效果，故获得亚洲银行协会(Asiamoney）所颁发的奖项。

另外，谈到B2B网络，Global-eBanking向法人客户端所建立的全球金融网，也算是一个成功的创新做法，并曾得到过奖项。

另外，在证券方面也有许多权证、个人理财上的创新。至于产险方面，例如董监事之保险，若有经营上之疑虑，可以帮董监事保险。此种业务，为台湾企业首创，不过我们在产险方面的创新应该需再加强。

在投资方面，我们也有一些新的业务。但是，一般的投资业务，都是由交银负责，较为传统，谈不上创新，经营模式为找到一家不错的公司即直接投资。海外的投资业务较具创意，因海外之流动次级市场大，尚未上市上柜，可以有许多创新的做法。

并购与财务投资

问：企业界近年流行并购、合资，兆丰金控也毫不逊色，请谈一下您的看法？

答：兆丰金控做很多并购，包括投信、银行，也参与许多外面的并购案，有些还在进行中。在并购过程中，买的时候要付premium，后来得到的综效要高于这个premium，这样才会增加股东权益，并购时此点要抓得很准，否则可能会牺牲股东利益。

问：公司并购时，在财务上有何需注意之处？可否分享您的经验？

答：公司并购时，与股东、董事会间需充分沟通，并购后之成功几率方能大增，否则买进来后，会招致内部意见太多的困扰。如果发现买进来以后，情况明显欠佳，再有好机会时，应该要把它卖掉，并购要有进、有出。

在并购过程中，要查的项目很多，包括会计、查账、法律上之内容等。此外，并购科技公司需查专利权、经营团队、有无负债、是否会撤资等重要事情。这些项目在执行时，有时极其匆促，常要求在两个星期内完成，虽然这点要求并非无法做到，但是在此种状况下，必须依靠一些法律架构加以保障。不能够因为时间的紧迫性，而牺牲了品质，而且它的过程非常重要。

最后一点，并购价格的合理性也极重要，有如买股票，不能买贵，因为买贵以后，价格要回来不易，也会引起内部不同之看法。

问：可否谈一下您刚才提到的两个星期完成并购的事？

答：这是指两个星期完成查核。并购必须经过董事会通过，需要一段时间实际查核。如彰银、台企银之并购案非常快，两个星期即查核完毕。故应商请比较熟悉这方面工作的会计师、律师参加审核。

另外，我们必须有自己的查核团队，例如，我们银行的专业人员很多，可以派人去查。通常会计师的团队查得比较详细，投资银行大概查后来的结果，以作为检视。若时间不足，就查重点，例如查银行，须查呆账之品质、摊提，还有盈余之品质，cash flow 是 recurring or not？为细水长流型，或者是 one-time？这些现金是从卖股票赚来的，还是打消呆账回冲的，类似此种 cash flow 就不会有太高的评比。

问：海外有哪些成功投资案例值得介绍的？

答：海外的投资成功案例很多，但并购成功的案例不多，约仅 2 至 3 成。据统计，台湾过去创业成功，超过 10 年还存在的企业，10 家里仅有 1 家。以这个角度来看，2 至 3 成之并购成功率，尚属不低。即如公司赚钱之 8/2 法则，80% 的钱是由 20% 的人赚来的，这本来就是统计分配上一个不平均的状况。

例如日本之新生银行并购案，是由美国的一家私募基金 Ripplewood，还有卡莱尔、花旗银行，联合起来买下新生银行。以前这家银行为长期信贷银行，日本政府想把它卖掉，希望成为一个国际化样本，后来仅这个案子，整顿完成后，它们就赚了至少十几倍。

另外，GE Capital 收购了很多在 down turn 价格便宜时，本身还有经营价值的公司，它们买了很多在日本、韩国、东南亚、中美洲的公司。

财务透明度

问：身为主管财务的副总经理，您认为财务透明度和可信度是否应该作为公司优先发展的目标?

答:我觉得应该是公司一个非常重要的目标,但是站在财务面,以财务长或财务副总经理的角色来看,如何让公司有透明度?其实说起来简单,做起来很困难,因为透明度牵涉到很多不同的事业群和子公司。

以兆丰金控而言,目前拥有9家子公司,包括2家银行、票券、AMC,还有1家创投公司。若要从这些公司中要一些业务信息,例如消费金融方面之获利能力,即需切割成各个部门或byproduct,如一个财富管理商品之获利能力,有时内部无法做到。困难点在于:第一,会计制度切割之方式不同;第二,信息系统无法配合。此时,即需想办法列出1年、2年计划,慢慢将它完成。

问:金融国际化之后,对信息透明化有什么不同的要求?

答:海外的投资法人需要财务信息,他们在了解一家公司时,除了要求提供公司的数据,如每股赚多少钱,另外还有两项要求。

第一,如美国的法人,非常aggressive且严谨,他们会以自己之model再算一遍所得到之数据,根据不同之假设或会计科目做调整,因为较国际化,会与投资于韩国或日本之获利相比。

第二,某些外资券商或外商投资银行有其earning model以计算兆丰金、台新金、台积电之获利能力,其算法与我们不大相同,因为会计科目并不一样。例如逾期放款比率(Non Performance Loan,NPL ratio),我们以6个月没有缴款计算,唯外资认定3个月无缴款即为逾放。但是,自1994年7月起,台湾也开始认定逾期3个月为逾放。

问:兆丰金控子公司之间,是否具备非常高的财务透明度?

答:应该是这样的,要想提升至国际水准,需要IT进一步与会计部门之密切配合。我们有个目标,就是在未来两年中寻找机会,争取在纽约证交所挂牌。若能于纽约挂牌,它对公司之会计制度与透明度的要求为全世界最高,此即促使公司必须迈向国际化。

问:通过减低企业复杂化与整合财务资源等手段,是否能提高公司的执行绩效?

答:当然可以。现在之企业经营管理,要减少复杂化的程序,就必须整合整个流程。另外，实际执行之人，也要能了解、并信任这个流程，这些都很重要。

以兆丰金控而言，子公司之财务资源极多，故财务资源的整合非常重要。流动资金的管理，是否有一定之house view？如我们在股票有许多部位，即有一定的house view在看；对债券市场的利率，也有一定的view在看。此外，我们拥有两家银行，不要让它们互相去抢客人，能够做客源分配，如此才能整合财务资源，以提高绩效。

电子商务时代

问：进入电子商务时代，财务长是否需要协助企业，进行知识财产与信息的管理？

答：当然。因为财务方面需要电子化，这方面与每个部门都有切身关系。财务长对此部分要做自动化、电子化的管理是必然的。

有关电子商务，不仅牵涉内部信息自动化流程，还会涉及多方面，例如台积电或宏碁，它们的产品一推出，客户就可以从网站上看到产品相关的信息，故它们极容易排产品的制造流程。

企业也可要求金融机构提供B2B服务，例如，要求客户转账或员工薪资转账等。更具效率者为银行的操作系统与企业之间相结合，可在线上直接和对方的系统兼容，但应做到系统的保密。在亚洲，至少有4、5家银行可以做到这样。我要强调的是，电子商务是在B2B间的运作，不仅包括与客户之间的运作，还包括与其他金融机构。

时空背景与金融市场

问：与民营银行相比，公营银行比较能够配合行政部门的政策。请问，现在公营银行还有必要存在吗？

答：金融业的经营若都须配合政策，那是不太适应市场规律的。我们以前是公营银行的时候，就曾经配合投资联电，此属于先导性的事业，结果尚属不错。但有时配合政策并不会赚钱，因为银行若是以协助产业为主，利差就会很低。

在某个经济发展阶段，确实需要行政部门的介入，并靠金融之力量来support。但随着经济成长，应该要少一点行政介入；但是我认为台湾这个环境，还是需要一部分介入。现今与公股相关的金融机构，若超过50%之市占率，则降为20%、30%，此应该合理，但不能降到零。

若哪天台湾的金融部门又碰到问题，还是不能完全依靠财金主管部门来解决，仍需要有些金融机构来协助。所以说，台湾的公营银行还是有必要存在的。

问：请谈一下您在国际投资方面的看法。

答：在国际投资这部分，第一就是要很明确地知道各种海外投资工具和对公司的价值。例如发行GDR，有它的价值，但会稀释股本，容易折价。惟若发行ECB，则进可攻、退可守。对于金融机构而言，发行ECB是很好的选择，因为金融机构偿债能力通常没问题。

而对电子业，要发行ECB，就要慎重考虑。我个人认为，电子业比较从发行股票之观点去发行ECB，万一股票没有上去，无法转换时，需特别注意其偿债能力。

此外，对国际承销商之选择也很重要。应经常与两三家比较长期往来之国际投资银行合作，让它们将你视为主要客户，随时提供购并之信息、公司发行海外ECB、GDR交易状况、海外的购并机会。国际投资银行也会随时检视你们公司的财务报表，希望能提供进一步之金融服务。当然，它们会站在自己之获利角色考量，故选择一家好的投资银行非常重要。

当然，公司内部应该也有一群人，可以与这样的投资银行洽谈。也就是必须要有经验的人员，能够抓住这些顾问公司、投资银行，使它们提供最好的服务。

问：直接金融的兴起，对于企业财务的运作及调度有何帮助？

答：直接金融的兴起能降低企业运作的成本。我记得以前在证券公司服务时，去拜访客户，要帮他们把银行债还掉以发行公司债，有些财务管理人员无法理解，他们认为这样做会破坏与银行之往来关系。现今观念逐渐改变，直接金融可以帮公司取得比较低的资金。

此外，直接金融对资金调度也有帮助，因为除了间接金融以外，尚有直接金融可以筹资，如此与银行谈判之筹码就增加很多。

除了公司债以外，也可从股票方面来做。可以有很多金融商品创新，来发行企业金融商品，也可以到海外市场去做。

问：台商赴大陆投资时，在资金调度方面，OBU是否发挥了功能？

答：当然发挥了功能。OBU有境外法人的角色，如果它能提供各种币别，在资金调度上更是方便。但我们的OBU于运作上，因为主管机关看得很紧，有很多规范。例如：大陆投资之净值不能超过40%，我们皆会注意客户是否可以达到此要求。客户虽有其运作与变通方式，但我们一切要求合法。

OBU除了发挥境外法人之功能、较不受本地法规之限制外，若能配合兆丰金控所发展之全球金融网，于全球之资金运作上，皆有许多助益。

问：在很多外商已移至大陆市场的情况下，台湾的金融业到大陆设立分支机构还是非常谨慎，您的看法如何？

答：这个问题若用很复杂之角度思考，就变得无解，但我相信未来几年应该会有所突破。虽然时间上已经稍晚，但还是可以。大陆于2007年开放，外资就可以进去了。以后，它的市场还是应该有所区隔。我们与台商之关系将更为紧密，唯未来一两年若没有突破，会拖更久。

问：您对于台湾的债券市场有什么看法？

答：台湾的债券有很多类别，它们的息票、本金，及到期日的长短，其中具有很多变化。许多产品之创新皆在债券或特别股，但是，在equity这部分之创新很少，它主要是在股利、经营权上的创新。海外有很多产品创新都在于债权或股的连动（link），叫混血证券（hybrid security）。

债券现在因为连动债或结构债的问题，恐怕市场会慢慢缩小。目前投信不能购买结构债，证券化商品也很有限，次级市场不容易做起来。我很担心债券市场会萎缩掉。

至于公债，则是买家太多。邮汇局是个大买家，但是，假如它买着不放出来，市场就缺乏流动性，利率变化不会太大。

问：可否请您进一步说明？

答：一个市场的发展必须要买方、卖方均衡。现在台湾证券市场的买方可能会不足，以前的买方有寿险，是中长期的较大买家，还有证券商、投信。问题是现在投信会作价。

另一方面，投信的资金虽然可以分成货币型的，但我担心债券市场会因此而被下了猛药。

我个人觉得台湾的债券市场会因为买卖不均衡，产品创新的空间恐怕会越来越少。以后产品的创新可能会比较属于次级市场的创新，而不在初级市场。

领导与创作

问：团队须有默契与相同认知，才有成功的机会，但这并不容易达到。您如何领导员工，处理这个问题？

答：记得麦肯锡担任兆丰金控顾问时，公司有7000位员工，他替我们identify 200位现在或未来有潜力成为主管的人。我们自己再从中identify出50个人。

这给我们什么讯息呢？依我个人之经验，一家中小型公司若有200至300位员工，只要掌握5至10人与领导人有相同之语言，共同之想法，并且加以落实，公司即有很大的成功机会。所以，团队的共识是很重要的。若为大型公司，可能需要30至50人有相同之共识。

问：怎么培养默契？

答：这绝对和公司的CEO与领导阶层的personality有关。例如是否能让人服气？品格操守如何？员工是否能respect他们的integrity？是否很愿意接受不同之看法，倾听不同之意见？是否能及时给予他人奖励？交代之事情，有无后续追踪、考核？考核公不公正？这些因素，皆会影响到团队的默契。

团队要有好的默契，必须要有好的企业文化，大家讲共同的语言。一个CEO讲的message，每个人收到的都一样，不会打折扣、扭曲、故意散播不实之谣言。如此，团队较易成功，而人的因素最为重要。

问：您过去是大学教授，发表过许多作品，如今是兆丰金控的财务长。可否谈谈您由学术界转战金融界的转业心得？

答：不敢说转战，因现在尚未做出成绩，其实这是个机会，最大之乐趣为能学以致用。例如，以前我在证券公司、债券公司与网络公司，负责经营或担任主管，虽无特别成功之处，但这些工作都是属于我的专业领域。

在兆丰金控，我的接触点较多为海外融资与并购整合，但是我也参与工会问题、人事管理，例如人力资源。以前从事较多有关finance之工作，现在则较多于企业管理层面。

如此转换其实不错，能让我写书的内容更丰富。对我的写作而言，可以接触到很多好的信息，并且能够学以致用。兆丰毕竟是一家比较大型之公司，有很多外资之proposal、贷款会进来，我可以看到别人怎么想，用什么model计算，再运用相关信息，把这方面之逻辑概念融入书里，当然我绝对尊重copyright。

金融业有很多获利压力，因为在第一线，常要接受新的信息和改变，这方面我能够update给学生。故我写的书，无论投资学、财务管理、固定收益证券、金融市场方面，2至3年即会改版，而且为大幅度改版，给学生或读者比较好之信息。

问：在金融职场上，有何成功心得？

答：首先声明，谈不上什么成功。我觉得应培养对环境变化之敏锐度，这不仅是对专业、利率、汇率之变化，还有对人与人之间之接触。要catch到大老板、CEO与员工之看法、感觉，勿过度敏感，应恰到好处，这点我还在学习。若敏感度够，做事较容易成功，在决定方向后，应执著慎行，千万不要变化无常，包含个性暨推行某些事，应有一致性。

此外，个性应诚恳稳健。每个人虽不尽相同，CEO于不同时期采用不同人员，唯以财务长而言，稳健之个性较易获得老板之青睐，例如，包括表达方式、思考能力与坚持力等。

问：您认为财务长与股东及老板之间的关系应该如何？

答：在金融工作上，若老板一定要投资，财务长依财务规划面，计算出如此对公司之股东权益影响极大，或是短期、长期皆有影响，即应说服老板，虽然最后之决定者为老板。若老板最后觉得还是可以投资，其实理论上也说得通，虽然算出来之NPV（Net Present Value）为负数，只要他觉得投资买option（选择权），如果一成功，报酬为unlimited的。若讲得通，还是可以。不过财务长还是应该提醒老板，并言之有物才行。

问：请谈一下您的座右铭？

答：我没有什么特别的座右铭，感觉就是每个阶段想做什么事情，经过确实判断后，就会去做，有时会祷告一下，给自己一些力量。

若真要说一两个座右铭的话，我首先想到的就是“让自己为社会所用”，不要只想到赚钱，因为你越想去赚钱，越赚不到钱。要有崇高之目标，不断提升自己之精神层次，如有目标，其实钱也会跟着赚到。

另外一个，就是“起心动念都要心安理得”。我对同事、员工、家人的想法，或做任何决策，都很心安理得。例如我对别人口气很差，适时地道歉一下，就心安理得。或此次我讲得较为过分，自己觉得不大对，就赶快再弥补。

自己如果心安理得，日子就过得顺，就像车子开得顺，开到哪里都很方便。车子开不顺，要爬坡爬不上去，海边也去不了，很多事就做得不顺。座右铭无需似“以天下为己任”那样震撼，座右铭可能为内心的几句话，能够show出来，让那句话提醒你。

第六章

美食心灵的盛宴

统一食品的交响曲

第一节　统一企业的故事

“三好一公道”的理念

统一企业自创业以来，即遵循名誉董事长吴修齐先生所秉持的“三好一公道”经营理念，以多角经营、宏观眼光、重视人才之政策，塑造“诚实苦干、创新求进”的立业精神。更难得可贵的是，公司能秉持一贯的策略思考能力，不因短期的逆境而退缩，并努力实现前瞻性的目标。

吴修齐先生所提倡的“三好一公道”，就是“品质好、信用好、服务好、价钱公道”。此经营理念使统一员工上下一心，不断在产品、经营上创新求进，以提供消费者最体贴的服务与优质的产品。

食品交响乐

从1967年7月1日创立于台南县永康乡，经过数十年的努力，统一企业的发展已遍布全岛、跨足大陆、迈向全球，成为一个综合性的民生产业集团。

跨进21世纪，统一企业以“一首永为大家喜爱的食品交响乐”的经营哲学，秉承董事长高清愿先生“贫穷教我惜福，成长教我感恩，责任教我无私”的信念，为全球消费者开创健康快乐的明天。

“食品交响乐”是指统一企业重视内部团队经营的效能，犹如交响乐团中所有成员各司其职、分工合作，重视整体演出的和谐性。在产品方面，统一企业开发各种消费者喜爱的产品组合，犹如一首跨越国界的交响乐曲，将聆赏者带到丰富多彩的意境中。

经营领域与企业文化

统一企业董事长高清愿带领公司由面粉制造业出发，逐步拓展到饲料、油脂、食品、饮料、乳品等与民生相关的食品事业，产业领域横跨食品、零售、物流、金融、贸易、租赁、证券、保险、药品、营建乃至生物科技、休闲产业等，地理区域涵盖美国、加拿大、大陆及东南亚等地区。

面临百业竞争创新的浩瀚时代，统一企业秉持“正派经营”的企业文化，坚持承诺提升品质，以延续统一企业的公司文化。董事长高清愿始终坚持“取之社会，用之社会”的理念，长期办理及赞助公益活动，并全心为提供全球消费者健康、快乐的生活而努力。

爱惜人才

统一企业将人才当成公司最大的资产，在此信念下，从事一系列人力资源的开发与规划，致力于员工发展与训练，提供完善的福利措施，并架构员工一展长才的环境，调任优秀干部至关系企业担任重要职务，以开发员工的潜能及协助其成长。

对于人才的选任，统一秉持“用人唯德”的理念，强调“有德无才，可用其德；有才无德，其才难用”，故当才德兼备的人才难寻时，仍会以品德为优先条件，并且“疑人不用，用人不疑”。

为主动关怀员工，统一的各项软、硬件之福利措施均一应俱全。此外，公司更重视人性化的管理，因此，员工的心声可以透过各种管道与主管沟通，而高阶主管的走动管理更强化了人与人之间的直接对话。

推广“天然、有机与无害”的食品

统一企业除研发美味食品供消费者品尝外，更注意消费者的健康，致力开发天然、有机与无危害添加物的产品。原料来源与加工过程皆依照食品卫生管理规范严格控管，确保消费者食用产品之安全与卫生保障。目前更朝向使用有机原料及无防腐剂、漂白剂、味精、人工香料、人工色素及人工甘味料方向努力。

对于消费大众关心的“基因改造食品”食用安全的问题，统一企业采取预防原则作为风险管理策略。1998年该公司提出“非基因改造食品”为产品发展目标，保证公司的产品食用安全无虞，满足消费者团体与环保团体要求的“告知”及“自由选择”权利。

（注：以上内容系取材自统一企业公司网站，并改写而成，经统一企业公司苏崇铭财务长同意后予以出版。）

第二节 CFO访谈时间

——与统一企业公司苏崇铭财务长对谈

经营环境与企业文化

问：统一企业的发展见证了台湾从农业迈向工商业社会的转变。请您谈谈贵公司与台湾经济共同成长的故事。

答：统一在1967年创立之初经营纺织业，台湾当时的人均所得尚在300美元以下，由于董事长前瞻性地看到人均收入有持续增长之趋势，故从布料行毅然决然跨行到饲料、面粉领域。

果然，台湾经济开始起飞，人均收入从300美元慢慢成等比级数增加，至1973年即达700美元。统一于是慢慢扩充业务部门。

统一增加至现在的规模，并非完全按照计划，也应归功于一些因缘机会。例如，1975年，一家营运不善即将倒闭的牛奶公司请求高先生收购，于是统一企业开始介入牛奶领域。

在技术上，统一多采用与外商合作的模式。从成立到慢慢进入各种领域，统一企业见证了台湾食品业的演化与进步。例如1974年，统一开始引进瑞典的利乐包（无菌铝箔包装），此为当时极具新意之做法。由于当初强调无菌包装，销售额大幅提升，统一和消费者互蒙其利，同时也把新的包装技术介绍至台湾。

问：贵公司在用征用人才方面有哪些特点？

答：过去，统一有人才需求的时候，往往从一些台糖退休干部，或是老师中去征才。

统一企业有个特殊现象，很多高阶主管做过老师。这是因为高清愿董事长认为当过老师的人，教过学生，具有权威，至少品行没有问题，从里面也可找到有能力的人。

问：贵公司的企业文化是什么？

答：我觉得统一企业有其特色文化，如讲求厚道、不占别人便宜、充分信任员工。进来的员工素质、能力都不错，在这样的环境下，使得高层对员工授权，员工认同公司。

令我印象深刻的是，很多企业财务长虽然来自外面机构，不过都要和管理阶层有些渊源，而我和董事长、总经理、总裁却都非亲非故。我一直担心公司的用人态度。结果高老板非常授权，他让身为财务长的我发挥工作能力，不会在背后watch或批评。当然公司还是有考核机制，不过，老板就是授权放手让我做该做的事。

有些企业什么钱都可以赚，只要不违法就无所谓，这一点，统一企业很不一样。我们不会竭尽所能去赚那种不能持久的投机钱，而着重好好经营自己的事业，赚本业该赚的钱。

苏崇铭财务长（左）与同仁年终聚餐

外商合作模式

问：请您谈一下贵公司与海外厂商合作的成功案例，与对台湾社会的影响？

答：一般情况下，很难看到食品制造业兼具零售业，统一企业算是例外。高先生于跨足零售业时，其实是看到传统的杂货店即将被淘汰，于是在1979年决定和美国南方公司合作开设7-11便利超商。

刚开始，消费大众很难接受这种便利超商的模式。但在高先生的坚持下，公司赔了7年后终于开始获利。高先生有个观念，即与其与海外的巨人对打，不如让他们变成我们的合作伙伴。

7-11原来的营业时间是从早上7点到晚上11点，但高老板认为其实营业时间的长短和店租没有太大关系，就算营业时间延长，纳入晚上11点以后到隔天早上7点，也不过是多花一些电费，如果人员上可以应付，营业额可以cover这些成本，便可以24小时营业。他提出这个概念之后，1983年统一的7-11便开始全天候营业。

现在全台湾的便利商店都以此为模板而加以仿效。由此也可以看出，统一在改变台湾消费习惯这一点上，有难以磨灭的痕迹。

问：还有没有其他的案例？

答：高先生还为台湾引进很多东西，比如Kentucky Fried Chicken，最早也是和统一合作的，不过做了几年成绩不错后，对方要求提高权利金，双方才拆伙。

另外，我们也和家乐福合作。家乐福于1991年和统一合作引进台湾，它不是海外最早引进的，但却是Hypermarket里经营绩效最好的，坐拥第一名，而第二名与它的差距很大。现阶段和统一合作的还有Starbucks、Mister Donut等外商公司。

多角化经营

问：为因应全球化的世界经济趋势以及提升自身的竞争力，统一企业有何既定的多角化经营策略？

答：统一创立以来，多角化经营从饲料、面粉、油脂、畜产、水产，到面、饮料、乳品这些产品，有些是刻意经营，有些是无心插柳。公司认为，如果只专注于一种或几种产品上，而该产品销售不良，公司的营运会面临困境，所以需要多角化经营以分散风险，这是最初的考虑。

之后，除了食品外，统一跨足服务业中的零售业。随着社会的需求与发展，统一也跨足电子业，不过在这方面没有做得很成功。另外，我们也从事金融业、流通业，目前也有一些其他投资。

问：多角化经营的策略考量是什么？

答：多角化经营是因为对社会脉动的敏感，尝试带动消费者的需求而来。初始目的，是为了减低营运风险，即非常认真去做，有些产业做得特别好，现在就成为台湾的领导产业，有些也是传统产业的佼佼者。

问：统一企业集团的经营范畴主要涉及哪些方面？

答：统一的投资金额和规模颇大，可以把它区分成5个次集团，每个次集团都有带领的龙头公司作为发展的领导者。

第一个次集团即食品制造，由统一企业带领。所有跟食品制造有关的，都由统一企业统筹、指挥。

第二个为零售次集团，由统一超商带领，像康是美、星巴克、家乐福等公司，我们占40%股份。

第三个次集团为南联公司。我们拥有这家公司100%股权，当时是在奖励贸易的政策下成立的。刚开始的时候，公司在学习摸索中，亏损了不少钱。后来，逐渐把它变成赚钱的公司。它主要负责代理进口民生用品，像代理百威啤酒、糖果、金门高粱等，其旗下也有不同的子公司在做不同产品的进出口。

第四个，我们的金融版图也不小。之前已卖出万通银行、产险公司，现在则还有证券、保险、投信等事业。统一也曾考虑过是否要转型为金控公司，后来发现该领域需要许多专业人才负责才行，故卖出万通银行，不打算朝此方向发展。

最后，我们还有个次集团属于投资公司。统一企业本身加上集团的转投资金额很大，故下设次集团统一国际开发公司，它是由统一企业和台南帮的一些公司合资成立的投资公司，资金200多亿元，投资于医疗业、生化业和高科技业，例如统宝的TFT-LCD、固网和石化业等。

进军国际市场

问：当初统一是如何进入国际市场的？

答：统一后来发现在台湾已成独大事业，市场再要成长有其局限性，而在海外却暗藏许多商机。于是，统一便决定朝国际化迈进。最早，在美国买下一家饼干厂，虽然不是个非常成功的案子，不过结局尚佳，我们没有遭受任何损失便把它卖掉，在经营过程中，学习许多事务。这是我们迈向国际化的一环。

基于对市场的了解程度，以及对饮食习惯和食品口味等因素的考虑，我们决定锁定在亚洲华人多的地区发展，这是利基所在。亚洲人是吃米饭和面食的民族，对于饮料的口味也和我们不会差距太远。一开始，统一在印尼设立快餐业工厂。印尼是人口众多的地方，面食有一定的市场。然后在泰国、菲律宾、越南设立工厂，有的制造面食，有的是饮料工厂。

问：统一是如何进入大陆市场的？

答：1992年，台湾刚开放对大陆投资时，公司内外有许多人反对，但是高先生排除万难，决定到大陆投资设厂。他觉得虽有风险，不过也有机会，只要机会大于风险就可以尝试。

统一先在新疆设立番茄加工厂，该处早晚温差大，对于番茄是很好的产地。这是我们在大陆设的第一座厂。其他在大陆的投资，皆设在人口稠密的地方，如饲料、面食、饮料的工厂等。

问：贵公司开始的时候，是如何在大陆布局的？

答：从事食品业，一定要靠近当地市场，否则加上运费并不划算。大陆并非单一市场，拥有多元化之特性，有些地方人口多，有些地方购买力强，有些则比较弱势。

自1992年开始，我们从大陆沿海及长江沿岸进行T字形布局，并针对不同的地方，评估当地市场的特性。统一就是根据大陆各地不同的经济条件，做了不同的布点，设立了10至20座工厂。工厂的生产线起初只有1、2条，慢慢再增加为4条。这是在食品本业上，包括饲料、面和饮料等部分。

问：目前在大陆发展的情形如何？

答：目前，统一在大陆已开发许多市场，就不仅限于T字形布局，设厂分布点并不平均。现阶段市场开发，主要是在人口稠密地区，依市场特性、经济特点，针对当地口味、需求与习惯来做，例如我们发现湖北口味不适合广东，北京与上海的口味不同，这些都成为布局的考量。

当然，在大陆其他地方，我们还有其他各种投资及不同的合作伙伴。

还有最重要的一点，统一在台湾成立了研究口味的中央研究所，并在大陆设置分所。在R&D上，花了许多经费在人才上，他们会针对不同的地区、口味做调配，进而开发相关新产品。

问：自1990年代初期，贵公司投入中国大陆市场，直到目前为止，您觉得这对台湾市场及公司的经营策略而言，会带来何种刺激与动力？

答：我们一方面在开发大陆市场，一方面在学习。大陆市场也让我们大开眼界。在大陆的方便面市场，对我们是蛮好的学习经验。在那里发展了10多年后，察觉大陆群雄并起，竞争激烈。那是一个我们永远学习不完的地方，可以做很多功课。

过去，在台湾的方便面市场，我们一直是第1名，而且稳居市场领先者。我们最早以统一面、统一肉燥面打响了名号，经过20多年，已经成为台湾人对老牌的固定记忆。如果没有去大陆，我们可能以为自己在台湾做得蛮好的，难免会自满。

大陆给我们的刺激是，它的口味多元化，不可能用单一口味拿下整个市场。他们的口味非常分散与特殊，故不能拿台湾的思维套用于其逻辑上。

因此，我们现在把全球的面总部设在大陆，因为那里是最大的市场。统一在印尼、越南都有面厂，也卖得不错，但仍认为要吸取大陆当地的口味、经验、know-how，所以要在大陆设总部。这也让我们在台湾的事业群知道，在台湾的成功，并不是很伟大的事情，大陆这个广大市场，才是应该更集中注意力的地方。

统一的转投资

问：统一企业在食品制造本业投资额约占总资产的35%，转投资比率约达65%，贵公司是否计划朝向控股公司转型？

答：统一企业的内部确实讨论过是否要朝控股公司发展。后来发现公司无法包山、包海，把所有的产业都做得很好。再者，即使有不错的人才，也没有办法拥有足够资源可以和别的公司竞争。

所以，目前我们并没有要朝控股公司发展，反而该定义自己的优势在哪里，真正的know-how在哪里，然后尽力把本业做好。对于我们比较不具优势的产业，我们并不强求，甚至有机会会淡出。

问：统一通过哪些方式转投资东南亚、大陆等地？

答：我们在东南亚、大陆设厂，和partner合作时，不会心存私心，但大家对某些事务的看法不一样，从他们的环境和对市场运作的认知，会有很大差距。所以，统一开始转投资大陆时，除了不得不和当地一两家企业合资外，其他的能独资就以独资方式处理，如此较容易贯彻理念，亦较容易执行方案。

在转投资东南亚中，因partner而带给我们便利的案例并不多。在越南，统一以独资方式发展稳健；在泰国、菲律宾，初始拟以合资进行，但是partner无法全心全力投入产业发展，反而想利用统一的名气和资源，以坐享其成。此时，统一只好割舍，再重新出发。

问：统一超商很能掌握顾客口味，针对顾客意见适时作出反应，在产品上作出改变。请问贵公司旗下的统一超商是否对你们搜集商业情报有很大的帮助？

答：统一企业本身因为是食品制造业，一定要靠强大的通路告诉我们现在所流行的是什么，然后生产产品。我们与超商的合作关系，让我们比别人更快掌握情报，推出适合的产品。

当然，超商只是我们销售的一环，很多时候是透过大卖场、超级市场或传统零售店、杂货店贩售出产品，并提供信息。但不可讳言，超商拥有最强大的情报搜集能力。

财务长之目标与挑战

问：统一企业集团在大陆发展时，财务长肩负什么责任？

答：在大陆我们派有一位从台湾过去的财务长。刚才提过，无论对大陆或东南亚转投资，负责财务的人，一定是统一派过去的。透过他们向我报告，我则负责督导。在大陆发展的网点很多，我要确定一开始那些网点的资金充裕，不造成问题。

刚赴大陆设厂时，当地银行一方面不理会台商，另方面也不清楚统一的背景，很难和他们打交道。因此，财务长要负责和外商银行交涉，透过母公司的力量，促使外商银行和我们刚设立却还在赔钱的公司往来。自1992年起，我们即进军大陆，现在已发展多年。到目前为止，财务长的角色在统一既定之机制下，大致上没变。

此外，我必须要求公司的这些网点要有稳健的财务结构。最起码资本、负债结构、会计制度等要清楚；收款、支持的工作要健全，不可有任何舞弊的机会。大陆幅员广大，要从总部、执行所、分销点，能够迅速正确地收款，这方面，我必须要做到确实的掌握。当然这方面，在统一企业除了我负责外，还有一位会计长也必须对财务控管负责。

问：一般上市公司，财务讯息公布后，若财务落差非常大，或者有人放空等，财务长说不定要兼发言人，对外说明问题，贵公司是否也会面临这种问题？

答：统一目前没有做任何财务预测。事实上，有些公司不需要做财务预测。不过，如果公司发行GDR、ECR，可能要做财测。

现今的机关投资人很注重法说会，台湾之资本市场本来为小的、散户市场，唯未来之资本市场会被有秩序、有实力的外资或本土的投信机关投资人取代，这些人对公司的要求会愈来愈严格。

问：可否请您作进一步说明？

答：统一外资持股比例大约13%，还不算高，故提高外资持股是我们努力之目标。统一是家蛮有趣的公司，主要是因为它在食品制造的本业和零售业做得很好，可是对于其他方面的投资，外界并不清楚。过去三四年，统一慢慢形成一个方向，即应该不会朝控股公司发展，以及拥有5个次集团。透过这样的转变，让公司可以变得更透明，让外界了解我们在做什么。

问：这对公司的财务工作有什么影响？

答：因为没有财测，所以不需要举办法说会，不过我们常参加外资在台湾、上海、香港或新加坡举办的法说会；我们也常去欧洲、美国，与券商或当地的投资人见面。

过去，公司的干部多由基层做起，无需向外资报告财务讯息，大部分员工外语能力并不强。我来统一以后，觉得这方面是财务长责无旁贷的责任，花很多时间与外资、本地的投信、寿险机构和法人投资人沟通。机构投资人，除了外资还有法人，这几年来，我们的外资结构已经增加为22%。外资持有股票增加，代表对统一企业的肯定。

问：如何同时注重传统投资指针像EPS，与非财务性投资指针像企业的社会责任，以提升企业价值？

答：首先，是如何衡量企业价值的问题。如果从公司的market cap来看，股价每天在变动，企业价值也就因此在变。不过这蛮客观的，不然企业价值要怎么看呢？

现在的资本市场，多是由专业投资人主导，为让更多人了解统一企业，进一步认同我们在做的，就算有不同的意见，也可透过IR （investment relationship）的过程，回馈外界不同的声音与看法予公司的高阶管理层，以决定是否需做适度的调整。

至于非财务性投资指针，我们和外界沟通时，一定强调本身的社会形象。

高先生不是一般商场上翻云覆雨之巨子，他非常具有前瞻性、平易近人，且是一位注重充分授权与信任别人的人。这表现出“诚实苦干”的企业文化。公司员工皆兢兢业业，从不认为自己有多聪明。“统一人”要多努力，才能赶上别人所做的东西。

因为高先生的意志力和眼光，即便是现在还在亏损的产业，我们认为只要坚持还是有赚钱的机会。但是也不会让这项产业成为拖累股东的项目，我们不会撒手不管，会设法让损失降到最低，并透过集团的力量让各个事业站起来。

在统一企业集团里，很多企业都是因此而茁壮成长的。即使在亏损的状况下，我们也愿意忍耐和等待，并使外界了解这些过程。这就是我们的企业价值。

问：人民币升值压力很大，您是如何看待这个问题的？

答：人民币的升值是风险或为机会，要从不同角度来看。对外销厂商而言，升值当然是风险，而我们从事内销，人民币升值是很受欢迎的事。

在财务方面，目前人民币的走势对我们有利。大陆人民币最近升值2%，人民的购买力提高，统一营业额持续成长，这对当地从事内销的厂商而言，每家皆有相同的好处。

统一要注意的是，是否有借入太多人民币的现象，因为人民币不断升值，无形中会增加成本。我们和当地很多银行往来，早就有美元和人民币的额度可使用，只要确定在美元贬值的过程中多借美元，人民币升值后，还可以享受双重的好处。

美元的利率较人民币低，人民币利率5%点多时，美元还在2%至3%点多。人民币利息是固定的，在上下幅10%中，我们借下幅10%，不过这样比美元的利率高，故借美元的利率还是比人民币有利。此外，人民币升值时，我们的负担相对减轻；当我们发现人民币有升值压力的时候，很早就把借贷改为美元借款。类似的风险控管，我们早就在做。

与金融机构互动

问：在与金融机构的借贷往来中，金融机构的表现及做法是否有待改进，才能符合企业之需求?

答:我觉得我不太有资格回答这个问题,因为金融机构一直都蛮认同统一企业的。我们没有像TFT-LCD等产业有一定比例的放款限制。因为大型食品公司比较少,不论是产业之独占性,或对公司之评估上,大部分银行对我们皆非常支持。

问:是否因为统一现金流量比率较高,所以较受银行支持?

答:现金流量比率并没有特别高,财务比例比我们好的公司很多,唯统一有个优势,银行认同我们有位值得信赖的经营者,公司不会做投机的事。基本上,统一之现金流量相当稳定,银行比较放心,也肯定经营者的诚信。

不过,统一较被银行关注的是在转投资部分。因为除了有的绩效不错如统一超商外,有些成效并不太好,借款也不算少,银行认为这种借款较无效率,公司不需要再经营,可以转移或处分掉。

问:在与统一往来的本地银行与外商银行中,是否有其差异性?

答:当然有其差异性。在台湾的外商银行是有赚钱的,但也有赔钱的,最赚钱的就是花旗银行,它一家赚的钱,比其他外商银行加总还多,故每家银行都想向花旗银行学习。

外商银行比较重视当期损益,较不重视与客户长期关系之培养,除非它认为这家公司长期上财务非常健全,或短时间可以带给银行优厚的手续费,才愿意与这家公司往来,否则当数字上有差错时,就会较快采取行动,评估要不要继续支持这家公司,这一点本地银行是不会如此做的。

问:外商银行的这种做法是好是坏?

答:以出发点来说,它们动作很快,反应很快,我不用“现实”这个字眼,因为它们完全依照财务来评量,例如客户在什么状况下,信用评等是属于第几类的;在什么状况下,可以和它往来;要用多少成本和它往来等。外商银行于每种产品能够获得多少报酬皆计算得非常清楚,也因为如此,如果一家公司没有达到外商银行之报酬标准,它就撤退。

外商银行对市场没有commit,没有要在台湾市场生根的考量,经常缩减业务,或把对客户的方向做调整,决定与哪些客户往来,哪些不往来。其策略多变，在外商银行中是很常见的。

问：本地银行的做法如何？

答：本地银行则比较保守。有些银行在商场上支持客户并与客户一起成长；有些觉得别的银行都借给这家公司钱，我们也可以借给它；有时因为公司名字够响亮，所以借钱，而对这家公司的财务状况并没有仔细分析。

对于公司之现金流量、财务状况是否健全方面，我觉得本地银行没有像外商银行反应那么快，外商银行反应快到连有些公司只发生短暂问题时，它也不会同舟共济，表现支持的态度。

问：除了用各种财务比率来评估企业之财务体质是否健全外，您觉得还有什么方法可供往来金融机构参考？

答：我觉得应参考管理阶层负责人的诚信和社会责任感。我们现在一直强调要公司治理与独立董事，这些皆有其好处，但追根究底，一家公司会不会舞弊，要看管理阶层有无诚信与是否想好好经营公司而定。公司若有下属舞弊，要看公司基本规章之建立是否合理或有无落实与执行，而上层的舞弊，是比较没有办法提防的，也是投资大众和银行最担心之处。

现今大家对财务报表和会计师之要求越来越严格，除非管理阶层有心蒙蔽，外界很难看出问题，就如安然事件一样。所以，一家公司之管理阶层是否诚信才是最重要的。虽然具有诚信，公司不一定治理得好，但是没有诚信，一旦出乱子，就很难收拾。

问：贵公司是否利用外汇市场的各种工具（如远期外汇、swap等）进行避险或投资？

答：有的。其实swap是个很基本的东西，我们也会做远汇，只是针对公司正常营业行为发生的部位来做，不会只是为了获利的操作而创造出1个部位，让自己蒙受不必要的风险。如果是在我们正常的部位里，远汇、swap是很平常的，甚至像是option，只要经过风险评估，可以忍受的话，我们都会做。

问：请谈一下您投身在统一企业的工作经验，并提供意见给年轻人，作为他们进入社会与在职场工作之参考。

答：其实我不算特殊，不过，我和别人比较不一样的是从银行业转到食品业工作。

统一在用人上，找到从外商公司到本土公司，从金融业到制造业这样经验的人比较少。我进来以后，觉得选对老板是很重要的条件。选对的意思是说，要选对公司。如果一家公司对人性尊重，愿意信任员工，让员工有发挥空间，这样的公司是值得投入的。

现在年轻人或一般人进入公司时，并没有想要从一而终，在一家公司做到退休。即便这样，也不要抱着进来做一两年就走的心态，因为存这种心态，可能不会学到太多东西。所以，要选择可以让自己学习与发挥的地方。

统一虽不是一个最好的工作环境，有许多其他地方更好，但每个公司都有其优缺点。年轻人要选择工作时，以我在统一的经验，找到一个能认同其企业文化的公司，又能尊重人并给人发挥的空间，是很重要的事。

问：作为一个财务长，您认为该如何让我们的思考方式既深且广？如何训练一个人的前瞻眼光？

答：多听、多读，最好也具备良好之英语能力，以从海外网站获得丰富信息，并掌握与本业相关或无关之新知。如Business Week、Times、Newsweek、Economist等杂志，都提到最新产业变化、政治、金融情势或地理环境变化，这些文章的观点都十分透彻，可让人思考目前之情势与产业之关联。例如，禽流感和公司是否有关？是否有别的公司在帮员工打预防针，特别是食品公司？统一针对此事，是否有补强的措施？

除了首先要有掌握情报的能力外，接着要了解相关产业的leader是怎么做的？统一是跨国企业，有些事虽没在台湾发生，但不表示其他的营业网点会置身事外。

赴海外留学也是训练一个人有前瞻眼光的方式，但最多两三年效果。之后，是否能继续掌握新知，就靠自己的求知态度与执行方式了。

问：身为统一集团财务长，您的压力来自何处？

答：我的压力来自于对自己的期许。董事会或上级给予压力，其实很正常，工作上本来就会发生。不过，我有自己的团队，就会确认大家落实高层的要求，或者和上层沟通要如何调整不同的意见。

统一企业是一家历史悠久且为人称道的公司，董事长、总裁、总经理等人都参与领导。在财务方面，我不能出任何差错。在转变的过程中，特别是大陆这个重要市场，群雄逐鹿。如果这几年，无法作出一番成绩，就很难立足于当地。

故在过程中，我需拥有足够资源以应付变化，要能赶上并抓住金融市场、资本市场之趋势，不能错失任何机会，以让公司的财务资源能充分运用。

此外，统一企业如何在公报影响与市场变化中，找到最适合的定位，在不同的市场与金融状况下，利用最佳的财务资源，支持公司事业部门作最好的发展，都是身为财务长所面临的挑战。

第二部

众口说金

专访台湾杰出的企业家、金融家、

社会学家、经济学家、法律专家及传媒专家

共同讲述台湾经济、金融与社会的点滴故事

访巨大集团董事长刘金标

嘉言录

“要成为Only One！”

简历（制造业）：巨大集团董事长

台湾区自行车输出业同业公会理事长

自由车协会理事长等

中小企业

问：请您谈谈巨大公司的创立。

答：我在38岁时，成立巨大公司。当时有8位股东。有次我们在台中吃饭，聊到是不是找个比较赚钱的行业来做。有人提起自行车的需求好像蛮大，美国很多buyers到台湾找货源，问我们要不要做。

于是我们8个人合伙，创办这个公司。当时的资金也不过400万而已，是小得可怜的公司，聘请了38位员工。那时候很节俭，我一个月只领3000块的薪水。我私人的车子，都是自己买汽油。

刚开始的产品没有人要买。因为什么都不懂，完全没有经验，从决定要做，才开始边摸索，边从错误里学习。当时大家都只是有股冲劲和热诚。我担任公司的主持人，所有事情都是我在安排，我们的财务是蛮困难的。

问：当初您是出于哪些方面的思考，投身在自行车这个行业？

答：我在很多不同的行业摸爬滚打过，也了解台湾的产业结构及经营投资环境，发现在台湾很适合做自行车。我虽然从事过那么多行业，但找不到自己的根，也找不到真正适合的工作，或许是因为自己没有毅力吧。年纪大了以后，更是感到选择自行车这一行，绝对不能像以前玩了两年就放弃，必须要做出个名堂，至少要比别人做得好，打下深厚的根基，把它当作我的终身事业。

问：台湾当年的自行车，在海外的评价如何？

答：像魔术方块风行一阵后，就没有人买，自行车好像也是这样。而Made in Taiwan的自行车质量非常糟糕，当时遭遇到很多退货，市场上拒绝销售，也拒绝修理。美国的自行车专卖店，甚至在外面贴个海报："本店拒绝销售来自台湾的自行车"。

问：怎么会造成这么糟糕的局面？

答：因为没有零件的互换性，无从修理。当时台湾的工业水平很糟糕，规格很乱。像轮胎、钢圈、螺丝跟螺丝帽，厂商都只做自己认为是对的size，而自行车的零件跟汽、机车不同，必须要互换才行得通。

问：为什么会有不同？

答：因为汽、机车大都要原厂零件。但是，其他地区制造的脚踏车，在销售当地坏掉，马上就要有零件更换。市场上的专卖店其实也不是不愿意修理，而是他们也没办法，因为台湾的脚踏车是一套配一套，假如坏掉，就没有同样规格的零件可以换。即使拿有规格的零件来，也换不成，因为我们各搞各的规格，这或许是台湾image糟糕的另外一个原因。我们就是在这样的环境下，边学习、边做起来的。

问：您是如何克服这些困难的？

答：当时我就去台南的“中央标准局”去寻找统一的标准。如果没有搬出这套标准，就无法说服零件厂商改变规格，使自行车的零件可以互换。但是，台湾没有统一标准，这就很头痛。我就动脑筋想到日本的JIS（日本工业标准），透过日本友人，买到厚厚的3大本JIS。当时我的工作，实际上是蛮可怜的。我在公司上班只占三分之一的时间而已，其余的都在跑协力厂，要他们改成符合JIS的标准，包括材质、强度、规格。

很多公司规模都比我们大太多。比如说，做轮圈、钢管的远东机械，就认为：“我们经营自行车已经好几十年，你这个小毛头，看人家脚踏车好赚，你就跟人家做。”幸亏他们那时候的庄董事长，判断我是个蛮诚恳可爱的年轻人，愿意大力支持我，而且他还到处跟人家讲，刘金标这个人真的有心把我们台湾的自行车做好。我一直很感激他，可惜他已经过世了。

还有很多困难的地方。比如说，我们去跟已经做几十年零件的协力厂商谈，希望他们改成日系JIS的规格。他们虽然觉得有道理，问题是我们还没有订单，无法承诺要买多少。他们说：“没有订单，跟我谈这些规格干什么？”

财务资金

问：当时巨大公司财务状况非常艰困，你们是如何渡过难关的？

答：财务上，当时我们非常惨，连续4年找不到客人。Bicycle boom已经过去，台湾人的形象又很不好，银行也都拉起警报，绝对不能贷款给自行车业。

400万的资金差不多都用光了，只好继续向股东借钱。有信心的股东都会拿出一点借给公司，有的股东看不到公司的前途，根本就不愿意再出资。

因为我是主持人，就找当时比较有钱的医生姊夫来协助。他虽然也是股东，对自己的弟弟，也是对自己的公司，还有一点信心；不过，说实在的，他也蛮担心：公司能不能做起来？会持续多久？

公司要到银行去借款就非常困难。以现在的眼光来看，当时的银行好像衙门；它们总是问："你有没有抵押品？有没有业务？假如我的钱借给你，你的还贷计划是什么？你的业务计划是什么？"

问：向银行借钱困难，还有其他的办法吗？

答：在Bicycle boom成为历史的情况下，连市场上卖车子的人，都拒绝贩卖、拒绝修理，所以根本没有客户，当然更没有业务。向银行借不到钱，只好向民间找朋友求救，也用公司的支票来融资。如果是现在，开出公司的支票，很多人要借给我们，当时可没有人愿意凭支票借钱。

我们就是在这么惨的环境下，靠着坚强的意志力，一直忍耐，慢慢地做起来。最后，找到一家客户，愿意来尝试。不过，他也很坦白地跟我们说，车子在市面上很难卖出去，我们先要有这个understanding，所以品质一定要做好。巨大公司对品质坚持的传统理念，就是从那时候开始的。品质做好，才有办法赚钱！

问：Giant在海外的直营布点地区这么广，需要很多资金作为后援。资金怎么来的呢？

答：当时公司靠L/C运作OEM（原始设备生产商）生意。台湾的银行只要有L/C，就可以贷款给我们。当时彰化银行、台银都是我们的往来银行。因为Schwinn公司信用非常好，开出的L/C，一般银行也都很欢迎，知道不会unpaid。巨大出货也都很准时，所以用L/C贷款都没有问题。另外一方面，巨大信用也很好，大家都很乐意卖给我们零件，可以3个月付款。所以当时的资金非常充沛。

可是，在要推出自己品牌的时候，资金及人才都是问题。资金来源更是很大的挑战。5年之内全球布局那么多据点，像海外的子公司，还有自行车店或者经销商，都是要赊账给他们。以前在欧美都是这样，有3个月的，也有180天的，没有赊账，就做不了生意。

当时所有的financing全部都要台湾总部负责。因为公司刚设立，在各地还没有建立任何的信用额度。人家好像并不喜欢买来自台湾新公司的产品，当地的银行也不愿意融资给我们。所以，包括船运的、当地库存的，还有再赊账出去的一连串资金，都要我们自己来finance。

问：现在还要这么辛苦吗？

答：不用了。现在的情况不一样，当地的银行已经有很多不同的产品，可以做应收账款的融资。我们的信用已经建立起来，不怕没有资金。以前要向银行借钱，没有人要借给我们。现在不用借钱，偏偏又有很多银行要借给我们。

问：您怎么看待和银行之间的关系？

答：公司刚开始时，和银行的交涉、沟通，都要由董事长亲自出面，派个小萝卜头去，门都没有。公司小，信用还没建立起来时，非这样子不可，不然绝对借不到钱。有时候，即使董事长出面，还不见得能见到银行的经理。

我们很了解，尤其在制造导向的时代，借到多少钱才能做多少生意，财务方面都是董事长负责。不过，除了股东和员工之外，我们始终把银行当成是经营的好伙伴。

10年前巨大的股票上市后，我们努力地提升会计的透明度，公司财务都没有什么机密可言。现在更有专人负责财务方面的工作，每季都有财务报表，每个年度都会做营运计划及预算。银行跟我们的生意也比较好做了。

企业经营

问：当时是如何接到美国第一大厂Schwinn的订单？

答：我们在当时的联邦德国走的是廉价市场路线，在超级市场卖的价格非常便宜。我们认为长期做这样的产品，巨大的厂格及形象很难提升。Schwinn在美国是第一品牌，凡是骑车的小孩都会指定要Schwinn，像现在台湾的捷安特，知名度高，形象也非常好。

Schwinn很重视品质。我们在赢得这个客户之前，敲门就敲了两年。每次我们到芝加哥，就到Schwinn的总部去拜访。有时候他们忙，没有办法见面，我们也不失望。终于找到机会，他们愿意见面开始谈，这就好像门一打开，就赶快把脚伸进去，担心门又关起来。

终于等到他们来台湾看我们。当时，我们工厂实在小得可怜。旧厂只有38位员工，为了他们来，还打扫了一个礼拜。他们参观工厂之后，问我们的工厂为什么这么干净？我们也老实地说，都是为了他们要来。不过，我们希望可以保持这样干净的工作环境。他们认为我们这批年轻人蛮诚实的，就给了我们所谓的try-order。

这件事居然成为国际新闻，在日本也蛮轰动。因为Schwinn公司不轻易向外面买车子，包括Schwinn的零件，必须要他的approval才可以。他们买我们的车子，提高了外界对我们的形象。当时日本有很多厂商，希望他们的零件能用在Schwinn的车子上。之前，这些日本人不愿意跟我们来往，认为零件装在我们的车子上，有损他们的形象；可是当Schwinn跟我们买车子后，他们的态度也180度转变，回头向我们推销介绍他们的零件。

问：有了Schwinn这样的好主顾，怎么还会有自创品牌的想法？

答：Schwinn订单很多，占我们OEM的经营比重又这么大，但世界上没有永远的客人，也没有永远不散的宴席。如果Schwinn抽走订单，我们到哪里去找这么大的订单和客户来填补缺口？

我们虽然感到不安，但双方关系实在很好，而且非常密切，因此Giant建议共同投资成立一家公司，推广捷安特Giant的品牌，这个品牌的所有权由新公司拥有。经过两年的艰辛谈判，他们终于答应。但是，条件很苛刻，Schwinn要求占新公司80%的股份，我们其他股东占20%，品牌由新公司所有。他们的理由是，巨大负责生产，赚的是制造利润，而Schwinn是销售公司，赚的是销售利润；如果我们跨过界，他们的比重当然要多一点。这种条件一般人是不会答应的。

因为Schwinn把我们带大，也让我们赚了不少钱，我们抱着感激的心情，最终还是接受了他们的条件。没想到隔了两个月，那年是1982年左右，却听到Schwinn到大陆深圳投资中华自行车的消息。

问：这似乎是Giant另一次生死存亡关头，你们如何应对这次的危机？

答：Schwinn既然投资别的公司，给我们的订单迟早会抽走。我们立刻成立危机处理小组进行沙盘演练，试图了解这么多的车种和数量，到底要花多少时间才能抽得走。

巨大当时的制造实力，在全世界可以说是数一数二，很少有其他的公司能够一次把我们的订单搬走。结果我们发现，不是一两年就有办法全部抽单，因为中华自行车厂的能力绝对不足。我们要是再继续OEM的话，可能也找不到第二个像Schwinn这么好的客户。

所以，我们就毅然决然地走上自创品牌的不归路。这么讲绝对不为过，因为会得罪客户，而其他的OEM也不敢再跟你合作。

问：巨大怎么会有雄心壮志，要推出自己的品牌？

答：其实，我们是被逼的，没有路走，只好往这一条路去。当时，我们跟时间竞赛。到底是Schwinn抽单的速度快，还是我们打自己的品牌快？短短5年内，巨大在全球，包括荷兰、德国、英国、法国、意大利、美国、加拿大、澳大利亚、日本都设立100%直营的海外分公司，起用当地的人，大胆地推出自己的品牌。

问：所以一个公司的成功是有道理的。在自创品牌的过程中，遇到哪些突出问题？

答：其实，Giant也是走得跌跌撞撞的，犯下很多错误。资金是一回事，人才更是真正的问题。我们因为是制造起家，公司的理念都会偏重把品质做好，价格便宜，这样的商品消费者还不买的话，那就是呆瓜。

其实，光凭着价格的优势，就想要建立自己的品牌，这种心态绝对有相当大的阻力和负面影响。价格便宜是应该的，但品质好是个资格，品质差的话根本进不了市场。

问：你们的公司是如何“脱胎换骨”的？

答：我们边做边调整，把过去定位为制造者的公司，调整为行销公司，其实Giant是拥有制造实力的行销公司。

我们接着调整公司的文化，融入TCO（Total Customer Oriented）的观念，照顾到顾客的满意、关心及售后服务。TCO虽然能帮点忙，主要还是靠公司自己的理念、言行、产品与服务。因为光讲客户满足，是蛮空洞的。一般的品牌只是trade mark（商标）而已，真正要建立高形象，或者有附加价值、有brand value的品牌，就必须要能够让顾客“感动”！

让顾客从满足到感动，还要下很多功夫。这个感动就好像买到新的手机，或开着一部像Benz的好车，那是种超过预期的感觉。做到这个程度，品牌才能真正地建立起来。我们现在要求的水准是一定要让顾客感动，才算完成任务。

问：您怎样看“企业老化”的致命问题？

答：历史悠久的公司，最大的错误是老化。我对老化有另外一种看法。理论上，公司越久，经验应该越丰富，产品会越多，那又为什么会老化呢？问题的症结原来是人心老化。

公司其实只是个工作环境，里面的成员才是真正的主体。人心老化后，公司才会老化。人的心并不因为年龄大而老化，跟年龄是毫无关系。

比如说，70岁的我到现在还不服老。我喜欢骑车子到处跑，一天骑两个钟头，每个礼拜骑两次；不是骑车，就是打球，不然就是在跑步机上跑步，每天至少都有一项运动。最主要的问题是心老，而不是年纪老。怎么能让公司的人心不老，保持年轻活力，是我们非常注意的。

问：您怎么看今天的成就？

答：自行车业已经有两百多年历史，各国都有根深蒂固、历史悠久品牌的厂商。在强敌环伺的经营情况下，我们既没有外来的资金协助，也没有技术，更不靠外商的品牌或者行销，只是慢慢地经营、打拼。以Made in Taiwan的image打到世界各地，现在已成为全世界这一行业中的高级品牌，又是数一数二的品牌，也是最大的公司。这真的是当时做梦也不敢想的。或许应该说，竞争对手陆续犯错，让出了机会，并不是完全靠我们自己的力量吧。

访雷虎科技公司董事长赖春霖

嘉言录

“诚信立业！”

简历（制造业）：雷虎科技有限股份公司董事长

台湾区玩具工业同业公会

中华台北航空模型运动协会名誉理事长

Ace Hobby Distributors,Inc.

Thunder Tiger Europe GmbH.

Associated Electrics,Inc. 董事长等

中小企业

问：当年创立雷虎科技，是如何起步的？

答：雷虎是在1979年，由我个人创立的公司。经过20多年的努力，从当时2万块新台币的资金，到2004年准备上柜时的资本额已是6亿4千万，营业额也从过去的两三亿，到今天早已经突破10亿。

早在10年、15年前，我就认为公司是法人机构，自然人可以死亡，法人不能死亡。基于这个想法，一步一脚印地从个人、家族化的公司，变成股票公开发行公司。

问：您是如何在遥控模型产业中学习成长的？

答：1970年代，台湾那时候玩具进口税很贵，高达150%，一般老百姓玩不起进口模型。我就进口一些零配件来卖，慢慢地走上工厂，学习怎么生产。

我在1977年到海外考察，连英文都不会讲，ABC也看不懂，却看了很多展览，认识很多朋友。后来，引进很多海外买主来台湾看产品，顺便也教我如何组装。后来我逐步地从零售店，变成外包厂商、中心工厂，聘请很多台湾的高级工程师帮我设计。不到3年的功夫，公司从1个人跳到10个人，大概5、6年后，又从10个人跳到50、60个人的规模。

问：您是怎么筹到创业资金的？

答：刚开始资本很小，只有2万块。我开了一家retail store（零售店），资金是二姊支持，很幸运第二年就还给她了。就是从这样的基础，慢慢地从模型店开始。

2万块的资金当然不够支撑企业的经营。有部分是从亲戚朋友那里借来的。相信的朋友会支持我们，虽然利息蛮高，也只得承担。还好从来没有亏本过，就是很怨叹怎么会赚那么少？

赚钱以后，开始和银行来往谈增资。从3000块、5000块新台币规模的街头小店，到公司的营利事业登记证重新登记为300万、6000万的规模，这个过程是最辛苦的。当时台湾的经济还不是很好，老百姓的收入大概有1000多块美元。

问：请谈谈您对OBM的看法。

答：20年前我就说过，“Own Brand Manufacturing”中的“M”要改成Marketing。但是大家都还是说Manufacturing。其实，不只是制造，应该是制造跟通路的结合，才是重点。

OBM的“M”要跳脱到Marketing才有用。打开HP、IBM的计算机，里面都是不同国家或地区做的东西，谁管你的manufacturing在哪里，是Own Brand Marketing才对。

企业经营

问：从雷虎的经验中，你们如何看待人力资源？

答：20多年来，公司一步步在发展，我们非常重视工作同仁。员工流动率非常低，他们都已经做18年、20年。R&D有28个同仁，在这里平均年资超过7年，是公司成功的foundation。

值得骄傲的是，从创业到现在，我没有亏本过。平常我们是10号发薪水，如果今天是8号，又正好是星期五，我们就提早在今天发薪水。我们一直维持这个纪录，没有delay过。目前更提早到5号发薪水，对中小企业来讲，这是非常严肃而难得的事情。

问：价格是Marketing很重要的因素，当初您是怎么定价的？

答：我没有读过很多财经的书，只能根据当时老百姓的收入，及小朋友能买的水准，用一般常识判断产品的可能售价。实际上，当初并没有很严肃地考虑到成本。不然，做出来的东西也许会卖不出去。

我记得第一个发动机是卖250元新台币，以现在来讲大概要2000元新台币，将近有10倍的差距。当时我们的GDP大概只有2000美元。我写了份报告，跟台湾银行台中分行的经理说明，如果我们的GDP到4000美元的时候，雷虎会更快速地成长。

后来遥控模型已经变成主要的户外活动，海内外的营业额也都增加。自从那份报告出炉，我们公司就是这样从二三百万成长到10亿新台币。

问：台湾尚未开放民间团体赴大陆参访时，您是第一个带团到大陆的人。当时不担心会有不好的影响吗？

答：当时的台湾社会，其实已经非常开放。1988年，我带了26个团员到大陆去参加航空模型比赛，这是两岸40年来，第一个体育团体赴访。团员中有24个人在香港晚我两班飞机，我跟太太先回台，知道我们没有问题，他们才上飞机。后来台湾宣布，两岸民间团体可以开始互访，所以，我算是早跑了一步。

问：您当时为何考虑去美国并购公司？

答：雷虎20年前租用很小的厂房，只有两三百坪（1坪约等于3.3平方米），后来工厂无法容纳更多的生产设备，只好搬迁到更大的地方。相中的新厂房要价2600万新台币，老实讲，我口袋里连10万、20万新台币都没有，于是就跟银行、几个兄弟姊妹、还有股东谈。股东当然愿意协助，不过银行还是最大的支撑者。我们把厂房抵押给银行后，就迁厂生产。现在的雷虎已经从单机自动化，达到CNC自动化。

在完成制造心愿后，马上面临的问题是：只会做，不会卖是不行的。我们第一天创业就叫雷虎，Thunder Tiger是全世界都如此称呼的，没有别的品牌名。考虑到美国品牌的成功，可以带动全球的品牌印象，所以我跟美国商家合作很久。可是美国的通路商，只要找到替代对象时，就进来跟你杀价。我们终于了解到如果不经营自己的品牌，就会被边缘化。

问：您在了解到美国的情况以后，如何进一步打造自己的品牌？

答：我们到美国并购公司的主要目的，就是要从OBM的manufacturing跳到OBM的marketing。所以，我寻找的对象，是在美国中小企业有很长的历史，因为经营者退休或老化，没有办法经营的公司。

本来我想一次买两个公司，其中一家Cox先被别人以更高价买走，另一家ACE/RC，虽然是制造商，但也有1800个retail stores的通路，同时它也卖给批发商，具有marketing的双重身份。因为这家公司已被银行收购，我等于是向银行购买。1997年6月16日，我带着团队把它merge下来，用10万元现金买它的无形资产（intangible asset）和raw material，另外60万美元是由银行开保证。

财务资金

问：雷虎和信保基金及银行的接触经验如何？

答：信保基金从1000万元新台币的额度开始帮我们背书保证，后来甚至给我们几千万元新台币额度。它帮助雷虎从家庭企业成为真正的企业。就像施振荣一样，信保基金也给他很大的支持。申请信保基金保证时，有个部分是自己必须承担的责任，那就是公司的entity要很清楚，有愿景，更要有清楚的账务。

很多小型公司，都做好几套账。雷虎20年就是一套账，给银行、信保基金、还有很多金融机构的账务报表时，我们是始终如一；而且，非常专注在本业。所有公司主管，包括内人、我，除了雷虎的股票外，没有买卖过其他的股票；虽然也曾拿钱投资别的制造业，但不是投资在暴起暴落的投机行业。

台湾有很多人的企业从中小企业，变成中大企业，再变成大企业。遗憾的就是有些人，在过程中无法守持财富，很多朋友就此销声匿迹、无影无踪了。雷虎在创业时很辛苦，我们不允许这样的情况发生。所以，我们的文化一直都非常严谨，对于财务非常认真、保守。

问：中小企业要如何取得金融机构的贷款？民间金融还有用吗？

答：雷虎曾经是中小企业的荣誉指导员，被要求去协助评估财务，因为有些公司申请不到贷款。我总是跟他们说："兄弟，你公司的5套账要怎么办？我们讲求财务公开。银行要支撑你，一定要了解你的账务情况。如果你是3套账、2套账，银行不会相信你。"

中小企业主应该一步一脚印，要有非常清楚的一套账和会计科目才行。中小企业要让银行有信心。如果财务非常不好，贷款等于是肉包子打狗，有去无回！

现在还有人认为，可以利用标会和不正常的管道创业赚钱，这是二三十年前台湾中小企业的做法。它不像写本哈利波特的书，可以赚很多钱。实际上，在今天的经营环境下，要靠这种方法已经是很困难，也没有必要。

访联发纺织纤维公司总经理叶清泽

嘉言录

"困难与希望同在，机会与挑战同在，常保持一颗奋斗的心。"

简历（制造业）：台湾区人造纤维加工丝公会同业公会理事长

工业总会理事；纺织业拓展会常务董事

杭州联发纤维有限公司董事长

联发纺织纤维股份有限公司总经理

得力纺织股份有限公司（台湾、杭州）董事

大统精密染整股份有限公司监察人等

企业经营

问：纺织业在台湾是如何兴起的？企业经营上今昔有何差异？

答：纺织业在1000年前就有了，那是最传统的。但是，一千年后还是有人在穿衣服，纺织业还是存在。我们现在穿的，可能比500年前的皇帝更好，不但生活水平提高，产业的价值链也提升了。

1972、1973年时，可以看到台湾的眷村，天冷的时候，家家都在打毛衣。农忙以后，农家也都在织毛衣。很多厂家都是靠这个慢慢起来的，当有资金、有机会的时候，就自己开公司，然后请亲人、兄弟来作伙打拼。像侯雨利先生，就是因为他先到台南，做得不错，便把吴修齐、吴尊贤兄弟都请来，大家牵线，结果都成功了。

现在纺织业虽然很难做，但倒店的情形非常少。因为厂商练就一身武艺，很快就会知道市场的风吹草动。尤其目前避险工具多，信息发达，世界缩小，即使是同样的经营，结果是不一样的。

目前，有许多被称为传统产业的公司，其实内部都转型了。我以前的工厂全部都是人工，现在的工厂都是robot。整个厂区只有两三个人在那里操作计算机。要到哪里去做工，不用问我，直接去问计算机。

问：1980年代，哪些因素促成纺织业的转型？

答：第一，当时台湾强调经济发展，工商业也是全力配合推动。第二，十大建设完成没多久，台湾经济起飞，土地也跟着涨价。虽然景气还未见好转，像我们这种公司一时无法转型，但是因为土地还在涨价，银行认为我们的资产和管理没有风险，所以还愿意借更多的钱供我们周转。

那时台湾很多公司倒了，很多中南部的公司财务结构比较差，产生经营危机，使台湾的产业人才第一波外移，造成泰国纺织业的兴起。泰国的纺织厂厂长大概80%都是台湾人。但是，留下的公司并没有因此失败，反而“打断手骨颠倒勇”（闽南语），开始转型。

问：联发纺织的因应之道是什么？

答：联发在1972年成立，经过10年左右的发展，到1983年，因为国际上的石油危机，造成许多台湾产业的不景气。联发纺织当时是做针织布，由于人工开始涨价，就着手转型，把目前的行业加进来。

像劳力密集的纺织、成衣、车工等，当时的员工都还有几千人。其实，不是请不起几千个员工，而是薪资涨价后，能够得到的利润很少。所以，成衣业就开始外移，由其他的产业取代，竞争就很激烈。尤其在1990年代，台湾的经济不景气，有些奖励投资的办法，对我们公司及整个产业的影响都很大。

另外，当台币升值时，从40元左右的新台币，升到30、20多元对1美元的这段时间，台湾的货币当局采取渐进的方式，因此给了我们一段适应期来渡过难关。

问：您对台湾今天的经营环境有何看法？

答：以前台湾的企业主，对前面的路看得很清楚，虽然失败跌倒，可还想爬起来继续做。可是，现在的情况和以前不同；一旦经济问题遇到政治问题时，我们老百姓就很头痛。所以，台湾的产业都很讨厌政治问题。

另外，现在倒闭的公司都非常恶意。因为大家看不到前途，要是可以救起来就救，没法救的话，能拿多少就拿。这种心态和做法都会影响台湾未来经济的发展。

问：现在的年轻人对工作抱持什么态度？和以前有何不同？

答：教育普遍后，反而训练出很多不知道将来要做什么的大学生。以前听到“大学生”就很好，现在大学生的水准比较低，可是他们心里并不这么想。

我小时候，生活负担对父母来说都很大，大家都很节省、也没有钱。每个人都认为要自己赚钱，才够吃、才能活。上一代的台湾人相当刻苦耐劳。经过这几十年富裕的生活，大家都有骄气了。很多田骄子（闽南语：土财主之子女），很多企业的第二代，都不认为需要这么辛苦。这样训练出来的大学生，他一伸手抬目，父母就要供应。大家生的孩子少，所以他小时候要什么有什么。当他进入职场，找工作的时候，态度调整不过来，没办法转变。

以前年轻人要找头路，父母要拜托老板给个工作。现在可不同，每个人有三五个工作机会，每间走，每间看，到最后没有固定的行业。大家都好高骛远。

造成现在工厂经营都很困难，找工作的人很多，但是缺人手的也很多。这就表示我们的教育和实际面，有很大的落差了。

两岸商务

问：台湾应如何看待大陆台商的问题？

答：台湾应该把台商到大陆发展当作产业价值链的延伸，这是比较正面的看法；而不是当作外移，甚至有人还说得更难听，认为他们是落跑，这是不对的看法。

反过来说，台商就算是外移，但都回来买东西。这和以前台湾经济起飞的时候，台湾外销美国越多，结果我们对日本的入超越多是一样的道理。

台湾应该要正视想继续生存的产业，让它蓬勃发展，因为这是台湾人自己在经营。希望台湾能够给台商创造环境，把产业留在台湾，并且能够存活下去。企业的经营要靠企业负责，但是大环境必须靠行政部门才行，这是他们的责任。

问：对于传统产业的外移的说法，您是怎么看待？

答：台湾现在最大的困境，就是行政部门一直说传统产业在外移。其实，传统产业没有人想要外移的。现在的银行，都没有人重视传统产业，股价都已经在票面以下，根本没有办法拿到市场的资金，就算透过现金增资，也都是老板本身拿出来，上市后再做两倍的增资。所以，传统产业不是说外移就要外移。尤其现在这个退休金制度，对我们这种已经上市的公司来讲，打击真的很大。

金融与企业

问："金融陪着企业成长"您对这句话有什么感想？

答：台湾金融跟产业的联结，是始于产业要扩大规模的时候。以前投资做生意，买一台二线的车，差不多5000、10000元，最多的时候20000元。300台的设备，只要五六百万就可以做得很大。但是，自动化以后，资本可能就从三五千万，到四五亿，继续做下去的规模，可能要达10多亿。像联发目前的资产总额达到70亿，还要做上游原料化纤的批发厂，可能要上百亿的投资。资本形成过程中，个人、家族都无力负担，一定要取得大众资金。所以，上市是势必要走的路。

但是，对我们这些传统产业来讲，现金增资取得大众资金的机会已经等于零。因为股价只有七八元，谁要给你增加成10元？再来，要从家族借钱，这个钱是很大一笔，不是几百万，现在是几10亿，谁能有办法？

所以，我们要靠金融机构的协助。现在反而是我们这些厂商更加留意与在乎，与金融机构的互信与互动。公司的经营必须稳健，大股东绝对不敢轻易放弃经营权，他们是在拼事业、更是在拼生命。

问：要如何与银行建立信用？

答：信用绝对不是只有一天就会产生，而是要制造出来。要用时间和以前的行为，甚至一生所做的事情，在银行界累积信用。

信用也不是光用讲就够，包括赚多少钱，做什么生意，为人怎样等。人家自然会评估所有的作为，凡是走过的路就会留下脚印，这些都会用来证明。

地下金融

问：台湾早期的地下金融在哪里？

答：以前的迪化街，就是台湾最有名的地下金融聚集地，它也是票券市场的发源地。晚上去拆借500万，都是私下进行，那个票子是支付工具，不是信用工具；但民间业者不一定懂这些，都是用“拆、借”，比如说“我要拆你500”，一句话就算数。为了有个凭证，开张支票，叫做票据。

问：地下金融的金主是如何运作的？

答：以前有人打电话借钱。金主都能够从他过去的历史加以了解，知道他从哪家公司出来，哪年有赚钱，最近状况如何。这就是授信，这是长时间搜集到的信用情报。而且地下金融的授信不是靠报表，而是靠电话。电话拿起来问：“某某人怎么样？”如果对方是“嗯、啊、嗯、啊”地回答，心里就有谱了。

问：地下金融就是高利贷吗？

答：迪化街的地下金融不是当铺，也不用高利贷放款。每笔都是大资金，出入三五百万，有时候两三千万，一句话就搞定。每天的利息都有市面的行情，当然比一般的银行要高，但是和高利贷不同，是有价差的。

在迪化街的地下金融，不是任何人都可以借得到钱，金主大概只是放给同业；他们分成两派，一派做纺织，另一派做南北货；而业界的情形大家都很了解。

另外，同业间消息很灵通，知道外面的风吹草动，谁被谁倒了账。借钱也要看对方的出身族谱，例如从台南帮出身的。现在台湾很多的大型企业家，以前在迪化街是金主、或是半金主，是借款者、也可能是贷放者，角色都有重叠。

金融商品

问：很多金融商品的观念是最近才学到的？

答：对，完全是学来的。以前台湾人哪有听说怎样操作金融商品？银行以前就是当铺，你要跟他借钱，除非是公营企业，或是特殊关系，否则有的民间企业要借钱，三百两银还要打折的。一般的企业、或是老一点的企业，都是在这个过程中，边摸索边学习。

问：最近联发纺织发行公司债，请您谈谈这个过程。

答：2002、2003年时，我们才发行公司债，但没有发可转债。因为从银行借钱，他们也要赚一手。我们看准未来利率不可能永远这么低，大概都在2%上下。我们跟金融机构拿中长期或策略性贷款，也要4%左右。幸好我们公司的制度和信用不错，发行公司债时，也才2%，发行5年；现在证明当时的决定是对的，也开始入息了。今天要用2%这种利率是不太可能的。

金融自由化

问：金融市场从管制到开放，对企业有哪些影响？

答：开放是绝对正确的路。目前，台湾的纺织业可能只有联发还在扩厂了。开放以后，银行就是竞争，以前都一视同仁，没有分好坏。现在银行渐渐民营化、企业化。本地的银行也开始像外商银行的经营方式，以客为尊，对客户的要求，能提供较好的服务。

今天，比如联发要领钱、要收票，为了避免抢劫，银行都可以服务到家。二十几年前，根本想不到会有这么好的事。金融自由化以后，银行有经营的压力，也开始转型。转型慢的银行，它的生意与业绩一定不好。所以，民营化的好处就是会促进金融界的改进，使银行员不能每天坐着等领薪水，还认为自己有公务人员的保障。

访台湾大哥大公司总经理张孝威

嘉言录

“财务长最主要的角色，是跟市场之间的沟通。”

简历（制造业、金融业）：台湾大哥大公司总经理

台积电财务长

中华投信董事长及中华开发总经理

交通银行经理等

金融与企业

问：以您多年丰富的跨领域经验，如何看台湾企业与金融关系的变化？

答：金融界与企业之间，当然有一个很密切的互动关系。不过，若是从整体环境来看，差不多在1990年代，台湾的资本市场逐渐地成形；到了1990年代末期，证券市场事实上已经相当地发达。这就是说，直接金融已经和间接金融并驾齐驱。

直接金融带来一个很大的冲击。对于企业，尤其是比较大型的企业，他们跟银行借钱的需求，会因此有一个很大的改变。以我自己来讲，等于是从会议桌的这一边，坐到会议桌的另一边，会谈的对象也不太一样。当我在企业里头当财务长的时候，我们跟所谓的直接金融市场，有较多的交集，间接金融面反而是愈来愈少了。

问：请您谈谈财务长应该扮演的角色。

答：其实，在证券市场比较发达的环境里，财务长才可以扮演一个比较有意义的角色。如果证券市场不太发达的话，财务长的功能不是那么显著。财务长最主要的角色，是跟市场之间的沟通。作为一个财务长，第一就是要有相当好的沟通与表达的能力；第二就是要对公司经营的策略，能够有深入的了解。要能够用深入浅出的方式，来跟市场做说明。当然，数字是少不了的；财务长必须对于数字有相当程度的掌握，而且还要有胆识（guts）。

问：财务长为什么要有guts?

答：其实应该是这样讲，财务长有一个很重要的功能，那就是当业务单位从策略的角度，提出新的经营方向跟目标时，一旦与金融市场的预期有落差，这时财务长就必须要站出来喊“停”。

金融大未来

问：请您谈谈台湾金融发展优劣势，及尚待努力的地方？

答：台湾金融业从1950年代走到现在，有50年以上的历史了。台湾从当年非常艰苦的环境，到现在外汇储备在全世界排前几名，可以说是不可同日而语了，这里面当然有非常多的进步。我在金融界工作了差不多20年，关注到台湾金融的发展变化。

常常听到人家讲，好像这些发展都要靠人才，固然这没有错，事实上这么多年来，台湾金融界培养了很多的人才，人才是永远都需要的；但是，更重要的是要跟国际接轨。

我觉得这50年发展下来，台湾的金融发展始终跟国际的接轨有一点距离。我们自己常常想出很多的理由来，冠冕堂皇地说，因为不符合台湾的现实情况，所以我们不能够按照国际的标准来做。但是，我觉得我们的金融界在最近的10年里面，进步仍然是稍嫌缓慢的。事实上，我们已经发展到某一个程度，可以说是进到一个高原期，再要往上走的话，我们必须要跟国际接轨，在这一方面我们始终是有欠缺。

国际接轨讲的是什么东西呢？譬如说公司治理及很多风险管理上的要求；譬如说我们讲一个市场，这个市场的深度；再譬如说我们公认的会计原则是不是跟国际的完全一致。从这些方面来看的话，事实上我们认为还是有一点点的落差。

问：有没有优势？

答：台湾过去这几十年来一直着重在产业的发展，所以，我们有很好的产业基础。另外一方面，我们整个民间的财富，也是与日俱增；人民有一定的消费能力。也就是说，在这些蛮好的业务基础上，我们金融业发展了50年，而我们金融业也培养了很多专业的人才。这些都是我们的优势。

问：本土金融机构跟外商之间有何不同？业务上是否有区隔？

答：本土跟外商金融机构，这几年来的距离是越拉越近。我们回顾一下历史，在1960年代后期，第一家外商银行开始在台北经营；到了1970年代甚至1980年代这段期间，尤其是1970年代，外商银行在竞争上，有些业务可以说占了相当的优势。

为什么呢？因为在那个时代，我们整个经济基础还不是像现在这么雄厚；台湾的银行，本身的外汇资金相当缺乏。那时候，由于我们的厂商需要外汇，而本地的银行又无法提供，于是特别开放外商银行承办外销贷款。那时候的外销贷款变成外商银行最大的一个利器。只要你能够在外销贷款里面拿到配额，每一个厂商都争着要用。所以，那个时候外销贷款是外商银行最重要的一个业务，是他们打通很多新业务关系的敲门砖。

到了1980年代，我们可以看到国际上很多大型的联贷案，但是，台湾的银行在这方面的经验比较缺乏。那时候的外商在这方面，扮演了一个相当重要的角色。

问：台湾的银行的利基在哪里呢？

答：本土银行的利基主要是分支机构非常多。我们比外商银行在新台币的资金方面，充裕了很多。也就是说，如果厂商寻找的是一些中长期的新台币资金，本地的银行就可以充分地提供。我在1980年代初期，从外商银行转到本地的银行工作。当时的金融环境已经慢慢从过去外商银行主导比较多的时代，走进本土银行主导的时代。

问：本土金融机构应该如何提高竞争力？

答：本土的金融机构现在又走到了金控时代。我们目前有10多家的金控公司，其中有几家可以算是领导品牌的金融服务机构。这是一个好的现象。我们看许多先进国家，事实上最后都是走向这样的一条路。就台湾来讲，现在比较欠缺的就是在海外经营的经验，在这方面的业务收入比较少，也就是说，跟全球性的外商金融机构来比，我们基本上，有一些经验是没有办法跟他们来做比较的。我觉得台湾的金融机构要在未来能够走出去，是很重要的事情。

直接金融

问：如何从台湾金融发展的角度，来看TSMC（台积电）赴美上市？

答：从台湾金融的角度来看，我觉得1997年的时候，台积电到美国纽约证券交易所挂牌发行存托凭证，是非常有意义的一步。这是台湾第一家公司在美国证券市场挂牌，也就是说，台湾的大型企业从本地的金融市场走到一个新的国际筹资管道，那是过去所没有的。

对于海外的投资人来讲，假如他对于投资台湾的产业有兴趣，他就不必再局限于一定要经过所谓的QFII的机制到台湾的证券市场来，他也可以选择在纽约的证券市场直接买进一个存托凭证，我觉得这是相当有意义的。另外一方面，因为要在美国挂牌，企业本身必须要具备相当好的条件，这对于台湾的企业来讲，也是一种学习。

金融创新

问：您对于电子金融有什么样的看法？信息科技在金融商品创新上有何助益？

答：不管是利用计算机或通讯，来完成金融交易与转账的方式，已经很普遍了。未来，我相信会利用无线通讯的科技，来完成一些银行的交易。在海外，其实我们已经可以看到比较简单的例子，譬如说在贩卖机买可乐，他可能拨手机按一个暗码，可乐就会掉下来。现在，我们要有足够的硬币投到停车器里面去付费；事实上已经有许多地区可以直接用手机来付费。我相信这种交易形态会越来越多。未来也有这样的可能，我们进到一家银行去，可以不用带金融卡，而直接用你的手机跟ATM沟通及提款。

访华信银行前董事长林立鑫

嘉言录

“领导风格——精诚胜于权谋

‘精白行正道，诚信对同僚’胜过‘操弄权谋’。”

简历（金融业）：华信银行董事长

华侨银行总经理

农民银行总经理

中兴票券公司总经理等

金融市场

问：请您谈谈台湾证券市场的设立背景。

答：谈到这一点，台湾不算是后知后觉的。在1959年、1960年，已经提出两句口号，就是“短期资金票据化，长期资金证券化”。票券的概念也是这个时候出来的。证券市场设立得比较早。当时，店头市场已经相当蓬勃，但却是没有制度的，完全是人为操纵。到了1962年，证券集中市场方才开业。而短期资金票据化，等到1975年才实现。

我们的证券市场，是先有民间交易，然后才有集中交易。虽然不曾疏忽店头交易及后来集中市场的管理，但经纪商良莠不齐，管理上缺点很多。1965年曾经发生了10天停市的风暴，就是台糖的股票连同台电的一起暴跌。一直到了1968年4月，“证券交易法”通过后才有所规范。从1963年到1968年，这里有5年的法律空窗期，市场是在完全没有金融法规的运作之下，靠人的智能来管理，使其不出大错。

问：要使证券市场发挥功能，有哪些基本的做法？

答：有三点，我们在30年前就已经提到了。第一，信息公开是绝对必须的。因为证券市场的两个原则，就是“交易公平合理”，还有就是“信息充分公开”。

外部监督的力量究竟有限。所以，不管是货币市场，或是整体的金融市场，都是要靠自律。拿证券市场的发行单位来讲，假如自律精神不够，就算充分公开，法律再完备，恐怕还是要打折扣。

第二，就是信用评级的制度，这在金融市场是非常重要的，而且一定要建立公正、公平、公开的信用评等制度才行。不单单对于金融市场的从业单位，凡是要参与证券、货币等金融市场运作的专业机构，非要有这种公平合理的评级不可。同时也应该用在信息市场上，不然信息公开就没有办法落实。有了这个之后，不管是机构投资人、个体投资人，对于风险的掌控、认识与承担才有所依据。这也可以教育投资大众，作出比较合乎现代化的投资行为。

第三，就是预警系统。当年我们就建议要做到信息充分公开，到现在始终没有办法实施。美国监理制度非常重要的一项，就是财务报表的统一申报，有了这种制度后，才能够一视同仁地管理所有的金融机构，或其他相关单位。不管是属于大型的金融机构，或中、小型的金融机构，或金融外围单位，尽管申报的精详程度不同，但是申报的报表是统一的。各监理单位可以分别依需要对财务报表加以运用，计算各种比率等等。另外银行或证券机构，也需要有非常高的公信力不可。

问：您对货币市场及票券公司的未来，有什么看法?

答：货币市场是无形的，并不是有形的，连个集中市场都没有；证券市场还有个集中市场。货币市场是一个架构，所有的专业机构，都是在架构中运作的一分子。

如果货币市场中的专业机构，将来要走投资银行的路子，那是搞不过外商的。而且，在这些票券公司原有的架构底下，人才不足，市场性也不够，再加上投资银行在台湾的市场太小，大家都是投资银行怎么办?

如果走证券自营商的话，将来资金运作岂能专靠银行融通额度和附买回协议的扩大？银行的最后融通者是“中央银行”，当票券公司运转发生问题的时候，“中央银行”是不负责的，因为在法律上它不是票券公司的最后融通者。

如果要走证券公司的路子，现在规模比较大的证券公司，它的业务范围比票券公司大多少？转换跑道后，原有的证券公司也可以操作短期票券，以至票券公司的股票，反而把饼抢尽了。票券公司将来要怎么走？我真是替它们担心。

金融自由化

问：讲到金融自由化，能否分享您的一些观察与想法。

答：最近对这方面的研究比较少一点。不过，我觉得证券市场讲自由化，要特别小心。所谓自由化是逐渐减少管制，并不是完全开放自由的。金融市场的自由化特别要了解到这一点。

证券市场讲究的是纪律，又因为证券市场的正常发展完全是靠大众投资人，所以更要取得大众投资人的信任。证券市场的中介机构，要取得大众投资人信任的程度，比银行还要重要。因为不管是交割的风险、下单的风险、买卖的风险等等，都是经由证券专业机构来替代操控，至于机构投资者则有他的专业判断能力。

个人投资者对证券专业机构的依赖性既然非常高，那么“自由化”在程度上要渐进才可以。自由化就是取消不当管制，也就是不该管的可以不管。但目前好像在证券这种专业机构中，在他们不断运作之下，已经相当“自由化”了，这个时候如有新的需求，例如新产品的开发，就要靠金融机构来配合发展。此时各个主管机关就应相互配合，更要有预设的法规配套来规范。以往每每是在发展过程中，遇到问题再予以追认。这种追认式的方式虽属难免，而一旦金融市场已高度发展，这种事后追认的情况当尽量避免。

金融创新

问：华信银行当年推出MMA的时候，在台湾也算是一项创新的商品？

答：MMA就是Money Management Account，各种功能都能够在一个平台上面完成。投资人还可以利用这个平台取得资金加以运用，相当的便利。

MMA在台湾算是很先进，这也是一种隐形的功能，藉MMA来推广一般的业务。MMA本身并不是一开始就赚钱，而是藉MMA打好我们的信誉，打广我们的知名度。尤其是在知识分子、中产阶级方面，MMA非常成功。但它的功能主要就是能够从MMA衍生很多的层面，加强我们和客户各方面的往来。后来各银行都加以仿效，只是名称不同而已。

问：您一生服务金融业，能否分享您觉得最珍贵的一些心得与经验？

答：我还是觉得“人”的因素非常重要，不管是管理者，还是一般金融从业人员，人的道德水准与品质非常重要。一个金融管理者，或者金融机构的经营者，如果能够重视“人”这个因素，就算成功了一半。

金融是服务业，服务业是靠“人”来服务的。你的平台好、创新能力强，都是必要的，但这些都是要靠“人”去开发，靠“人”去提供服务，靠“人”

去维持客户的往来。我始终觉得现在社会上，人与人之间的疏离现象愈来愈严重，这是科技过度发展的后果。而金融机构和客户之间的疏离现象，假如愈来愈严重的话，将不是金融机构之福，也不是运用金融机构的个人之福。

金融大未来

问：台湾金融业未来的发展，challenge 在哪里？opportunity 又是什么？

答：现在的竞争已经非常激烈，将来的竞争必然更激烈。而外来的竞争就要看我们主管机关的态度如何，若是想要利用所谓国际金融机构的声誉，来提高台湾的地位，这其实是不可靠的，反而会增强本土金融机构的危机，使我们面对的风险越来越大。所以challenge是有的；至于机会，我说老实话，完全弃本土的需要于不顾，这个我认为不可。

假如抓住本土的机会，本土的企业也可以向外发展。本土的个人需要，也是国际性的需要，更是全球性的需要。不要以为银行发展到全球化，就可以弃本土于不顾，这个恐怕不是短期内所应该采取的态度。

访中华开发金控公司董事长陈木在

嘉言录

“满足所有，利用所有，创造所有，造福人群。”

简历（金融业）：中华开发金融控股公司董事长

台湾银行董事长；银行公会理事长

农民银行董事长等

金融自由化

问：1980、1990年代，有哪些因素使得台湾必须开放金融市场？

答：随着1986年解除戒严之后，开放金融市场的压力越来越大。这些压力一方面是来自台湾自身，更重要的是来自国际的压力，当然也受到自由化浪潮，以及科技进步的影响。因为台湾金融业长期都在管制之下，所以当我们的经济发展到了一定的阶段，就非得好好发展金融服务业不可。经过很长一段时间的摸索，我们在1980年代中期以后开始较大幅度地逐步开放金融市场，培养我们的经验与习惯，期能渐进跟上国际的脚步。

我们讲市场开放通常是对国际而言。对外开放是促进竞争的一个很好的方法。但是，金融服务业是特许行业，台湾的金融市场在一直没有对自己人开放的情况下，如何对外开放呢？当时我们也觉悟到，如果要跟先进地区看齐，必须要想办法赶快开放本地市场。

问：有哪些促成新银行开放的因素呢？

答：主要是因为主管部门在政策上、理念上，觉得非改不行。早期，我们希望完全掌控管制金融，一方面是怕通货膨胀，一方面是怕金融稳定受到威胁。由于公营体制的架构，在台湾已经成为一种权力基础，也造成一直不敢放手开放的局面。特别像公营的金融机构民营化、整个业务的拓展创新也都不够快。在这样的情况下，我们慢慢发觉，从这里解除管制（包括民营化及企业化）不容易，不如开放设立新的银行。

问：开放设立新银行的背景与考量，是否与公营银行民营化有关联？

答：开放设立新银行与公营银行民营化二者之间并不互相矛盾。早期的台湾经济发展中，行政部门扮演很重要的角色。1953年，四大公营事业开放民营化，但是公营银行没有这么做。如果金融业当年能够走这样的路线，大概在很短的时间内，就能有比较蓬勃、有活力的发展。

公营事业或银行要从公营体制的情况下改成纯粹的民营化是很不容易的。如果一定要公营金融机构先民营化后，再开放民间新设银行，恐怕到现在也还没有办法顺利推展。

开放银行新设与公营银行民营化，两者的互动关系相当密切。期待一夕之间公营银行民营化不可能，期待新设的民营银行立刻就能取代公营银行也不实际，它们之间是有一点竞争关系，有一点逼迫作用。新银行设立的时候，人才很多都来自公营银行。公营银行人才流失，业务也被抢走，对公营银行构成很大的压力。我们一方面希望新的银行赶快长大，另一方面旧的银行赶快调适，同时推动公营银行民营化，这也是开放新设银行的一个重要背景。

公营银行民营化

问：当初为什么没有让公营银行先民营化？

答：当初在开放公营事业移转民营的时候，很多官员和学者专家，长年都在鼓吹，要让公营银行想办法企业化或民营化。1984年时，李国鼎先生还是念念不忘公营银行民营化。他在编撰“经济发展策略总论”的时候，特别感慨地指出，公营银行民营化是“非不能也，实不为也。”意思就是说，我们整个产业的民营化，特别是推动公营银行的民营化，关键是要有这个决心，如果在理念上不愿意放弃银行公营的心态，总希望还能够继续掌握银行的运作，那么公营银行民营化是不可能成功的。

我们曾经尝试过许多不同的途径及方案，来推动台湾的公营银行民营化，希望能够通过管理、人事、预算、决算及审计等方面，进行企业化的经营。当时，不但许多相关部门一直持有相当保留的态度，就是社会上，特别是民意代表也都相当反对，很多人不希望看到公营银行真的完全摆脱民意机关的监督，或行政机关的管理。

所以，大家也就死了这条心。我们一路走来，都在不断地尝试。一开始大家如果要等到公营银行民营化彻底实现以后，才开放设立新银行，那么可能到现在一家新银行都还没办法成立。我们的金融发展可能就会原地踏步，那才是更悲哀的事情。

问：新银行成立这么多年以来，您如何看待over-banking的问题？

答：转型到一个阶段以后，只有市场开放，透过竞争才能够看出有效率的银行。发展到后面的这个阶段，社会上就认为过度竞争，变成银行太多了。当然这些都是相对的，因为经济发展的阶段不一样，所得水准也不一样，国际化的程度也不一样。透过海内外的互动关系，包括老百姓一般的理财观念、理财经验也比以前丰富得多。这种情况下，我们发现要有规模经济。要达到一定的规模以后，才能够长久生存，并取得比较有力的竞争地位，也才有可能跟国际比较或者竞争。

后来发现，许多先进国家或地区的几个大银行就占有相当高比率的当地市场，甚至超过一半。但是在台湾，前五大银行加起来都不到四成，差不多只有三成五。如果银行的集中系数不够大，国际竞争能力就不够了。因此，就有很多合并的想法出现，乃至于出现所谓的金融控股公司，那更是很大的发展。

问：在这种趋势下，是否还是发生了“财团化”的结果？

答：演变到这个阶段，难免就有财团化的问题。因为：第一，合并所需要的资本很大。第二，合并进展要快的话，最好是透过大的财团兼并。如果没有一个主要的控制股东，就很容易被敌人合并，大规模跟财团化也就很难避免。这时就需要注意公司治理的问题，特别是牵涉到很多经营管理的文化面和道德行为的问题。

财团化并不表示就一定有问题，真正的问题来自于财团的主持人，或真正贯彻治理层面的人，是不是遵照专业正派的方向经营。这是另外一个层次的问题，属于公司治理或者金融管理的问题。

国际上很多的大公司，后面也不见得没有大的投资者。当然，有很多是股权分散的大众化公司，靠的是专业经理人。但是，这需要相当时间，现阶段就只好在这两者之间找到过渡的平衡点。

金融创新

问：在多年前您就已经提出金融创新这个观点，请您介绍一下。

答：大概在1970年代，我就引入美国专家学者的金融创新概念。金融创新是指任何有关金融机构的创新，或者是指任何金融技术的创新。

以银行为例，可以分成三种不同的类别来源。第一是跟银行的资金吸收，也就是跟银行有关的负债吸收能力的创新；第二就是跟银行应用资金能力有关的创新；第三是属于金融机构形式的创新。当然，这里面很多都是属于金融产品、服务的创新。

创新的概念是Joseph A. Schumpeter（熊彼得）提出的一个概念。创新不只牵涉到所谓生产因素的组合，还牵涉到组织方式的变更。提出这些创新的人，不一定赚钱，他只是提出他的想法，之后才被人家拿去做商业用途。所以，创新本身是怎么样把这些方法实际上引进到业务的过程的？落后地区的金融创新比较容易，基本上用抄袭就可以了。国际上的金融创新都花很长的时间，历史上都是几十年才有一个比较重要的金融创新。

问：请举出金融创新普遍化的实例。

答：金融创新的普遍化，时间都相当长。比如一直到18世纪中叶，货币大都还是金属货币，也就是一般的商品货币。到19世纪才逐渐以银行创造的货币来取代金属货币。

通行的纸币也是一种创新，现在大家都认为，发行纸币理所当然地是各个国家“中央银行”的特权。世界上最早、最典型的“中央银行”，就是The Bank of England（英格兰银行）。事实上，英格兰银行一直到1844年，才取得集中发行纸币的权力。当初，The Bank of England还是民营，因为英国皇室发了很多公债却还不起，所以才把发钞权交给The Bank of England。目前使用最多的货币类型是支票，而支票的真正普遍使用，要到1820、1830年代以后。从这些历史故事就可以知道，很多制度或金融创新都是长期以来自然演进的结果。

现在很多的金融工具，例如：可转让定期存单、信用卡、衍生性商品等，发展过程及普遍化也都要有一段时日。First National City Bank of New York（花旗银行原名）直到1964年才开始引进可以自由流通转让的定期存单。另外，像在台湾的商业本票，也是等到1976年3家票券公司成立后，才慢慢地发展起来。

访合作金库银行董事长陈冲

嘉言录

"Most of the good things in my life, I owe to the alphabet."

简历（银行业、证券业）：合作金库银行董事长

台湾证券交易所董事长等

金融与产业

问：请简单说明台湾的金融体系和产业之间的关系？

答：金融跟产业互相依赖，有一种共生的关系。台湾早期很多公司行号非常缺乏资金，自有资本的比例偏低，常常需要金融机构提供资金的支持。尤其在1960年以后，台湾开始从贸易逆差转变为顺差，很多产业都是以出口为导向，这时不断需要长期的融资。在出口之前，需要packing credit，就是说包装生产货品，厂商需要一些信用，甚至于出口之后，还需要银行给它融通的资金。银行业在台湾的国际贸易成长方面，曾经扮演过很重要的角色。

问：过去银行常被说成是“当铺”，中小企业觉得银行无法满足它们的资金需求，您认为呢？

答：中小企业在台湾的经济发展上占有很重要的地位。以家数来讲，中小企业占台湾的公司总家数比例达98%以上。但是，以营业额来讲，实际上是没有达到这么高的比率。我曾经做过统计，中小企业的整个营业额在六年之间，占台湾所有企业营业额的比例逐年减少，从25%递减到20%左右。同一个时期，中小企业从银行取得资金的比例，也是逐年递减，刚好跟这个比率是相符的。整体来说，中小企业其实并没有被苛待。

金融自由化

问：您曾长期服务于台湾的财金主管部门，并担任负责人，您如何看待金融业的de-regulation和re-regulation？

答：任何自由化de-regulation的阶段，一旦过了头，就要re-regulate。这并不表示回复到de-regulation以前的状况。因为de-regulate以后，不可避免地会有混乱的情况，这时就需要有机制或措施，重新恢复秩序，这绝对不是开自由化的倒车。

其实，台湾金融自由化的发展，跟全球化的观念，有相当大的同步。比如说，1989年出台“银行法”修正案，及开放市场的重要宣示，正好是柏林围墙倒塌的时候，也是国际企业开始全球化的年代。

不管是柏林围墙的倒塌，或是我们金融市场的开放，绝对不是说想了就做的。事先有一段前导时间，这是很自然形成的现象。否则，柏林围墙倒的第二天就会发生战争，或流血事件。如果金融自由化，没有一段时间的前置准备，一旦宣布自由化，也就是金融混乱的开始。

问：可否请您简单说明台湾金融自由化的内涵？

答：金融自由化这个名词，是在1980年代初期提出的，美国开始推行所谓的自由化。它就是前面英文翻译的de-regulation，也就是去除掉一些管制。其实，全世界很多事情是同步的，只是现象不明显。像1989年柏林围墙倒塌之后，很多有形、无形的限制，都和这道墙一样不见了。

当初美国的金融自由化其实很单纯，只是利率方面的自由化。以前东吴大学有位潘志奇教授，他介绍美国金融自由化，第一句话就写，金融自由化就是利率自由化。

事实上，过去台湾的管制比较多，我们的自由化跟美国是不太一样的。当然，绝对包括利率自由化，但绝对不止利率自由化而已。我曾经归纳过是3个P，甚至有时用4个P来说明过去的台湾金融自由化，这和当年有些人讲美国的金融自由化，单纯只看利率是不同的。

问：请问是哪4个P？

答：第一个P是价格（price），包括利率及汇率。大概在1989年前后，台湾其实做了很多工作，让第一个P能够自由化。其中，很重要的一步就是“银行法”修正第四十四条，废除银行的利率管制。其实在1989年之前的两年，已经废除“利率管理条例”和民间的利率管理。

第二个P就是产品（product）。以前对于金融机构新产品的管制是很严格的，几乎不可能有新产品。1989年之后，金融机构可以开发新的金融商品，虽然还是要主管机关核准，至少比以前进步。

第三个P，participant或player，就是参与者的自由化。所谓market entry barrier，就是金融市场进入障碍，在去除以后，对前面两个P的落实很有帮助。在这一方面，最重要的是在1989年时，容许民间新设银行。接着在1996年，允许新设保险公司。证券商其实在1987年已经开放，因为它不像银行、保险的冲击这么大，可以开放在先。

第四个P，是台湾很特有的现象，就是presence。台湾过去不准本地银行到海外设分行、据点。甚至有些银行，只能在台北经营，像以前台北区合会，或者像台北区中小企业银行，听名字就晓得除了台北区，其他地方都不能去。这种现象就是在presence上有限制，到了自由化时，稍微有些改善。

公营银行民营化

问：如果公营银行先民营化，金融市场的布局会有什么不同？

答：绝对会有不同。很多人认为新银行刚刚开放的时候，民营银行其实只是小狮子而已，公营银行是大狼狗。小狮子碰到大狼狗还是会输的，因为不管经验、成熟度，还是体能都比不过。假以时日，小狮子有很大的成长空间，相反的，狼狗也许现阶段的发展不错，但是没办法再成长。当年若把公营银行先民营化，就表示用magic棒把狼狗点了一下，也变成大狮子。想想看将来的竞争会不会比较吃力？

问：您对于公营银行民营化的“狮子与狼狗”的比喻十分有趣，还有什么看法可以和我们分享吗？

答：我们老是认为民营化就是股权的民营化。10多年前我就提出民营化有两种，一种是股权的民营化，一种是经营作风的民营化。如果公营银行当年很早就民营化会怎么样？有个很大的变量就是，当它股权民营化以后，作风有没有民营化？没有的话，虽然变成大狮子，还是一个体能很弱，甚至是很衰老的大狮子，一样没什么竞争力。所以必须具备两个变量才行，股权民营化让它摆脱所有公营的法规；而经营作风，也就是经营者或领导者在management方面，一定也要民营化，这样才能有竞争力。

金融创新

问：您如何定义金融创新？创新的动能是什么？

答：所谓 financial innovation，其实和自由化的第二个 P 很有关系，也就是商品的自由化。因为商品自由化以后，下一步才会是创新。新的商品容许被推出，大家就会有竞争，所以创新的第一个动能就是竞争。

第二个很重要的动能，就是客户的需要。好比小时候，我们家附近有个做了 20 年的馒头店，都是卖同样的东西。因为我们这些客户，都没有需要什么新的东西，当时我们也不是很有钱，只要馒头就够了。可是，等到人均所得增加的时候，馒头对我来讲，已经不能满足需要了。我会问老板有没有新的东西？他说没有。我就到隔壁的面包店，买一种比较特别的面包或其他东西，来代替馒头。于是，馒头店开始有压力了，它会把馒头加一点其他的东西，配上颜色，或变成花卷的样子出来。这种客户的需求，因为客户财富的增加，或整体民众财富的增加，对于创新是很大的驱动力。金融业也是同样的道理。

最后，创新的最大动能绝对是跟 IT 有关。过去银行做企划的人，只要设计有关的会计传票、报表及企划书，就可以推出新的产品。但是，现在如果创新的东西跟 IT 没有关联，客户显然不容易接受。

问：金融创新对于市场及产业的影响如何？

答：以台湾的情况，尤其在最近十五六年来，金融创新是个持续性的工作。早期即使有个创新的商品，也卖不掉，因为没有人要。当客户没有需求的时候，领先客户的下场，就好像人家讲的："先知通常是很寂寞的。"但是，当社会财富累积以后，客户开始有多样化的需求，这个时候开始做创新，当然比较好。

当年我在财金主管部门服务时，有个银行总经理打电话给我，他说："老弟啊！不是说现在可以创新了？报上也这样讲。可是有什么东西可以创新的？我们不是该有的业务都有了吗？"

我举个很简单的例子给他听。现在听起来好像不足为奇，当时他觉得很有意思。以前银行定期存款的利率原则上是固定的。我就告诉他说："第一点，现在因为计算机化进步，很方便。第二点，现在已经开放了，不会规定 3 个月利率是多少，6 个月利率是多少。你可以推出一个任选到期日的存款。"他还是似懂非懂，因为从他做银行行员第一天开始，就没有什么任选到期日存款。但事实上客户有没有这个需要呢？当然有！

比如说，客户有一笔钱，确定45天以后要用，按早期的方法就是先存30天，还有15天怎么办？要是存60天的话，到了第45天的时候却拿不到钱。现在，银行就可以说："我帮你量身定做。你要几天？你自己讲。"

问：您担任台湾证交所董事长的时候，引进ETF。您是怎么样从金融创新的角度来看这件事？

答：金融创新跟其他商品的创新，不一样的地方是金融创新是没有专利的，所以很容易被抄袭。很多人讲ETF在台湾是个里程碑，我也不便去否认它的重要性，事实上我们也是抄来的。

ETF （Exchange Traded Fund），是在证券交易所买卖的基金。当年推出的时候，我把它称作ETF （Expect Taiwan Fly），期望台湾藉此起飞！因为这是观念上的突破。

当我到证交所工作的时候，我并不太了解什么叫做ETF。但是，我发现国际上有很多报道提到，许多交易所因为推出ETF这种商品，而有不错的风评。那个时候全世界大概有不到20%的交易所有ETF，它变成一个评鉴的指标。

一个金融市场是不是已经达到先进开发的阶段，我们可以看它有没有做到哪几件事？其中一项就是有没有ETF的商品。我当时收集到这个资料后，发现ETF的确很重要，而且它前面还有很多准备工作。例如要有可以当作tradable交易对象的一个指数。当时我们已经有一个指数，但是否tradable？是否具有国际声誉？这些都有疑问。所以，我们很快作出决定，请英国的富时指数公司合作推出新的tradable指数，取名Taiwan 50。

问：ETF究竟是一个什么样的观念？

答：这个商品的道理很简单。很多人常在投资的时候，无论怎么努力都输给大盘。甚至台湾和全世界一度有很多地方一样，连续好几年发现有很多基金的表现都输给大盘。有人认为，早知道这样，每种股票都买到一定比例，结果就会跟大盘一样。但是，通常在一个大的市场里面，会影响指数的重要股票，每样都买的话，至少要买100只，在台湾甚至有250只。如果买这么多，每只怎么去分析呢？这时候就会觉得虽然有理想，可是做不到。

ETF就是这个观念的突破。有人把影响大盘的股票按设计过的比例买齐了，“化零为整”后，再切成小份，用“化整为零”的方式卖给大家，这就成为可以投资的对象。假如投资人不去追求涨跌幅很大的股票，那么像ETF就可算是比较稳健的商品，因为ETF是追踪大盘的。当然，它也不是完全稳定，因为它跟大盘还是同步的，大盘有时候不稳，它也会不稳。

问：不同的金融服务业之间有什么相同的地方？

答：15年前我主管保险的时候，跟人家说保险业与银行有很多类似的地方。当时，别人觉得很奇怪。事实上，保险业现在已经是财务重于业务，财务面运用的部分跟银行业几乎都一样。很多保险公司倒掉，不是因为业务面，而是因为财务面发生问题。

这也证明一点，银行跟保险为什么叫金融服务业。在WTO里面统称为Financial Service，就是因为它们有很多共通性。我们进入自由化以后，发现有些商品，愈来愈相似，所以才有一个名词，叫做blurring（模糊化）。

问：面对市场的模糊化，业务上应该如何因应？

答：我在证交所的时候，提出一个观念，就是希望能把资本市场做个radical的融合和整合，但是整个市场都还不敢接受。其实已经有个很成功的例子，就是票据交换所。亚洲的新加坡、香港，现在也已经在做垂直和水平的整合。所谓水平，就是包括现货的、期货的，衍生性商品；所谓垂直的，就是包括从发行面、交易面到结算、保管，进行整合。目前有竞争力的国际市场大概都这样做。美国是唯一不做整合的，因为它的国情不同，而且联邦制是很复杂的。

金融民主化

问：可否分享您对“金融民主化”的看法？

答：现在国际上有很多场合，提到“金融民主化”这个名词。这牵涉到全球化的三个表征，一个就是信息（information）的民主化，一个就是技术、科技（technology）的民主化，另外就是金融（finance）的民主化。

台湾有很多方面的发展，受到全球化的影响很大。这里所谓的民主化，跟政治民主化是类似的，但也有不一样的地方。在这边谈民主化，无论是

information、technology 或 finance，参与者愈来愈多。好像民主政治一样，事情是由多数人而不是少数人决定的。愈来愈多的人提供金融服务，愈来愈多的人需要并接受金融服务，这就是所谓的“金融民主化”，它是全球化新趋势的一环。

问：金融业者应该如何看待这个新趋势？

答：金融业者必须要知道，将来接受服务的人会愈来愈多，这时你就要考虑客户的区隔，更不要只抓着小部分特殊的客户，而是要满足各种各样客户的需求。另一方面，就金融服务的提供者来讲，竞争也会愈来愈激烈。因为金融民主化的关系，不只是性质雷同的金融机构跟你竞争而已。

举个例子，商业本票的流通，其实就经历过民主化的过程。当年美国发明商业本票之前，能够提供资金贷款给人家的，只有银行。商业本票出来以后，公司可以把应收账款拿去卖，等于现在拿去证券化，一般小额的投资人都可以来买，变成资金的提供者。这个就可以叫做“民主化”，因为资金提供者已经不限于传统的银行。凡是机构或小额投资人都可以参与，这种趋势一定要认知。因此在设计商品，或规划业务发展方向的时候，就会有不同的思维。

金融大未来

问：对于台湾金融业未来的发展，可否跟我们分享一下您的心情？

答：其实我最近一直讲一个口号，也算是我这些年来的心得。用英文来讲，就是“Think global，Wake up local，Act regional！”

除了全球化的思维外，我跟人家不太一样的地方，就是要把当地人唤醒，告诉他们问题在哪里，或是传达出观念；最后强调的就是，你所在的区域才是你的舞台，行动应该也在这个区域里面。我们通常在讲全球化的时候，会很容易迷失，一心只想到要全球化而已。

台湾很多企业，不论是一般企业或金融业，要做到 global presence 是很不容易的事情。但是，如果只求 local presence，将来还是死路。所以，一种中间的、比较带有妥协性、务实性的想法，可能就是 regional presence。以一个区域来讲，在社会结构、风俗文化，甚至语言等方面，我们都会享有一些优势，金融业，甚至其他产业，都是将来的舞台。但要做这种事情，要有全球化的思维，任何想法一定要让大家了解并取得共识。

金融环保

问：所谓“金融环保”，是什么样的概念？

答：“金融环保”的主要目的就是要创造一个干净而有效率的金融环境。第一重要的工作是要“建立机制”，第二要“执行”。我常用 Double E 来讲金融环保。第一个E是Enactment，就是把机制建立起来。因为游戏规则不清楚，对所有参与者是不公平的。第二个是Enforcement，就是要很有效率、有秩序地执行。

比方说台北市要垃圾不落地，就是先有个想法，订出机制。下一步就要执行。不然，说是不准落地，但每个人都随处扔垃圾，却又不去管理，也不去处罚，这就是放纵，是不可能有环保的。

过去，我们做了很多前面所讲的第一个E，比如说我们建立机制、订出法规，后来还有一些整合的工作，不过基本的架构应该是有的，接下来的第二个E，也就是“执行”的工作就很重要了。如果能够落实执行，金融环保的工作就可以做得很好。

访财金信息股份有限公司董事长李明纪

嘉言录

“不求多，但求有所得。”

简历（金融业）：中兴金融票券公司董事长

财金信息股份有限公司董事长

台湾金融票券公司董事长

国际金融票券公司总经理

交通银行副总经理

台北银行经理

金融创新

问：金融创新与科技运用之间的关系，请分享您的想法。

答：科技的演变或发展，对金融创新的冲击非常大。在台大医院创院一百周年的展览上，我发现医疗技术的进步，大多是医学工程发展的结果，跟医生本身的素养并没有很大的直接关系。这是因为医疗器材的进步，让医疗技术变得非常先进。

延伸来看，金融创新绝大部分是由于信息科技发展的结果。台湾过去二十几年来的发展，特别是银行在计算机的运用上，是从无到有，除了各银行本身有全行的联机外，现在做到很好的跨行联机系统，打破了过去营业时间跟空间的限制，在国际上也享有一点声誉。如果没有计算机科技，是做不到这种突破的。

问：从金融创新的观点来看，如何更深一层地应用信息科技？

答：金融创新在过去都是所谓的operation level，就是柜员操作的层次。其实更重要的是在管理的层次上，对有用的资料，进行分析与判断。信息科技对金融创新最大的帮助，应该是在管理层面。目前的金控公司，如果没有信息科技的帮助，是没有办法控管的，因为它有很多不同的行业及客户要管理。现在有了信息科技，就可以对每天的资金部位、资产负债、客户关系等，做更妥善的管理。

问：请举出信息科技应用在金融管理上的例子。

答：根据data warehouse的观念，现在每个银行都在做所谓的“客户关系管理（Customer Relationship Management, CRM）”。CRM原来是要让银行能够掌握到所有的客户，以及客户跟其他金融机构往来的关系。它的资料仓储汇整在一起，又有所谓的datamining的技术，再从这里发掘银行所需要的客户。这是个很有趣的管理工具。

我个人在票券公司服务时，从联征中心整批买进票券公司法人客户所有的授信资料，然后运用CRM的技术管理信用风险。联征中心开放授权的是所谓单笔的查询，就是键入一个客户的统一编号后，可以搜寻他的资料。因为他是我的客户，所以我有资格买入他的资料。但是单笔的资料看不到客户的全貌，必须把资料按月整理。客户的银行授信变化，每个月都会不同，如果以一年的时间观察，就会发现这个客户在哪一个行库往来较多或者忽然减少，或者整个授信的余额增加等等。

问：你提到的CRM还有哪些应用？

答：CRM可以用在很多方面。除了看单一企业的风险，它很可能还有十几个关系企业，如果把它们整合起来，风险可能就非常大。如果整合并掌握每一家连锁企业在金融机构授信的变化，就可以深入了解授信的风险。

还有，利用CRM的技术，还可以看得出来上市上柜的公司客户的股价在最近一年的变化。假定你认为他有风险，就可以作警告的注记。一旦去查这个客户时，系统显示这是个风险授信户，你就可以提高警觉。

我们可以藉由CRM的系统，很容易地发现客户的营运或决策有了改变。这就是一种创新的应用。利用这样的资料，作datamining，我们就可以判断是否要跟这个客户继续往来，他有什么样的问题，或者是减少额度，或者断绝关系。这是运用新科技来帮助管理。个人觉得金控公司可以好好地发挥CRM的功能。

问：怎么防止资料外泄？

答：虽然要有各种机制去防范资料外泄，但是如果有人存心要破坏，还是很不容易预防到滴水不漏。我们只能要求把伤害减少到最低的程度，方法当然有很多种。财金公司要保密是比较容易的，联征中心要保密就比较困难，因为它的会员银行本来就有权查询资料。最近就有某一家银行的人将联征的资料卖给别人。这就是金融业界所面临的道德风险，其中包括员工以及负责人的道德风险。

我要借用一个有趣的美国卖枪的广告来说明，它讲得很有道理，就是“Guns don’t kill, people do！”你卖枪给他，他要杀人，你没有办法去防止。枪是不会杀人的，反倒是人会去杀人。

问：有人说推动计算机化就等于员工失业，您有什么看法？

答：刚开始时，员工疑虑将来的工作会被计算机取代，这是可以理解的。

我曾经写过几篇文章，说明原本routine的工作，能够因为计算机而节省时间，同仁其实可以做其他的管理工作，或者是提升自己的附加价值。

开始推动计算机化后，行员很快地就享受到很多的好处。以前银行结账时，每种存款业务都有一个柜员负责，有的业务非常忙，下班的时间就非常晚。计算机化之后，所有的纪录都在计算机里，结账的速度非常快，而且精确，要抓账也比较容易。原来行员要8点钟才能下班，现在可能6点钟就可以下班。

以前银行计算利息时，都要放假一天，停止营业埋头算利息。有时候就叫客户这几天不要来，先把他的利息算到20号，例如6月20号、12月20号。算好以后，要过到每个人的账卡上，等客户来的时候，还要把资料post到他的存折。几十万、几百万的客户，每户都要算利息，有时还会算错，这是很危险的。计算机在做这个工作时，完全就是在人感觉不到的速度底下做。

现在银行行员的工作，重要的不是在这种操作上，而是要加强客户关系，着重怎么做human touch。现在客户来银行时，行员有较多的时间，很从容地应付他们的需要，而不是像以前有很多back office的事情要做，很辛苦。这个是非常大的进步。

问：您对信用评等制度的看法？

答：基本上，信用评等的制度，是利用客观的第三者，对不同行业作公正的评估。因为一般的投资者，不可能了解各行各业的营运或整个行业的前景，透过信评公司的评等之后，就可以用这个bench mark作为投资的准则。

信评制度在台湾已经慢慢生根。目前台湾所有的金融机构都要经过信用评等。新的金融商品如果有评等，客户也会比较有信心。我觉得这是一个很好的发展。

以前的公司要发行商业本票，都要有票券公司来保证。但是，现在有些公司的评等，比票券公司本身的评等还要好，所以根本没有必要由票券公司作保证，自己也可以发行免保证的商业本票。一个公司经营的状况、前景都可以透过信评公司把这些资料，详细、公正、公开地披露出来。

信评制度还有一个更重要的功能，就是每年都要review，可以激励经营者，把工作做得更好，每年必须维持评等的等级。如果达不到原先的等级，第二年可能就会被降级，筹资成本就会升高。

金融风暴

问：台湾金融发展的过程当中，曾经发生一些弊案，还有金融风暴。如何拯救一个陷入危机的机构？请分享您的经验跟观察。

答：我个人经历过的金融机构危机，主要就是国际票券公司的风暴。

票券公司跟银行有一点不同，就是它并不吸收存款；但是，它的客户主要都是银行。银行一方面给它拆款，另一方面买入它保证的商业本票；一旦票券公司发生信用危机的时候，银行就会提前兑领全部的票子。其次，银行也不再给它拆款，这时票券公司所受到的压力，比一般的银行挤兑风波还要来得更大。

国票的案子，是由于员工个人的道德风险所造成的。整个事件之所以严重，主要是因为它的金额太大，被盗领的款项有新台币102亿之多。其次，就是国票的规模很大，它保证的余额大概有1320亿左右，假如不能再继续发行，对金融市场所造成的冲击是无法想象的。

问：这个问题后来是怎么解决的？

答：基本上，当时有几个重要的因素跟环境，来帮助公司解决问题。

首先，就是财金主管部门都觉得，这个公司的保证金额很大，必须想办法拯救；其次，问题的根源不是因为公司的整体资产品质不良，而是员工的道德风险所造成；第三，公司的资产还是大于负债，它有相当多的盈余跟准备，如果冲销掉损失的话，还不至于沦为全额交割股；第四，当时股票市场还相当活络，在其后的两年即从1996、1997两年，国票都曾经增资过，增资的价格大概为16元和14元，因为可以顺利地筹资，这就非常有利。

最后，一个重要的因素，就是要有新的经营团队，重新建立信用。对任何有问题的金融机构，应该马上更换经营团队。目前有些体质比较差的银行，一直不见转机，主要就是因为原来的团队还在经营，这样是不好的。因为原来经营的方法、观念是不对的，有些负责人甚至都可能犯下道德的风险，这时应该要由比较有公信力的人来接手经营。

金融市场——货币市场

问：台湾的货币市场中，票券公司与银行的关系密切，其原因与背景是什么？

答：票券公司跟银行的关联性非常密切。因为目前它所发的商业本票，大概有70%到80%，都是卖给各行库作所谓的存款准备用。另外，如果它的资金有缺口时，需要银行拆款。因此，当初规划设立票券商时，就要求每家新的票券公司，必须要有一家银行作为主要的股东，让票券公司跟银行之间有好的联系，当发生流动性风险时，希望银行能够挺身而出，维护票券公司的形象，或为它背书。

从过去的事例里面发现，这个措施还是有所不足。国票的案子中，几家行库像台湾的“中国商银”、农银、合库，都是国票的股东，他们确实发挥了很大的功用，或拆款或买入商业本票，协助国票渡过难关。但后来有两家票券公司发生问题，这就是宏福票券跟中央票券，他们就没有这么幸运，主要是因为这两家票券公司的股东行库，都是比较弱的股东行库，银行本身不是很健全，所以没有办法发挥这个功用。

问：当金控公司跟资本市场蓬勃发展以后，票券公司的未来走向是什么？

答：票券公司可以经营的商品非常有限，而金控公司在子公司底下，金融商品是可以跨售的，在这种冲击底下，票券公司受到相当大的压力。目前票券公司的业务量是萎缩的，原因有很多，主要是受到整个台湾经济环境的一些影响，尤其在1998年到1999年之间，开始有很多公司纾困、倒闭。

不过，现在票券集保公司已经成立，它有几个意义：第一，国票的弊案主要是由于人工处理的方式造成，现在整个交割跟兑偿都是透过自动化的方式，用计算机联机在处理，作业面的风险减少很多。

第二，金融创新与计算机运用有很大的关系。如果未来票券集保能够发挥功效，票券公司的营业时间就可以延长。过去因为用人工的方式交割、兑偿，在地理和时间上就受到很大的限制，现在完全都是计算机在做，原来的问题就不再是障碍。如果环境允许，24小时都可以进行，营业时间延长后，那么景气上来时，就有可能会把业务量，或客户的需求带上来。

过去，因为资金市场很宽裕，票券公司就有一个比较大的养券空间。但是，以票券公司现在的经济规模，资本不是很大，产品又非常有限，如果未来的利率往上走，债券的收入会减少，经营上会更困难。所以，票券公司可能需要作一些策略联盟，甚至跟金控公司合并，依附在金控底下，还是可以有一些发挥的空间。

财务资金

问：票券公司对于中小企业筹资方面有帮助吗？

答：对中小企业也许还是多少有些帮助，但是它所提供的服务，都只有短期资金的筹措而已。中小企业真正需要的是，一个长期或低率的授信，或是有其他的授信关系配合。由于票券公司只是在短期授信或者短期保证方面提供服务，它的协助不像银行有存款来得稳固，而是要把它保证的商业本票拿到市场上卖，如果这个发行本票的公司，评等不是很好，票子就不容易卖。事实上，票券公司对于中小企业的帮助，可能不是很大，它所提供融资的对象，大多是一些投资公司，或是土地开发公司，中小企业这种客户授信的品质都不是很好。

访中信证券股份有限公司董事长王慎

嘉言录

“流泪撒种的，必欢呼收割。”

简历(银行业、证券业)：中信证券股份有限公司董事长

大华证券总经理

交通银行襄理等

金融市场——债券市场

问：债券市场的功能与重要性。

答：台湾的资本市场有两个主轴，一个是股票市场，一个是债券市场。台湾的发展是先有股票市场。大概在1980年代的时候新台币升值，资金充沛，股价指数开始大幅成长，投资人也不断地加入股票市场，参与投资。

到了1988年底、1989年的时候，台湾开放证券商的设立，很多家综合证券商就是在那时候成立的。但是如果只有活络的股票市场而债券市场没有发展的话，我们还是只有一个跛脚的市场。当时虽有货币市场，但它属于一种短期性利率的理财工具；而属于长期利率的这一段则是中空，如果没有债券市场，资本市场就缺少了一环。所以，债券市场一定要同时发展，我们整个的产品线才称得上完整。

就投资风险而言，货币市场风险比较低，债券是中度的风险，而股权的产品则是比较高风险的。同时，在利率市场上都有所谓的收益曲线（yield curve）。它是从短到长，不同期间的利率产品建构成一个完整的收益曲线。

1990年代以前，短期的资金已运作得非常活络，所以短期利率早已有公认的指标。但是，超过1年期以上，几乎没有什么利率指标可言。债券市场的设立，对于整个金融市场的发展，或是对于大家在理财规划及资金筹措等方面，都有它正面的意义。

问：如何从金融市场的观点，来看台湾债券市场的建立？

答：任何金融市场的建立，不是几个人的想法，就能造就的。任何市场都要有交易的双方，比方说债券市场要有足够的筹资者与投资者，股票市场也一样，要有合适的产品它才能够建立。

1970年代，中小企业兴起带动外贸蓬勃发展，为我们累积很多的外汇，必须要有一个比较自由的外汇市场。所以在那个年代，为了配合企业的需求，就有外汇市场的成立。同时，因为企业在经营的时候，需要营运资金来周转，便有很多短期资金的需求；除了跟银行借款之外，企业更要有一些活络的工具，于是票券市场就应运而生。

到了1980年代，企业发展到某一个程度的时候，像电子业需要很大的资本额，可能不是一两个有钱的家族，就能够投资，它需要广大的投资者。正好当时台湾累积了很多的财富，很多人就会考虑是否要直接投资公司的股票。同时有了供给与需求，这就促成股票市场的繁荣。

但是，一家大型公司在资金筹措上，除了银行的借款、股票的发行以外，其实它需要一些更灵活的资金。如果一直膨胀股本，可能没有充分利用到它的财务杠杆；而且对大部分的投资者来说，如果公司的股本太过膨胀，就会稀释每股的盈余。所以，公司还是会有一些举债的需求；不只是短期借款，还需要一些中、长期的资金，这样才能让公司在稳定中去发展，也因此造就了债券市场的形成。

问：还有哪些其他因素促成债券市场的发展？

答：除了筹资面的需求以外，因为社会大众的财富增加，法人或个人需要寻求一些相对于股票风险比较小的产品。另外，一些所谓高所得的人，通常有避税的需求，债券型基金则是很好的避税商品；这些基金在2005年的规模大概有两兆新台币，其实也是由债券市场衍生出来。所以，各种不同市场建立后，在个别的市场中间，也可以衍生多样化的金融商品。

然而随着市场的进步，这些产品的界线也开始变得模糊。以股票跟债券来讲，先是单纯的股票，单纯的债券，慢慢又发展出可转换债（Convertible Bond），发行的时候是债券，转换以后变成股票，或者把债券跟股价，变成一个互动的产品即股价连动式债券（Equity Linked Note）。也就是说，不同市场为了配合多元化理财的需求，藉由金融创新，衍生出来更多的投资商品。

问：这么多年从事债券业务，请谈谈您内心的感受。

答：一路上都不断地有挫折；可是往往有挫折时，正是激发创新的时候。尤其碰到市况不佳，团队就要坐下来想如何突破困境。通常在顺境的市场，要顺着做一些既有的产品，以掌握机会创造利润。一旦遇到逆境，反而是激发大家的潜能去发展新产品。所以随着市场起伏，人生有高潮也有低潮，但是低潮中就能见到转机，其实也很有趣。

金融创新

问：请教您对“金融创新”的看法？

答：其实，我们把台湾现在所做的东西，拿到国际市场，几乎称不上是金融创新。但是，如果把范围缩小，引进以前台湾没有的金融产品或商品设计概念，或是把国际性商品适度修改，我们大概都可以当作是一种创新。

一般在台湾的创新，很多都是把海外已经有的一些新产品、新形态移植到台湾；即使如此，这也还是需要一些创新的思维。因为新产品虽然能够风行，却未必适合本地。

当一个产品引进，它应该是跟整个公司的前、中、后台业务都有关联，甚至牵涉到法令上的突破、客户的再教育及制度上的变动；另外，在风险上怎么衡量，还有信息部门的配合，这些都要注意到，才算是完整的创新。

直接金融

问：直接金融的比例慢慢变高，您觉得当中的关键在哪里？

答：任何趋势的形成都不是偶然，必须要有周边因素的配合，更要有成熟的环境。直接金融的发展，也是资本市场发展的必然趋势。在过去的间接金融中，有钱人把钱存到银行去，借钱的人要向银行借，这里就有银行信用的介入。

早期台湾的经济发展尚在起步阶段。首先，我们从筹资者来看，因为都是规模较小的中小企业，知名度不高，信用也没有那么好，所以如果跟一般人借钱，不一定有人愿意借给他。这时候，一定要透过银行的信用，因为银行有专业的人，对这些中小企业作信用分析，之后才可能贷款给这家公司。

其次，从投资人观点来看，一般的人在那个时候还不是非常富裕，当闲余的资金不是很多时，大家在运用资金时，第一个想到的就是要有安全保障，所以大部分的人都把钱存在银行里面，那是最保险的地方。而早年的银行，因为都是所谓的公营银行，所以大家觉得在信用上没有问题。一般人辛苦累积起来的血汗钱，存放在银行，而企业再向银行借钱。间接金融在当时是一个很自然的趋势。

但是，随着环境的变化，中小企业慢慢开始成长，债信也愈来愈好，银行也开始民营化。我们甚至会看到一些筹资企业的信用可能比银行还要好，根本不需要借重银行的信用。

问：除了资金供需面以外，还有哪些关键因素？

答：除了前面所说企业债信的提升，投资者风险承担能力强化之外，另一个驱动直接金融的关键因素，就是信息的透明化。以前对于某家企业，因为信息缺乏，我们都不太知道它是谁，怎么敢把钱借给它用，或者是去投资这家公司的股票？现在信息发达，具有相当规模的公司的状况及分析资料，都可以很容易找得到。信息取得越容易，越能够评估公司债信的风险，才有直接金融的发展。

间接金融是以银行存款、放款形式为之，因为是标准化的交易，就比较难有创新与变化；而直接金融可以使用的商品较多，包括股票、债券及很多的衍生性商品等，可以灵活设计多样化的产品，符合不同筹资者或投资者的需求。未来，直接金融的比例可能就会越来越高。

金融大未来

问：台湾金融业未来发展的方向与要素？

答：金融业与整个经济发展息息相关。以证券商来讲，我们最主要的客人，就是筹资者与投资者，所以未来业务的发展，一定要看这两端的客户，要跟他们的需求同步。从筹资者的观点来讲，我们厂商的外移在这几年来，已经蔚为风气。要延伸金融服务，就应该要走国际化的路线。

以中信证券为例，我们的目标就是要朝向亚太区域的方向发展。数据显示，近年来厂商海外筹资的金额持续成长，甚至还会大于本地的筹资，表示很多客户的营运已经移到海外去。当然，证券商到海外发展会有一些限制，因为大部分的地区对于金融业的限制都比其他产业要来得多，即使是在一个有限制的环境中，我们还是要强调整个区域的发展。在区域发展上面，中信证券是以“大中华经济圈”（Greater China）为主，这也是我们台商布局的一个最主要地区。

金融业未来发展的要素之一就是人才。想走到国际的领域，我们就需要有做过这种业务的人才。另外很重要的一点，就是组织架构是否有能力来做国际业务，这就涉及管理面的问题，举例来说，我们的信息设备，是不是能整合跨区的业务？

最后一个要素就是风险管理。风险管理制度与架构是不是完备？在本地的风险架构还没有完备之前，就不可能去发展国际业务。在进入海外市场的时候，如何去控制、整合风险，这些都是将来金融业所要面对的课题。

访台湾证券交易所协理彭光治

嘉言录

“退一步，海阔天空；看两面，无不平！”

简历（证券业）：

台湾证券交易所协理等。

金融市场——证券市场

问：请谈谈台湾证券市场当年是如何形成的?

答：台湾证券市场是从1950年代的店头市场时代开始。1953年，实施“耕者有其田”政策的时候，对原有地主的征收补偿方式，其中3成配发股票，也就是把战后从日本手中接收而改为省营事业的，包括台泥、台纸、工矿、农林等4家公司，开放为民营事业；另外7成就是配发实物土地债券。

当时没有竞价市场，已经领到这些股票的原有股东，多半都是兄弟血缘关系的共有股户，为了变现分产，大家都纷纷低价求售。当时有一部分掮客专门跑到中南部，去低价收购，然后加成，卖给北部那些在门号贴条上贴有：“本号收购债券、股票”的银楼。后来，慢慢地孕育了许多各自跟客户对做的证券行号，甚至证券的号子跟号子之间也对做买卖，这就是当时在街头上的店头市场。

问：在证券市场早期发展中，有哪些特别值得一提的事情?

答：1957年，大同机械股份有限公司获准发行公司债跟优先股，那时候马上抢购一空，这就证明台湾有许多闲散的资金，等待机会来投资生产事业。另一方面，随着企业的大型化，需要向大众募集更多的长期资金。所以就获得了共识，要建立一个比较完备的资本市场。

到了1961年10月，就由公、民营企业，还有金融机构共同成立股份有限公司制的证券交易所。1962年2月开业，台湾证券市场就有了集中竞价的流通市场。当时，上市公司只有18家，为了增加市场筹码，曾经标售了12次的台糖优先股。可是，刚好又碰上国际糖价大涨之后又大跌的局面，使得台湾股市自1963年起，以台糖优先股为主，进入一个长达3年暴涨暴跌、波涛汹涌的时期。经过这个教训以后，在社会上几乎是人人谈股色变。

问：当初只有18家上市公司的规模?真是不可思议!

答：1970年代随着台湾经济飞跃成长，股市才变成比较像样的流通市场。此时，纺织、化纤、塑料加工、家电电器、玻璃、纸类等公司股票纷纷上市。到了1980年，上市公司已经有102家。值得一提的是，因为交易非常活络，在交易所跟证券商之间，每天下午收盘以后的清算、对账工作，往往弄到半夜甚至凌晨。为了解决这个问题，就把交易时间改为只有前市，没有后市。对菜篮族（一般的家庭主妇）而言，这真是一个谢天谢地的好消息。因为中午收盘以后，他们可以回家料理家务事了。

问：过去有段时间，台湾股票市场被戏称为全民运动，几乎是“公务人员不上班、学校老师不教书、家庭主妇不煮饭”，可否请您谈谈？

答：1980年代中期开始，台湾进出口贸易记录不断地创造新高。即使美元贬值，台币跟着日元升值，我们仍然维持强劲的竞争力。后来，为了防止台币继续高涨，货币主管部门不得不介入外汇市场买进美元，造成通货膨胀压力，导致房地产、股市飙涨。再加上国际热钱涌进，使得当时资金泛滥的情形，被媒体形容成“台湾钱淹脚目”。

在股市方面，开放证券商牌照的结果是，到了1990年，光是证券商总公司的家数就有373家。当年台湾有2000万人口，开户总数就有400万户，差不多每100个人就有20个人在玩股票，股市变成所谓“全民运动”的场所。1989年8月28号，当天曾经创下1900多亿元的成交值，成为世界第一。1990年2月10号的股价指数，曾经狂飙到12400百多点，创下空前的记录。不过，随后股价指数一路下跌，在当年10月1日，竟跌落到2500多点。股市泡沫终告破灭。

问：证券市场在经济发展中的角色与功能。

答：简单地说，证券市场可以说是长期资金的“需求者”，跟资金的“供给者”，也就是一般的投资人，两者之间从事交易的一座桥梁。如果把证券市场比喻成人的心脏，资金就好比在体内流动的血液。股价指数现在已经普遍被视为总体经济荣枯盛衰的先行指标，而证券市场则已经被公认为代表经济发展趋势的橱窗。

问：台湾的证券市场自由化跟国际化的进程。

答：台湾证券市场自由化跟国际化的进程，就是以循序渐进的方式，分三个阶段进行的。第一阶段采用间接证券投资的方式，从1983年起，成立4家证券信托投资公司，并在海外发行受益凭证，再投资到台湾本地的股市。第二个阶段，开放海外专业投资机构直接投资本地股市，这是从1991年起实施，而且逐年放宽设限规定。最后，第三阶段是从1996年开始，开放侨外自然人投资台湾股市。

问：股市荣景对企业筹资的影响为何？

答：股市的荣枯盛衰，与上市上柜公司的筹资难易度具有密切的关系。在股价上升的繁荣时期，公司比较容易办理现金增资，加速企业资本的形成，以便扩充生产设备，改善财务结构。

以1990年代为例，股价曾经呈现两极化的现象。红极一时的电子企业相关股，因为业绩大幅成长，股价节节上升，除权交易也容易填权，所以上市上柜公司很容易办理溢价增资发行。另外一方面，业绩衰退低迷的传统产业，例如部分的营建股，股价跌落票面以下，甚至只有两三块钱或几毛钱而已，跟鸡蛋、水饺一样的价钱。像这样的情况，就不容易办理筹资。当时媒体曾经用“水饺股”、“鸡蛋股”来形容这一类的股票。

访宇智顾问有限公司董事长徐小波

嘉言录

“人生的一点一滴，都应该是替自己
及他人创造美好温习的回忆。”

简历（法学界、教育界）：宇智顾问有限公司董事长

时代基金会执行长

台湾亚洲基金会执行董事；台湾大学法律系兼任教授

政治大学商学院科技管理研究所兼任教授；

美国麻省理工学院史隆管理学院院长顾问

美国塔夫兹大学佛莱辙法律外交学院董事暨国际事务论坛咨询委员

理律法律事务所主持律师等

创投科技

问：创投业刚起步时，面临哪些相关的法律问题？

答：海外的创投业是采用合伙人制度（partnership）；有关的法律分成两种，一种是无限责任（general partnership），一种是有限责任（limited partnership）。在台湾的公司架构中，没有类似的制度；而一般的合伙人制度，完全是无限责任。

如果台湾要提倡创投业，而所有的投资人都要负无限责任，那就没人会愿意投资。当时一方面要迁就于我们制度上的限制，另一方面还要创造新的机制。最后，就把相当于美国一般合伙人（general partner）的无限责任部分，设计成“管理公司”的模式，让专业人才在里面经营。

至于资金部分，则另外设立“资金公司”，作为区隔。资金公司是分离的公司，多少有点监督的意味。当管理公司就专业的判断，认为应该投资某家公司时，让资金公司来接受他们的建议把钱投进去。

最后的问题，到底是由哪个部门作为主管机关？最后决定摆在财金部门。当时，我个人是觉得放在经济主管部门也许比较适合，因为这牵涉到纯投资的活动，它们比较了解台湾经济发展的结构，还有哪些行业值得推广。如果创投业是它主管的话，对台湾的经济发展与投资活动，可能会有比较多的激励性。

问：在推动创投的过程中，还遭遇到哪些问题？

答：创投业发展过程中，当然有许多波折。那时有些主管税收的部门，认为既然要提供税务优待，就应该严格管制，还要求创投业只能投资尖端科技。

当时，我个人也是刚起步学习创投业，发现它的目的是在鼓励新创事业的发展。假如把它定义成尖端科技，马上发生两个问题，第一个就是产业范围缩小，第二个是如何判断什么比较尖端？

科技，是个很重要的名词，“高科技、高利润”当然最好，“高科技、低利润”怎么样？或者“低科技、高利润”要不要也投资？我们开过很多次会，讨论这些问题。个人坚决反对把投资限制在尖端科技业。

问：您为什么持这种看法？

答：因为经济活动并不限于尖端科技，很多传统产业对经济发展的贡献一样重要。例如食品加工业就不重要吗？统一企业是不是属于高科技、尖端科技？这类行业加上我们现在要推动的高附加价值的服务业，是不是都属于高科技？恐怕不见得吧！另一方面，高科技也可以渗透进每样行业，包括传统产业；遇到高科技能够提升它的经济效应时，是否也该鼓励？

回想二十几年前的辩论，真的蛮有意思。后来就把“尖端”拿掉，还是留下了“科技”两个字。因为财金部门坚持要有控制与限制。若干年以后，好像也把“科技”拿掉了。

今天讲到创投业，大家都还认为是要投资科技的事业，其实这个观念不一定正确。只要能够增加经济效益的产业，似乎都可以考虑，要鼓励创投业去投资。

问：创投业现在面临的问题。

答：创投业发展到今天还存在一些问题。台湾大部分的创投业，都是投资所谓“未上市”的公司。这样的话，对投资人来说，一旦公司上市，股价上涨，他们投资的回收会快一点，说穿了这是一种懒惰的做法。更何况，现在上市之后不见得股价就会上升。

回到创业投资真正的含意，似乎应该多投资新创的公司。风险可能会大一点，不过创投的理念就是分散风险，多投几家，有失败是当然的，只要少数成功的话，就有经济效益。比如说一家创投起码要投资15个，或者20个不同的产业。里面有三分之二壮烈成仁都没有关系，但是如果有两三家能够像Microsoft一样，不但回收所有的投资，还会加很多倍。如何还原真正的创投精神，似乎是我们应该继续思考的问题。

问：台湾创投业未来的发展。

答：美国创业投资的兴起，其实有很重大的意义，就是用资本市场去鼓励新兴事业的发展。倒过来说，因为有创业投资的存在，资金收集之后有压力，一定要找新的计划去投资，每个做创投的，都极力地要找新的投资计划。台湾现在发生的问题是，新的deal、新的投资计划很难找。

其实这个问题有它正面的意义。有钱固然很好，但是要去找计划，这就意味着未来的经济发展，要靠金融业或者要靠资本市场去发掘重要的产业，引进新科技、新产品。我希望这个观念也能够在台湾推广。有资金的人，不管是融资（debt financing），或者是投资（equity financing）的，都要负起责任，积极开发新的计划。

所以，我主持的时代基金会，有很多台湾的企业支持，我是执行长，现在的董事长是郑重华。最近还办了个很大的活动，鼓励青年创业，也就是要培养未来的新投资计划、新产品、新科技，或者新经营模式。

现在是特别强调经营模式。例如：人类喝咖啡已经好几百年了，但Starbucks（星巴克）带动起新的经营模式。另外，像可口可乐，说难听一点是糖水，但是它能够有大家接受的口味，糖水里面加了二氧化碳，就能够存活100多年，它也有一套自己的经营模式。我还是很乐观地认为，台湾未来的发展机会无穷。

问：您对于台湾金融业受到多年的管制，有些什么看法？

答：这是一个很好的问题，也是十几年，甚至20年前就有的大问题。

先锁定金融是服务业。过去对于生产事业有种种的奖励。不要忘记每个产业都有好有坏，奖励之后也有失败的，重要的是要看成功率。为什么碰到服务业时，却是相反的思考？没有奖励，而是管制。台湾的产、官、学界，都应该严肃地思考：为什么百般奖励生产事业，而服务业也是重要的产业，更是未来能够有高附加价值的产业，却要遭受到百般的管制？

台湾金融服务业的成长空间非常大。有几点原因。第一，很多台商在海外设点，不管是设厂或设销售点，都需要大量的金融服务。目前在管制的环境下，金融服务业不能够提供全方位的服务。外商机构高兴都来不及，等于是我们把台商这块市场拱手让人，自己的金融事业反而被边缘化，这是非常可惜的。

其次，海外的金融服务业，比如说美国、欧洲的，到台湾来设点，并不完全是服务美商或欧商；他们也服务本地的企业。同样地，台商与本地的金融业者已有多年的来往，台商到海外建立据点以后，台湾的金融业者就可以把服务层面扩展到台商所在地。个人认为，服务国际市场和其他产业的这一大块，还有待于我们独立去开发。

金融市场

问：直接金融兴起后，您对未来金融发展的看法。

答：这就要讲到资本市场的运作。我认为台湾在思考这个问题上，还有一些症结存在。包括美国的NASDAQ、香港及新加坡的证券市场，都很努力地争取台商到他们那边上市。台湾还停留在要不要让台商回台上市的辩论中，也还没有提出很完整的机制。虽然很多人说可以上市，但就是没有人来细细研究里面的法律架构。

事实上，我在几个委托研究计划里，就很明白地表示：第一，让台商回台设立产业控股公司，由他来持股。在控股公司的报表上面，可看出台商在海外的资产，反映台商的竞争力；第二，因为他可以全球接单，各地发货，所以产品会越来越有竞争力。不管是越南、中国大陆，或者是马来西亚的厂都可以发货；第三，如果当地需要这些产品，可以就地供应，保持或扩大他的市场占有率；第四，因为是由台湾的产业控股公司所控股的，台商可以拥有很多经营管理权，甚至全面的经营管理权。

我跟国际一些投资银行家谈过，他们认为如果有这种股票在台湾出现，他们不但愿意投资，更会爱死这档股票。因为它代表的是成长型的公司，在报表上可以看出所有的资产、竞争力、市场占有率及经营管理者。国际上愿意将订单发给特定的台商，是表示对他的经营能力、准时交货、品管有信心。这方面的思考真的值得大家深入研究。

问：所谓的"资金链"(financing chain)，是什么样的概念？

答：我有个团队，多年来帮台湾在APEC里面做一些工作。2001年，在上海举行的部长会议，提出了"最佳实例规范"(Best Practices Guideline)的议题，这是针对新创公司及创业精神，有关的最佳实例规范；2002年在墨西哥，提出了"鼓励妇女创业"的议题；2003年，在曼谷开的部长会议，提出了"资金链"的议题。

中小企业从开创到成长，在不同的阶段，需要两种资金，一种是股本投资，另一种是贷款或融资。资金链的概念，比方说就是创投资金离开后，马上就有工业银行接手。

市场在变化，让创投的资金有出口的机会，赚了钱出去，再由另外一个接棒，再下面又有上市上柜，之后，还有更多的金融产品。这样就可以把我们的资本市场建构得更好。因为企业成长的过程，需要资金不断地投入，投入了也要回收，这就是建立完整的金融市场体系，我把它称为资金链。大家都很熟悉，全球产品的供应链，台湾在里面也玩得很好。所以，现在也就提出“资金链”的概念。

金融创新

问：请从金融创新的角度，分享您对台湾金融业发展趋势的看法。

答：当年我们在发展制造业时，创造了第一次经济奇迹的辉煌成就，不过是靠着廉价勤奋的劳工与经营成本，再加上科技人员带入的新科技所致。其实，经济奇迹的这些驱动因素，在我们分析服务业或是金融服务业时，也可以作同样的思考。例如，在第一次经济奇迹时，要发展产品，首先想到的就是市场需求。

同样的思考放在金融服务业，就会发现，今天的台湾所遇到的问题是有市场，却因为种种的限制而无法参与。比如说，台湾有一阵子就大力提倡融资公司。从推出这个构想，草拟方案，到付诸实施，还有一段长路要走。这么辛苦的过程，实在是很特异的现象。

问：可否请您更具体地说明“融资公司”的例子？

答：事实上，台湾早就有这种机制存在，不过方式很奇怪，或者用贸易公司的名义来做分期付款，像汽车的分期付款；或者用租赁公司的名义，来做分期付款以及相关的业务，偏偏就是没有给它正正当当的“融资公司”名称。

“融资公司”跟一般银行的差别，是不收存款，它用自有资金或另外筹资的方式来从事业务，在学理上我们称为非银行（non-bank）金融机构。环顾全世界的金融服务业市场，像GE-Capital是General Electric的一部分，但它现在所有的资产比General Electric还多好几倍。

翻开台湾的报纸，到处都是贷款的广告。为什么不让它有个合法的地位以便于管理及产业的发展？台湾的市场如果太小，做完了，还可以做亚洲的市场。事实上，金融服务业可以推展到整个亚洲，不但让资金有出口，更可以融资给制造业者，协助它们减少因为应收账款而发生问题的机会。另外，消费者也可以马上得到产品，这是有百利无一害的。

但是，台湾在这方面却走得非常辛苦。有时候想想，真是感慨万千，这个市场需要的金融产品或者某个金融服务的机构，要蹉跎这么多年。2004年已经是21世纪了，我们好像还停留在19世纪！

我们的金融改革，不但方向重要，速度还要加快，不然这个市场就拱手让给别人玩了，对台湾持续的经济发展，绝对是个负面的影响！

访建邦创业投资事业董事长胡定华

嘉言录

“创新做自己！”

简历(金融业、教育界、科技界):建邦创业投资事业董事长

交通大学电子工程教授；工研院电子所所长、工研院副院长

交通银行常务董事；建邦顾问董事长

美商汉鼎(H&Q Taiwan)公司总经理等

金融发展与经济成长

问：请说明发展科技业的最重要因素是什么？

答：我记得当年台湾决定要大力发展电子产业时，其中最核心的一个技术，叫做半导体，也就是今天的集成电路。集成电路是一个关键性的组件，核心的组件，它的发展可以带动许多的应用，包括家电、计算机、信息、通讯各方面。也就是在这么一个背景之下，经历了许多辛苦的筹备工作，还有许多海内外学人的参与，终于成立了工研院电子所。今天在电子产业里面，有很多经营得非常出色的个人，都是当初参与工作的伙伴。那时候有的人放弃在美国的高薪，回到台湾参与贡献或成立科技公司。我个人觉得“人才”永远是最重要的一个因素。

问：除了人才外，当时的科技公司在资金方面是否遇到困难？怎么克服？

答：在资金方面，应该是在1964年，台湾成立了高雄加工出口区，推动比较轻型的电子加工产业，例如集成电路的封测等。那时候主要是由交通银行来扮演工业银行的角色，对于产业购买设备所需要的资金，有特别的低息贷款，那时候对厂商是非常有帮助的。

科技类的产业是会越长越大的，后期需要的钱也会越来越多。早年的银行贷款，交通银行、中华开发，还有几个公营的银行，都扮演了非常重要的角色。基本上，这些都是参与科技事业比较后期的发展。

问：过去曾有台湾半导体业的风光岁月，关键因素为何？

答：一个产业的发展需要时间。台湾的半导体产业是以CMOS集成电路为主。这方面从1976年开始，工研院电子所引进RCA的CMOS技术，到今天已经有将近30年的光景。

很幸运地，我们在1976年引进技术，1978年厂房建完之后一年的光景，第一个示范工厂就有很好的产品良率、毛利率及纯益。后来，工研院找了一些法人，募资共同筹组联华电子股份有限公司，也就是今天的联电集团。虽然它只是一个个案的成功，实际上却证明这个产业可以风光地推动下去。

1985年，张忠谋先生回台湾来工研院担任院长工作。他在当时马上被要求构思发展方案而成立了台积电，这是一项对台湾集成电路产业未来的发展，具有重要而关键性的任务。“台湾集成电路制造股份有限公司”的名称已经讲明，它是以集成电路制造为基础，以商业或营利为依归；另外，它是以台湾作为根基。更重要的是，它验证了以制造为专业的一个商业模式（business model），在产业垂直分工的运作下，专注在个别附加价值链中间的那一段来努力，最后再做整合。

这个business model还需要加上整体环境力量的发挥。这个环境就是像科学园区这么一个可以让同业、异业群聚的基础建设。

问：您提到银行对科技产业的贡献，是否还有资金面的其他要素？

答：早期的科技产业，风险都会很高，因此倡导引进创业投资；那应该是1983年之后的事情。虽然创业投资的资金不是特别大，但每一个创业投资基金的管理者，大概都有一些特殊的背景跟经验，使他在某个产业，或特定领域，譬如说行销、技术、策略联盟等方面，都能够跟经营团队共同打拼。

所以，创投在高风险科技事业早期扮演非常重要的角色。目前，有很多保险业者、证券业者，还有一些法人成立自己的创投；它们也都有自己的特色。除了一般的银行外，今天更有工业银行，以及非常有活力的证券市场及柜台买卖中心。这样一来，这个产业在资金面就很完整了。

台湾虽然还没有很完整的投资银行，但国际上有规模的投资银行，在台湾的活动力也都蛮强的。而且，只要事业有前途、产品有价值，它也可以到国际的资本市场，用ECB、GDR、ADR，或其他方式来募集资金。

创投科技

问：您双栖两个领域（科技、创投），这当中有什么特别的心得可以分享？

答：从早期联电到台积电，还有像台湾光罩等，很多公司我都参与了初期的筹备工作。

我在1983年、1984年去Stanford进修一年，获得管理科学的硕士。在

Stanford我较注重的课程有三方面：除了财务会计，也修了一点法律方面与不少科技管理的课程，但学分修得最多的是财务跟会计。在1987年，我的老朋友徐大麟，不断地游说我去帮他忙，因而进了创投事业。他早年是在IBM做研究工作的，后来加入了Hambrecht & Quest，这是一个以旧金山为基地的创投公司。宏大是台湾的第一个创投，第二个是由中华开发的开发科技成立的中华创投，接着就是台湾的H&Q汉鼎，它是特别从美国技术移转引进的。那时候我因为工作的关系，参与过很多家公司的筹备工作，也帮过张忠谋先生筹备台积电。

所以说，我很自然地在1988年转入创投这个行业。我觉得我做创投的条件就是："人"的关系，简单但是很丰富。

天下有没有perfect，完全完美的案子来给你投资呢？答案是没有的。换句话说，作创投要有一个欣赏缺陷美的心境。因为有缺陷，才轮得到你来投资，轮得到你来帮忙。

金融创新

问：您怎么看"金融创新"？

答：基本上，创新要有一个"好就是不好，不好就是好"的精神。即使觉得"好"，你还要说它中间有"不好"，因为那个"不好"的存在，就是改革的动力。第二句提到"不好就是好"，是说你能够看到某个"不好"，而且能够重复地发现这个"不好"，这就表示已经找到需要改变的地方，只要环境与资源允许，它就会变好。换句话说，这种精神就是一种不满现状的动力。

你提到的金融创新，就是要有这么一个精神。我觉得金融方面有很多机会。目前信息科技发达，将会带来更多的机会。以前会想得到很多的费用，今天都可以在便利商店缴纳吗？这不就是一个创新的产物吗？

所以，创新的动力有很多，我刚刚讲的是环境的动力，也有技术的动力，更有一些人就是爱好创新，他喜欢成就自己，这也是一种动力。

金融大未来

问：台湾金融业的未来。

答：台湾金融业的体系已经都存在那里了。但有两个值得注意的事情：第一个，它是不是真正符合产业的需要？像创投，我觉得还差一点。基本上，因为台湾的创投是一个股份有限公司，将基金给股份有限公司化，结果，在投资决策方面，并没运用到专业，且一些作业的弹性都消失了，并不很理想。这中间一定要有很多空间来改变，这个改变就是创新。不满现状，然后有机会容许改变，就会产生创新。

第二个要注意的，目前所有的行业，包括金融行业本身，都要跟国际竞争与合作。国际化要看接轨是不是很顺畅，是不是很有效率。这些都值得去作变化、改进，这些都是创新的基本条件。

访板桥市农会总干事王雪慧

嘉言录

“繁华只不过是一捧沙！”

简历（金融业、教育界、农业）：板桥市农会总干事

农业金库常务董事；台湾金融研训院董事

板桥小学文教基金会董事等

地方金融

问：1990年以后在所谓的金融战国时代，有很多新银行出现，甚至很多地方性的信用合作社改制成银行，那时候板桥市农会的策略是什么？

答：当时台北县考虑组一个区域银行，我们也去参与。但是，碰到一些很实际的问题。第一，在组区域银行的时候，每个农会的资产品质都不一样，换股的比例要怎么算呢？第二，我提了一个问题出来讨论，当台北县变成一个北区的区域银行时，光是板桥市农会，就有9个营业点。但是一个银行在板桥可以有9家分行吗？我确定是不行的。那该收掉哪几家分行？多位总干事都表示不同意这样的做法，因为有多余的人力，却没有拓展其他业务，便要有人辞头路，这会产生很多问题。

在换股的比例上，只有板桥市农会才有财务清算，我们有勤益会计事务所做财务签证，其他的农会都没有。在这样的情况之下，你怎么样去审查资产品质？难道再付一笔钱，请会计师来做一次清算？如果把一些有用没用的资产都投到这个区域银行里，都还没有开始经营，包袱就一堆了，压都压死了。既然没有竞争力，成立了又有什么用呢？

问：面对这么多新银行，会不会觉得压力很大？

答：这个要看你的经营手法。新银行对板桥市农会来说根本不是压力。虽然这两年，连信合社都在组金控了，但我们这两年的放款成绩，大家是有目共睹，我们为什么要成立金控？很多金控公司的存款都成了问题；对我们来说，只要经营得法，这两年放款增加了六十几亿，根本没有转存的问题。

问：地方金融要如何“经营得法”？

答：我常常跟员工讲，目前很多大的金控公司，只能做金融的服务；但是，只有农会才可以融入生活，去关心到所有的客户群。你能够抓住他们的生活规律，就会有很多业务的互动。比如说我们的农情活力馆跟文化馆，就是融入生活的另外两个点。

对社会大众来说，日常生活中有许多不同的层面与需求；而存、放款只是其中的一种，当他有需求的时候，才想到这方面的服务。所以，我们要融入生活去关心大家。当你建立起信心品牌后，跟客户有了互动，下次当他想要存款、想要贷款的时候，自然会来找板桥市农会。

问：在金融商品的激烈竞争环境下，如何保留你的客户？

答：我们可以透过策略联盟的方式。农会在业务上受到很多的限制，比如说保险、基金，我们都不能做。但是，我们透过策略联盟，找一些其他的金融机构，像国泰世华银行、台新银行、南山人寿等，用很正常的管道把金融商品多元化。

有些人会担心，是不是会把客群和资金流到别的地方去。但是，你真正想的是，当我的客户需要这样的商品，而农会又受到法律限制，没有办法提供时，这个客户走了以后是不会回来的。我们跟其他的公司做策略联盟的话，农会除了多一层的手续费收入外，还可以把客户的服务做得更好，让他可以一次购足，这样才能够真正巩固客户。

问：农会的特色是和客户特别的亲近。有没有一些使您印象深刻的感人故事？

答：记得我们曾经推出一个商品叫做“发芽米”，这是从日本引进来的观念，不是品种改良，而是结合生物科技，用催芽的原理把养分提升起来，对身体的健康相当有助益。当我们研发的时候，所有的家政班学员都非常用心，在发表会那天，他们整个晚上都没睡觉，不断练习怎么用“米”煮出更好的料理。

我常常在讲，“用台湾的好米做台湾的好料理”，这是我们对台湾农业的一份心意。当这个观念大家能够认同后，整个系统都动起来。除了我的员工出去推销外，所有的家政班学员、农事班学员，不领薪水的，他们也全程投入帮我们研发很多的料理，最后做出一本食谱来。这是一个团队力量的凝聚，有时候电视台请他们上烹饪技巧节目，他们还不忘提到板桥市农会。甚至还有定居美国的台胞看到有关的信息，来信给我们鼓励。

问：未来农会要怎么找到属于自己的定位？

答：我觉得只要有心去经营的话，一定可以做出不同的东西。我们要在农业金融体系内，将金融与农业更好地结合在一起。将来，农会本身要能够进一步开拓我们在农村的基地，照顾到农民，这是一个很大的利基。也就是说，当金融的通路与农会结合在一起之后，我们可以做更多的事情。

有很多的商品，比如说保险，我们有许多养生会的会员，他们从生到死我们都可以提供服务，我们甚至可提供保险的生前契约，这些不是非要农会去做，但你可以透过各种不同策略联盟的方式提升服务。如果农会界能够把1000多个点的力量结合在一起，我相信谈的利基绝对不是说板桥市农会这一家跟人家谈，而是1000多个点来跟人家谈。

在农业方面，台湾推动“一乡一休闲项目”，希望农业能够转型。可是我觉得如果这个“一乡一休闲”，能够结合金流、商流和物流，那么休闲旅游会更多元化。也就是说，我们不必只光顾某一家农会的“一乡一休闲”，而要能够把所有的景点都纳入一个网站里，再配合交通、旅馆，这样才能把消费动力整个引进去。

问：您对于台湾农会的未来，还是抱持乐观的看法吗？

答：当然，我觉得农会只要好好地去耕耘，逾放比例的问题，慢慢经过这一波的金融风暴，大家都会更谨慎小心，前景还是很好的。

我甚至想过，我们是否可以考虑，也建立一个AMC（资产管理公司）的机制，把逾放的农地，做一个处理，这样的话农会的逾放比就可以降下来。

我们真的希望能够为台湾的农业发展再多一份努力，大家为台湾的农业来加油！

访财团法人台湾金融研训院董事长侯金英

嘉言录

“事在人为，勤与诚是成功之本！”

简历（金融业、教育界）：

财团法人台湾金融研训院董事长

政治大学财税系教授、银行系教授与主任等

金融自由化

问：请董事长跟我们说明一下金融自由化的含义？

答：所谓金融自由化，就是把不必要的束缚加以放松或解除，然后以市场的力量、市场的机能来代替行政的管制，创造竞争的局面，提高金融业的经营效率与服务品质，发挥金融机构应有的功能，以促进经济发展。但是，利用金融自由化这个手段来达到这些目的，推动的过程最好按照一定的顺序。

问：什么是金融自由化的顺序？

答：假使我们把金融自由化，比喻为开放高速公路让车辆来行驶。那么车子在高速公路上，没有绿灯、红灯的限制，只要大家守规矩，一定能以更快的速度，更有效率地到达目的地。但是，要车辆很安全地到达目的地，就一定要先定下行驶的交通规则，也要有交通警察来执行这个规则，维护秩序，以避免连环车祸的发生。同样地，金融自由化就是把不必要的法规放宽或是取消，这就好像是高速公路没有红绿灯一样。但是，要能够自由运作，还是要有基本的法规，由主管机关来约束、监督、管理这些金融机构。

因此，金融自由化的顺序应该是先建立金融规范与纪律，做好金融监理工作。其次是公营银行的民营化，提升公营银行的经营自主权，改善其经营效率。最后才开放新银行的设立。

关于这个高速公路的例子，前面讲的是监管部门要做好监督管理的工作；但是，业者自己也要做好风险管理，就如同高速公路上的汽车驾驶，本身没有绑安全带，车子的保养也不是很好，这样的情况下，一旦发生车祸，还是没有办法到达目的地。只有监管部门与业者两方面配合，我们的金融自由化，才能够很顺利地推动。

问：金融自由化的重要指针之一，就是开放新银行的设立。但是，在开放之前为什么公营银行要先民营化？

答：从台湾光复到1989年、1991年，台湾的金融机构80%，甚至是90%都是公营的。这些公营银行受到很多法规的限制，他们的经营是没有自主权的，一定要完全按照规定执行，所以很难提高经营效率。

大家所熟知的三商银（第一、华南、彰化），他们的财务结构健全，是银行体系的主干，但他们是省营的，民意代表透过预算的牵制，有时会做种种的干涉，限制银行的经营项目，甚至影响银行的贷款业务。尤其这些公营的商业银行资产很雄厚，形成寡占的局面，却没有竞争，因此效率低下，服务品质也比较差。所以当时我是觉得应该要公营银行先民营化，使他们有自主权、能够创新、有竞争力，然后再来开放新银行的设立。

但是，一旦公营银行民营化之后，民意代表就不再有预算审查权，也等于放弃既得的利益，他们当然不肯放手让这些公营银行民营化。因为阻力太大，公营银行的民营化过程，一直走得非常漫长辛苦。

金融战国时代

问：1990年代，台湾的金融业进入了所谓的金融战国时代，请您为我们说明一下？

答：在1990年代，一方面开放了新银行的设立，并容许本地银行增设新的分行，另一方面又核准信托投资公司以及信用合作社，可以合并及改制为商业银行。所以，商业银行的家数增加了。另外，在金融国际化之后，外商银行不仅在台湾设立分行，而且据点与家数，也不受以往的限制，业务的内容也放宽了。这短短的几年内，整个金融业的经营环境改变了，竞争的对手也增加了，不但公营银行要跟民营银行竞争，旧银行要跟新银行竞争，本地银行也要跟外商银行竞争，除此之外，也得要跟基层金融机构竞争。

由于信托投资公司、保险公司、票券金融公司、证券金融公司以及邮汇局等都可以办理部分的银行业务，本地银行得与这些“非货币金融机构”相竞争；整个银行经营的环境，进入了所谓的金融战国时代。

由于商业银行的业务同质化很高，大家只有藉价格竞争的方式来抢顾客，以至于授信的品质恶化，逾放比率节节升高。但是，竞争的结果也有正面的、积极的意义，因为银行必须提升服务品质，而一般企业主筹款的途径也因此增多，更容易筹措所需要的资金。

金控公司

问：金控公司的成立，对于台湾的金融发展有什么影响？

答：金融控股公司就是在一个母公司底下，拥有银行、证券、保险，各个横跨不同金融领域的子公司，可以提供顾客一次购足的服务。

由于信息科技相当发达，所创造出的新金融商品，使银行、证券、保险等之间的业务区隔及差异模糊化，金控的子公司得以经营保险、银行、证券及相关的金融业务，能够共享资源，使资源获得较有效的运用，进而可以降低营运、人事等各项成本，享受规模经济的优点，产生各种综效，提高竞争力。整合后资本增加，可提高风险承担的能力。

另外，国际的竞争，已造成金融业大型化、集团化的趋势，台湾加入WTO后，跨国的大型金融集团如同强敌压境。在这种局面下，行政部门觉得可以用金控公司来减少银行的家数，扩大银行的规模，以增强银行的竞争力。2001年，在业者和相关部门的关切与推动下，我们目前已经拥有14家金控公司。

问：金控下的经营模式跟过去有什么不同？

答：以前的银行、保险、证券，都是分业经营，而且是专业经营。现在金控成立以后，就可以跨业经营，涵盖了银行、保险、证券。在金控母公司下面，一个个都是子公司。金控特殊的经营方式，可能会带来一加一大于二的综效，但也可能带来一加一大于二的系统性风险。任何一个子公司发生周转不灵，就会层层影响到母公司，甚至到整个社会，这个风险是蛮大的。

问：这14家金控有没有发挥预期的综效呢？

答：现在看来，结果还不是很明显。这是因为各个子公司的员工，还有业务和信息的平台，以及企业文化都需要整合，难度很高，一般需要四五年的功夫。根据美国联准会经济研究所的统计，在美国好像没有证据显示，金控公司在短期内可以获得预期的效果，但是风险却显得更大了。至于成立金控公司后，在营运成本方面，则只降低了约10%。台湾的金控公司，虽然已成立了许多家，但是还有一段很长的路要走。

金融风暴

问：1990年代中期，东南亚的金融风暴之后，又有所谓的台湾本土性金融风暴，请略作说明。

答：本土性的金融风暴，是在1998年底、1999年的时候发生的。当时出现一连串的企业财务危机，像跳票、违约交割等等。这一连串的财务危机，波及金融机构，然后变成金融风暴。因为它发生的原因以及现象，跟亚洲金融风暴不同，所以我们特别把这个金融风暴叫做“本土性金融风暴”。

当时台湾的一些大企业，尤其是像安锋钢铁、东隆五金、新巨群集团及中央票券等，就是在这段时间陆续发生违规交割与跳票的情形，进而影响到往来银行的经营。主要是因为当时的银行、金融机构太多，大家互相竞争抢顾客，而一些经营不善的大型企业，因为政商关系良好，很容易地从银行借到钱，结果导致银行的放款品质下降。

当时，正值亚洲金融风暴之后，整个全球的景气不是非常好，有些企业的本业获利率不高，钱又容易借，因此就拿借来的钱转投资，跨越本行做新的行业，例如盖房子从事营造业，或是去开票券公司、证券行。不仅如此，因为这些公司都是上市公司，他们还可以拿自己的股票去抵押，向银行贷款。

问：以股票做抵押的放款有什么风险？

答：如果股票价格稳定，那就没关系，但一旦股票下跌，这些企业就要补股票，以维持抵押品金额。于是，他们就在股票市场护航，也就是去炒作股票，使他们公司的股票维持高价，以维护所抵押股票的价值，结果就制造出一片股市繁荣的假象。当他们的财务杠杆不断地升高，风险就越来越大；只要有一个不对，立刻发生周转不灵，大家也就跟着倒下去了。银行的呆账因此增加，而股票投资者也亏损，泡沫经济就产生了。

金融大未来

问：面对一个全球竞合的年代，台湾的金融业要注意哪些课题？

答：台湾的金融业者应该注意两件事情，首先就是要不断地从事金融创新；应该要有新的经营方式、新的产品、新的策略来面对新的局面。没有这些新的产品，只是一味地跟人家一样，就没有竞争力了。将来的金融市场必定充满了挑战，除非有自己的一套商品或者经营的策略，否则没有办法脱颖而出，取得优势。

其次，就是一定要注意风险的管理。为什么呢？因为银行业是产业的一环，也是企业的一种，免不了有风险。近年来，金融业随着经营环境的变迁及经营方式的改变，风险愈来愈多元化与复杂化。尤其在金控时代，可能会产生一加一大于二的系统性风险。事实上，在过去发展的过程中，曾因衍生性商品的操作不当，而引发了舞弊、超贷等属于操作型风险的事件。所以我觉得现在应该要注重风险的管理，而金融机构本身的体质也应该要健全。除了这些以外，我们从事金融业务的人员，也应该要自律，更要有企业的道德观念。

访财团法人台湾金融研训院院长薛琦

嘉言录

"Make living into life,not life into living."

简历（金融业、教育界）：台湾金融研训院院长

中央大学产业经济研究所教授兼所长、管理学院院长

台湾大学经济系讲师、副教授、教授、系主任

APEC经济委员会（Economic Committee）副主席

台湾加入WTO服务业（GATS）谈判主谈人等

中小企业

问：如何定义中小企业？

答：一般对中小企业的定义有两个方式，一个是官方的定义，一个是学者的定义。

很多国家都有对中小企业扶植、发展的政策，于是就要订出中小企业的门槛。我们对中小企业的定义，过去大概变动了五六次之多，范围离不开用一个企业的实收资本额，或者是它的营业额，或者是它雇用的员工数来定义。这个定义会随着客观情势的变动而改变。

问：台湾中小企业的特色？

答：很多人都说台湾中小企业是经济奇迹的一部分，接着就提到我们的经济里有很多中小企业，认为这是我们的一个特色，这个想法其实是错的。

虽然，我们的制造业中有98%都是中小企业，但你去看全世界其他的国家或地区，大多也都是如此。不过也有例外。韩国和墨西哥的中小企业不多，反而是大企业多。反过来，全世界的工业化国家都是大企业多，中小企业相对少。但是，也有两个国家的中小企业相对而言是比较多的，一个是日本，一个是意大利。

很多人可能不知道，用各种指针来看，例如中小企业占总就业的人数，中小企业占生产附加价值的比例，而且是限于制造业的话，日本的中小企业一直都比台湾多。所以我们不能看到中小企业家数多，就下结论。

问：那么，台湾中小企业的特色与贡献究竟在哪里？

答：首先，就是全世界很少有中小企业是着重出口的。尤其是在1970年代以后，到了1980年代的时候，台湾出口的主力，居然是中小企业。我们在1980年代前半期，是台湾中小企业相对发展最快的时候，当时台湾的出口有超过70%是中小企业所贡献。他们雇用了大量的劳力，创造了很多的就业机会。

其次，中小企业因为规模相对比较小，在所谓高科技产业的发展上，会相对处在一个比较不利的地位。但是，台湾在1990年代后期，中小企业竟然在高科技产业的这个族群里面，表现非常突出。中小企业不论在投入研发的经费、研发的人力和申请专利的件数方面，相对而言，都比在高科技产业里面的大企业的表现要来得好。

最后，过去20年来，尤其是在新台币大幅升值以后，台湾的中小企业可能真的还创下了一个世界奇迹：我们的中小企业竟然像跨国企业一样，把生产的地点移到海外去！全世界很少看到这样的情形。

外汇存底

问：有人说外汇存底好像是越多越好，以此来表示经济成果。您认为呢？

答：首先，外汇存底并不等于财富，这是两百年前就在讨论的课题。经济学者的老祖宗，Adam Smith 写的《国富论》这本书一开始就问一个问题，什么是一个国家的财富？又如何去增加他的财富？当时一个很流行的说法，又称为“重金主义”，就认为一个国家拥有的金银财宝就是这个国家的财富。可是 Adam Smith 说这个想法是错的。他认为国家的财富，实际上就是这个国家老百姓的生活水准与生活品质，它跟金银财宝如同今天的外汇一样未必可以划上等线。

我们今天还有很多的人，都还常常很骄傲地说，我们现在的外汇存底，是全世界的第几位。似乎以此来炫耀我们的财富。可是，全世界最具有竞争力的国家是谁？国民所得最高的国家是谁？这些国家有没有跟别人炫耀说他的外汇存底是多少？你有没有听过美国的外汇存底是多少？美国的外汇存底大概是六百亿美金，用他的两亿多人口来除的话，那是很少的。但是有人会说美国的国家财富是很少的吗？不会。我们为什么给予外汇太多的重视？因为过去的外汇太少，才会觉得外汇是非常宝贵的。

问：外汇存底是要做什么用的？

答：外汇存底是要买外国的东西用的。当外汇存底太少的时候就要小心，因为总体经济万一出了差错，因应外汇冲击的能力就会降低。通常讲的外汇存底是政府所持有的外汇。但是，民间也持有大量的外汇，如果政府持有一笔很大的外汇，他使用的效率会比民间高吗？如果没有比民间高的话，那为什么要持有那么多的外汇？

还有一个很讽刺的地方：如果我们的外汇存底是来自贸易的顺差，代表台湾内部的资源生产出来的产品卖给外国，但是却没有换取等值的产品进来，这表示我们自己有一个超额的储蓄，是将资源给别人用，可是台湾老百姓的生活水准有比别人高吗？

所以，外汇存底过高是没有必要的。欧美那些国家，没有一个国家在强调他们的外汇存底。许多发展中国家对外汇都有一个很奇特的迷思（myth），好像外汇多就是好。其实，外汇存底多是表示你不知道怎么去好好地运用你的资源。结果你看外汇存底用什么东西来保存？就是去买美国政府的公债，把钱借给美国政府用，你觉得好吗？更何况美国政府很可能还把你的钱用在你觉得很不好的地方呢！

问：新台币贬值就可以刺激出口吗？这是不是也是一种迷思？

答：一个最简单的比方：你身体发烧了，我给你吃一个退烧药，你总是会觉得稍微舒服一点，可是我也可以告诉你，你吃退烧药，不会治好你的病。

工商界尤其是在国际景气变化，感觉到出口有压力时，很自然地希望新台币贬值，这样就很像一个人的身体开始发烧，不去过问为什么会发烧，第一个想要的就是吃退烧药。现在要特别强调，退烧药不是不能吃，但要知道，第一，退烧药不会治好你的病。第二，你在吃这个退烧药的时候，应该赶快把真正发烧的原因找出来，才是正道。如果一直靠吃退烧药，你的病也许会越来越严重。

工商界的这种想法，也不能说完全错，它会有短暂的效果。如果出口遭遇到困难或者不振，诉诸贬值可以有效的话，那么贸易部部长就很好做，经济发展只要靠贬值就好了。其实，还有一个很大的问题：你贬值，别人也贬值，等于大家都没贬，结果出口还是没起色。所以工商界有时候会听到一些贬值的声音，只能讲那是相当短视的一个做法，不会解决根本的问题。

金融发展与经济成长

问：如何从Adam Smith的观点，来看经济发展？

答：Adam Smith曾经讲过，一个国家的经济如果能不断成长，但到了最后会限制它成长的，就是这个国家的法律、制度。意思是说，如果这个国家不能在制度跟法律上，随着经济成长而不断突破的话，这个国家的经济就会在那个地方停下来。Adam Smith讲得很清楚，一个国家的制度，是这个国家长期经济成长最后的限制因素。

其实很有趣的一点，是Adam Smith在讲这句话的时候，他是在讲中国。在他那本《国富论》里面，有一段就讲到中国的经济发展。他提到了马可波罗和广州。他说在广州的那个海港，有许多船民，就是Boat People，生活在舢板或小艇上面。那些人的生活非常穷困，他们甚至在水面捞被人丢弃的食物以维生。但是，他也提到，中国上层社会的文明水准，生活的富裕也是很难想象的。他在这个地方讲的就是，你不能因为看到在中国有很多的穷人，你就说这个国家很穷。其实，他并不穷，有很富裕的一面。但是，如何让这个国家的每个普通老百姓，生活都可以过得很好，这就是他所讲的国家财富。但是，要让这个国家的每一个老百姓，都可以过上很好的生活，最后是要受到这个国家的法律跟制度的影响。

这给我们一个很大的警讯。决定一个国家长期经济成长的，还不是他的经济政策，而是经济制度。一个国家的经济政策，有时候会出错，但是如果制度是对的，还可以把错误的政策改正过来。再来就是一个国家的某项经济政策，在刚开始的时候可能是对的，可能非常powerful，但是这并不表示这个政策永远是好的。当时空环境改变的时候，政策本身就要改变。而影响、决定改变那个政策的背后，可能就是那个国家的制度。

讲到制度，就会想到立法及政府官员的品质。法律是不是符合市场的需要？是不是有些政策跟市场运作正好相违背或者只是追求短期的效果？如果在这种制度之下，让大家都倾向走短线，不去寻求一个可以长期解决问题的方法，经济发展就会慢下来，甚至会导致社会的不安。

问：可否请您举个例子说明，台湾金融发展和产业发展的关系？

答：有人说台湾的资本市场非常投机，其实资本市场本来就是投机的。说我们的资本市场turnover，就是股票周转成交量太大。这个成交量太大，表示说谁要卖股票，大概都可以卖得掉，不会很难卖掉，如果想要买某张股票的话，也很容易买得到，当然股票价格随时会变动以反映市场供需情形。这就是表示这个市场非常活泼。在1990年代，我们的IT产业发展得最快，一下子跑到全世界的第二名、第三名。但是，这些半导体产业需要大量的资金，大到从单一银行也没有办法取得这么大笔的资金。这时候发现它可以在资本市场发行股票、取得资金。这些资金就是IT产业能不断快速成长的最大帮手。到了2000年，在股市中信息产业所吸收的资金大概占了一半。如果没有一个快速成长扩张的股市，台湾大概就没有我们今天所谓的信息工业。

金融创新

问：请从熊彼得的创新理论，来谈金融创新与科技应用。

答：熊彼得（Schumpeter）可以说是上一个世纪最了不起的经济学家之一。他讲的"创造性的毁灭"，就是任何一个重大的，属于制度、产品、市场或者是生产过程上的创新，实际上都会对过去所熟悉的事物，带来一个很大的破坏。例如：计算器和计算机的出现，改变了过去用算盘、或是一些旧有的会计登录做法。可是，这个破坏却能帮助你去创造一个更好的产品或服务，去找寻一个更大的市场，去发展出更好的生产技术。

在金融这个行业，就有个很有趣的例子。从1980年代开始，IT科技突飞猛进。我们对于资料、信息的储存、运用、计算、整理及传递，都变得过去难以想象的那样方便。不要忘记，金融业就是"人"加上"信息"的产业。所以，金融业会受到信息科技很大的影响，或者说很大的破坏。

新的信息科技改变了过去很多传统金融服务业的做法，而且会产生一些新的，过去想象不到的金融商品。一个最好的例子就是衍生性金融商品，它的一个基本作用，就是站在眼前这个时点，透过远期的市场，透过所谓的SWAP，就是交换，或是透过warrant认购权证等商品，对未来要发生的一个事情，在认定这个时点上，根据买卖双方需要完成一个交易。藉由这个制度和商品的设计，就可以让愿意避险的人，跟愿意去投机接受风险的人，做一个媒合，达到双方期望的目的。这样一个商品的设计，对于1990年代科技产业的发展，竟然扮演了一个非常重要的角色。

消费金融

问：请您谈谈1990年代以后兴起的消费金融。

答：可以分成两种类型来谈，一种是购屋贷款，一种是消费性贷款。

回想起来，我们这一辈的人，在第一次买房子的时候是很累的。首先，你自己要有一笔存款，要不然，就是向父母借，或者向朋友借，要是还不够的话，最后还是要跟银行借，但成数有限，而且利率不低。随着经济的发展，社会变得比较富裕，现在多数人都可向银行借钱，成数不低。严格说来，购屋是一个投资，但是对使用房屋的人来说，却也是一种消费。慢慢地购屋贷款越来越普及，尤其对有固定收入的人，像军公教人员，成为竞相争取的对象。

还有一种消费性贷款，在1990年代以后，越来越明显。1990年代我们的人均收入已经到了一万美元。年轻人有比较大的消费需求，要成家创业，都在这时候。很讽刺的是，在你一生里面，你需要花钱的时候，大概就是你所得最低的时候；然而，随着年龄的增加，到了五十岁、六十岁，大概是我们这一生中，薪资所得最高的时候，但你可能太忙，却没有时间花钱，反而消费会减少。换句话说，当你最需要钱的时候，却是你钱不够的时候；当你开始有比较多钱的时候，你的消费好像又不一定赶得上。消费性贷款在某一个意义上，可以平衡这样一个不对等的趋势。

实际上，年轻人未来的所得会增加，在他年轻的时候，如果需要多消费一点，市场是可以提供给他消费性的贷款。在先进国家，这类型的贷款比例也是越来越大，它其实是提供资金给有需要而以后又能够还得起的人。

区域金融服务中心

问：1995年时，台湾提出亚太营运中心的计划，当时为什么会有这样的构想？

答：亚太营运中心最基本的精神就是自由化及国际化。自由化是松绑、解除管制；国际化是在开放的过程中，让台湾愈来愈接近国际的做法。如此，就可以很快地让海外的投资人或专业的人士，因为熟悉各种管理规章，而愿意来台湾，并且可以很快适应岛内的经营环境。这就是亚太营运中心基本的想法。

本来营运中心前面有区域这两个字，就是区域营运中心，后来因为亚太这两个字本来就是区域，所以后来我们就把区域（Regional）省略掉了。亚太营运中心里，有6个中心，其中之一为制造中心，这是因为我们的制造业已经是蛮开放，蛮具竞争力的缘故。但是亚太营运中心的基本构想不是为了制造中心而设计，它主要的重点都是放在服务业。

我们过去的服务业，可以说是一个高度管制的行业，像交通、电信、媒体及金融业等。在这些服务业里面，管制最厉害的就是金融服务业。金融服务业是一个特许的行业。不但设立一家金融机构，要受到高度的管制，成立之后经营的各项业务也都还要经过特别的许可。更重要的是，我们设立的限制跟国际上的一般做法，或跟欧美先进国家的做法比较起来，有一段的距离，而且很多设立的门槛，在当时都已不合时宜。

问：请您回顾一下这个计划中所提到的金融中心及此后的发展。

答：其实我们在当时已经看得很清楚，在6个中心里，难度最高的就是金融中心。原因是，第一，金融这个行业变化非常快。在推动这项计划之前，虽然我们的金融市场已经做了很多的变革，但距离现代化的金融市场仍有段很大的距离。第二，同样的情况，台湾在1995年提出这个计划，两年半后到了第一阶段完成，回过头去检讨一下，竟然发现区域金融中心相对而言是变化最大的；我们花了好大的力气，做了许多变革，但是我们的金融中心跟其他的金融中心，像香港、新加坡、纽约相较之下，我们跟他们的距离没有拉近。尽管我们一直努力，但是别人并没有停下来。这是很严肃的问题，就是说，如果我们不跟别人比，我们的进展不错；但是我们若要跟别人比，其实现在跟过去与他们的距离还是一样。

还有值得一提的是，在1994年我们展开了加入WTO咨商的谈判。WTO与GATT最大的不同是前者占了一个很大的领域，就是服务业贸易的谈判(GATS, General Agreement on Trade in Services)。因为GATS谈判个人参与比较多，在谈判的时候，金融业是所有服务业的类别中，谈得最辛苦，花的时间也是最长的一项。最具体的一个证据是，谈完之后，我们有一个对于市场开放的承诺表，我翻了一下这个厚厚的承诺表，结果发现，在金融服务业这一项，就占了我们所有承诺的四成。

所以说，金融自由化可以说是一个没完没了的过程。我们到现在都不敢说：我们的金融自由化已经到了一个程度，可以坐下来等着享受成果。

金融大未来

问：在2004年时，台湾再度宣示希望成为“区域金融服务中心”，以这个理想为目标，要如何来看台湾金融业的优劣势？

答：我们发展金融中心，所凭借的条件是什么？第一，快速的经济成长；第二，稳定的物价，也就是总体经济环境的稳定，甚至还包括不能有大量的财政赤字；第三，一个开放的市场，有很多海外的金融机构到这来，同时也有很多的本地银行到海外去。

台湾金融的优势除了这些条件之外，还要再加上一个，那就是在1980年代的后期到1990年代，台湾的制造业可以说是高度的国际化。国内很多的企业，刚开始是中小企业，后来是大企业，先到东南亚国家，后来就到中国大陆去发展。

整理一下这些发展的条件，就可指出我们的金融服务业所服务的对象，不一定是本地的企业，或只提供资金给本地的企业，而本地企业的资金也不一定用在岛内。那岛内资金不就都用到海外，这样好吗？其实台湾真的形成金融中心后，资金会有出有进。所有的金融中心都是如此。亚太营运中心的构想就是这样子来的。到了2004年，台湾提出了“区域金融服务中心”的想法，其实跟过去没有什么不同。

不过，现在有一个盲点，或说是瓶颈，如果不去好好认真思考，加以解决，我们会事倍功半，甚至连功半都达不到。这就是两岸金融现在实际上相当不畅通。

两岸金融

问：可否请您再深入一点探讨两岸金融的问题？

答：台湾的企业已高度全球化，他们到哪里最多？如果是去对岸，表示说这些台商最需要台湾本地金融服务业所提供的各种金融服务。可是现在对于两岸资金的移动，或者本地银行对台商的放款，以及是不是应该欢迎让台商回到台湾来上市，在这方面还有很多非经济因素的考虑，举棋不定。在两岸金融互动上，处处设立障碍，对金融中心的发展，甚至台湾的经济会是一个很大的伤害。

尤其到了2006年，中国大陆因为加入WTO，会对到中国大陆投资的外商金融机构，提供“国民待遇”。就是大陆的本地银行可以做的，外国银行也可以做。可是现在台湾的银行到大陆去，还是只能设立代表处，不是分行。有些人说大陆的投资风险高，那些理由，也不能说完全没有道理，可是去不去中国大陆，那是个别银行的事情。台湾对于资金的流动，要从总体长远的角度来思考，何况这些银行也会引用外资。不过重要的是两岸在资金的流通，或人的往来方面，还是有很多的限制，我们的区域金融中心很难做出成效。

金融风暴

问：从1990年代末期的东南亚金融风暴中，还有什么值得我们学习的地方？

答：我们来看一看三个现象，也就是外债、赤字及外汇存底。要是把它们放在日本，或是放在台湾，甚至美国，正好出现一个很吊诡的现象。

全世界负债最多的国家是谁？实际上还不是东南亚的国家，而是美国。全世界最大贸易逆差的国家是谁？也是美国。全世界有一个国家的外汇存底，大家不清楚，也不关心，其实它的外汇存底也不多，这个国家也是美国。从前面三个标准去看的话，美国的金融是最有可能出现金融风暴的。可是，在亚洲金融风暴时，美国的金融是全世界最稳定，而且最健全的。

以这三个现象来看日本。谁是全世界最大的债权国？日本。谁是世界上最大的贸易顺差国？日本。谁拥有全世界最多的外汇存底？日本。日本有没有金融问题？有，只是它的金融问题跟东南亚的国家不一样。他的汇率基本上没有问题，可是金融机构也面临严重的呆账问题。

台湾地区的情形实际上很像日本。有些人说我们不会出现金融风暴，因为我们的几个条件比亚洲这几个国家好得太多。可是大家不要忘记，金融风暴有很多不同的面貌。1997年的时候，我们表现不错；1998年的时候，我们的表现是除了中国大陆以外在亚洲地区最好的，其他亚洲国家或地区的经济成长都是负成长，香港是零成长，台湾还有4.6%的成长。

可是后来，本土型的金融风暴就发生了。就像流行性感冒一样，不要以为别人得了流行性感冒A，你就不会得到A，你可能得到流行性感冒B，流行性感冒B不一定就比A来得轻微。

访中华经济研究院研究员杨雅惠

嘉言录

“学无止境！”

简历（教育界）：中华经济研究院研究员兼财经策略中心主任

台湾大学财务金融系兼任教授等

金融业优劣势

问：面对全球的竞争和并购风潮，台湾金融的优劣势为何？

答：以优势来说，我们的金融体系成长得非常快。我们信用卡的发卡量，金融资产扩张的速度，还有股市的成交量，在国际上的排名都在前五名之内。从金融活动面来看，台湾是有相当的优势。

我们的劣势，就是太多的内线交易。金融信息的透明度不足，在整个金融纪律上，国际上对台湾的评等是比较差的。

还有一点要特别注意的就是两岸的关系，我们如何掌握及运用这层关系，将会影响台湾金融业的优劣势。了解了我们的优势与劣势，就可以知道将来要改进的方向。

金融中心

问：台湾在1990年代提出“亚太营运中心”的构想，2004年又提出“区域金融服务中心”的目标，您的看法如何？

答：不管台湾是否能够真正成为所谓的金融中心，迈向金融中心这条路毕竟是对的；它能够让金融体系更为健全，更具竞争力。

台湾需要改进的地方还非常多，例如说相关的金融监理是否健全，尽量减少弊端的发生，尽量改善内线交易的形象等。

不过，我们要特别注意“时间点”是否恰当。因为邻近城市，比如香港，还有上海，都是非常强劲的对手。以香港来说，它已经是区域的金融中心，而上海更是跃跃欲试。假如我们的金融体系不赶快改进，不赶快争取这个时间点，台湾的优势可能会随着两岸经济的消长，而渐渐地流失。所以，台湾必须掌握时间点，赶快把自己的特色做出来，才有机会成为另一个区域金融中心。

金融自由化

问：台湾金融自由化的次序是什么呢？

答：台湾在1990年之后，整个金融体系可以说大幅地迈向自由化、国际化。事实上，自由化是持续的过程，从完全的管制，到银行开放新设，到业务的开放，都是逐步进行的。例如，以前的银行不能做票券业务；之后，银行本身也开始做有关票券经纪自营的业务；近来又成立金控公司，底下不同的业务更可以做进一步的整合。

另外，我们也容许外国的金融机构到台湾来设立据点。以前是只能设立一家分行，现在据点的设立可以越来越多，业务范围也不断增加。可以说台湾的金融体系已经在自由化，这是没有错的；但还是有所不足。假如要进一步成为区域金融中心，台湾还需要加倍地努力。

金融环保

问：1997年亚洲金融风暴之后，才有所谓的台湾本土性的金融风暴，为什么会在这个时间点出现？

答：在1997年亚洲金融风暴时，我们的金融体系相对还算稳定，所以表面上风暴没有那么严重。可是我们邻近的国家或地区，都遭受了非常大的冲击，经济不好，从台湾买过去的出口产品自然就减少，台湾的外销减少，厂商的利润也降低，周转金也减少，进一步也就影响到厂商的资金调度，以及在股票市场的流动性。

台湾某些厂商的财务在平时就不是十分健全。当时有些票券金融公司和金融机构所承作的保证金额过量，于是在整个国际景气不好的情况下，弊端就呈现出来。其实，台湾的金融问题由来已久，我们往往就是靠着景气好，侥幸度过。但我们不能永远依靠好的景气，把问题掩盖过去。

中小企业

问：1960年到1989年间，中小企业是台湾经济发展的主力。但是，早期的银行就像当铺一样，台湾是如何帮助中小企业借贷，去弥补银行的不足？

答：台湾早期金融体系的发展并不是非常进步，当时叫做“金融压抑”，银行大部分贷款的对象都是大企业，或者是公营的企业。有很多中小企业都抱怨没有办法向银行借到资金。因此他们主要的资金来源往往都是地下钱庄，或者向亲朋好友借钱，这就是所谓的民间借贷市场。不过，中小企业本身的竞争能力非常强，靠着出口外销赚到很多的利润。即使地下钱庄的利率非常高，厂商也有办法生存。

台湾为了弥补正式金融体系的不足，确有采取一些措施，例如成立中小企业信保基金，及外销低利贷款等。但是，毕竟中小企业家数这么多，各种补助措施，往往被中小企业批评为杯水车薪，发挥的功效不大。

所以，早期中小企业依赖的，主要还是民间的借贷市场，以及本身强劲的竞争力，这带来台湾经济成长的奇迹。

访东海大学社会系教授高承恕

嘉言录

“金融知识应该要普及化。‘制衡’就是要民间自己真正有知识、能量，能够不轻易受骗，这才有‘金融民主化’的条件。”

简历（教育界）：东海大学社会系教授、系主任

社会研究所所长，社会科学院院长

东亚社会经济研究中心主任

东海大学及逢甲大学董事会副董事长等

中小企业

问：从社会学家的角度，您如何看待金融与台湾产业发展的关系。

答：回顾台湾将近50年的发展经验，从农业社会到工业化，不论公部门或私部门，早期的资金都非常匮乏。因为资金有限，大部分的资源还是集中在军防；实际上能够注意或协助到民间部门的非常有限。

回顾台湾的产业发展，中小企业占有很重要的地位。在我看来，台湾的外汇储备，都是由中小企业做外销赚回来的。台湾的中小企业不仅是经济现象，更是社会现象。我常讲，在台湾别的不多，老板最多，满街都是。最流行的一句话就是："喂！头家你好。"人家管你三七二十一，看到你，凡是叫老板，命中率就很高。

问：中小企业的资金一般是如何筹集的？

答：从我过去做的600多家访谈当中，大部分都是动用家庭、家族或社会关系所能够动员的极有限资金而起家的。所以，我常称台湾的中小企业为"自强牌"，就是glass-rooted（草根），它们是从草根、无中生有的情境下发展的。

这些企业开始的规模，大多是中小型的，因为非如此不可，不能搞大。它可能刚开始只有一台机器。有个公司的老板跟我说："他跟他太太最穷的时候，身上只有26块新台币。"在这样的情况下，他看到商机，却没有资金。

中国人的社会，是非常强调朋友、家族或者同学等这种人际关系。于是，小企业主的50万的资金可能是标会来的，或是跟他兄弟借的、跟同学合伙的。透过这种人际关系，他不需要去触碰到所谓的公营银行，因为他知道从那里借不到钱。

因为资本有限，这些企业有一招半式就可以闯荡江湖，但都会采取一个策略，就是观察世界的整个销售网络，看哪里有商机，有哪些东西是不用太多资本，也不需要透过太高的技术门槛，就可以切入。

问：台湾的中小企业有些什么特色？

答：台湾中小企业非常典型的模式，就是代工制造。它不可能打出品牌，也不可能走通路行销，唯一能做的就是努力做几样东西，而且越做越好。更重要的是，不断地在制程上求突破及改善。

总的来说，台湾的中小企业有五个特点，第一是规模不大，第二是资金有限，第三是技术门槛不高，第四是外销取向，最后一个特色就是它们衍生得很快。

中小企业的伙计在公司做个五六年，自己出来又开一家。他跟原来公司老板的做法很像，有点技术，有些客户市场的关系，也跟朋友借点钱，或靠着父母亲的老本，就自己创业变成老板。这有点像常春藤，一棵接一棵地。1970年代末期到1980年代，台湾从南到北变出数不完的制造业王国，像制鞋、脚踏车、雨伞、玩具、网球拍等等。

从这个角度来看，就更能够理解台湾过去走的路，跟韩国、香港、新加坡都很不一样。我们被称为"东亚四小龙"，但是这些龙每个都长得不同。台湾有自己的特色，这跟中小企业兴起与后来的发展，有非常密切的关系。

问：台湾中小企业的发展前景如何？

答：假如你认为大企业出现后，中小企业就不见了，这就未免太小看中小企业的生命力跟竞争力。因为中小企业早期虽然受限于资金，但并不意味日后不能变大；纵使它仍然停留在中小程度，也不见得不能提高层次。1980年代后，更有进一步的发展，包括西进到中国大陆，南向去越南、印尼。你可以看到，真正最具有动力的，其实是我们社会上的这个板块。

问：中小企业的资金有限，为何无法跟公营行库借贷？

答：访问这么多的中小企业，我们的了解是，在民营银行没有开放以前，银行就是简单两个字"当铺"，它不会借钱给刚开业经营的中小企业。当然，早期的银行本身也没那么多钱。你要借钱，一定要有抵押，比如说想创业的中小企业，跟银行借100万。银行说："行啊，你拿机器、设备来抵押。"问题是，如果有机器设备，它就不用跟银行借钱了嘛！那时候，银行都是借给"有权"的人，不然就是"有钱"的人。

所以，中小企业绝大部分都是从民间，透过社会关系、人际网络，筹措资金，额度也不可能很大。至少它不需要去跟充满着官僚色彩的公营银行打交道。

问：台湾开放新银行设立以后，对于中小企业筹资的影响。

答：我们可以从两条线来看这个问题。

第一，新的民营银行基本上是利润取向，经营的项目也多，而且可以跨区。很多地方性的信用合作社及农渔会信用部，面临了过去没有的困难与挑战；它们慢慢被边缘化，这是不可避免的趋势。有的转型，有的被合并，像台中三信、六信、七信转了，八信也变成诚泰银行。以前公营银行是以安全、稳定金融秩序为考量，现在是以profit-making（赚取利润）为取向。当然对客户的服务，对资金的流通等，都会有所改变。

第二，台湾的中小企业本身也有所改变，已经不再需要仰赖过去的人际关系及人际信任的资金筹措管道。不像1970、1980年代，不论在知识水平、金融工具的使用，包括跟银行建立credit line（信用）的关系方面都很陌生。现在，中小企业不一定要从银行借钱，也可以从资本市场筹措资金。很多中小企业做起来以后，多半并不缺资金。我们访问过的中小企业中，很多人跟我们讲："我不用借钱，要借钱是给银行面子！"

另外，这几年还有一个显著的变化。当资本市场扩大后，中小企业将会有更多的管道与机会，甚至到海外发行ADR、GDR等。这是新的变化，也是未来的趋势。

财务资金

问：资本市场的扩大，或直接金融的兴起，与中小企业成长之间的关系为何？

答：整个中小企业，在1980年代后期到1990年代，有了很重要的转变。传统产业必须外移，不然在台湾没有竞争力。另一方面，它必须要走较高附加价值，或知识密集的方向。这时的资本需求比以前更大，但银行不能完全满足这部分的需求。

1990年代之后，外移的中小企业又面临新一波的资金挑战。首先，它们根本不可能从台湾的银行借到钱，到中国大陆盖厂；只能拿原有累积的资金挹注。开业后，还是要靠自己的资金。所以，中小企业走向资本市场，是必然的趋势。

问：传统中小企业转型后，通常因为跟高附加价值或知识密集有关，而有助于其资金的募集。可否请您举例说明？

答：有些规模还是中小的上柜公司，包括电子公司，只有几亿的资本，但是做得很好，获利很高。像专门做digital camera（数码相机）镜头的亚光，就是最典型的例子。亚光最开始做传统的相机外壳，它是从壳子外面做到里面的镜头。后来掌握了精密的光学核心技术，具备国际市场的竞争能力，资金对它已经不是问题。不论是从资本市场乃至于银行，都很乐意借钱给它。

问：产业cluster（群聚）除了技术、管理的sharing（共享）之外，对于资金调度是否也有影响？

答：这个问题非常重要。一般人对于cluster（群聚），往往只看到制造面，例如外包代工、协力网络等，但它也有资金调度的cluster。

过去厂商之间，尤其是中小企业，有很多都是口头契约，也没有律师或法律的介入。一般来讲很少是现金交易的。他也不用L/C（letter of credit，信用状）。双方长期合作，要订多少零件，或要加工、出货，都是到头来再给钱。给钱的办法那可多了，一般来讲都不是现金，都是给票的。

所谓“即期票”，两个礼拜就算是。另外也有3个礼拜、6个礼拜，还有6个月的票。票到期如果刚好要周转，典型的模式就是跟对方打个商量。请对方不要把票轧进银行，或者可以展期，或者用票换票。若真的不行，也可以打几折付现金。这里面有很多的flexibility（弹性），牵涉到对信用的判断，这是另外一种credit system（信用系统）。

金融国际化

问：您如何从中小企业的角度，看台湾金融业的未来发展？

答：中小企业有明显的外移现象，它们必须要重新建立金融方面，包括跟中国大陆的银行、香港的银行，乃至于跟跨国银行之间的关系。在台湾，金控虽然越搞越大，但只是关着门自己做老大，以后哪能走得出去?!

老实讲，我们的金控都不是global（全球的），还只是local（地方性的）。

假如走不出去，将越来越没有办法，去满足资金的流动及需求，更不用说客户在交易上所需的金融服务。试问哪个台商在香港或其他offshore（境外的）小岛，没有境外户头的？台湾的金控公司要走出去，一定是未来的趋势。

金融环保

问：当金融机构发生问题时，对于金融体系及社会的影响力何在？

答：金融其实只是符号加上信用，所以充满道德风险。假如没有适当的制度、法律及内在规范，还有参与者的心态不够健全的话，金融体制是个高风险的玩意。但一般人不觉得，他们认为把钱摆在银行、信用合作社里头很稳当。基本上，金融弊案就是道德风险的问题。

一旦金融弊案发生之后，监管部门陆续有很多改革及防范的措施。坦白讲，还是做得不够快、不够好、不够落实！包括我们的金融检查，也没有真正落实。行政部门有时讲一套，做一套。这也是我们目前所面临到的问题。

金融民主化

问：台湾的金融发展，是否可以用“金融民主化”作为理想的目标？

答：“民主化”不见得能够解决所有的问题，但真正的“民主”，配合上“法治”，会相对地对每个参与的个体，有个更开放、更公正的环境。

从这个角度来讲，我基本上可以认同“金融民主化”的理想。过去确实有这样的走向，但也产生一些问题。

第一，金融本身跑得很快。现在的发展跟社会一般的认知还搭不上，这个落差要弥补。

第二，在金融民主化的过程里，可以看到社会伦理的隐忧或诡异的地方。现在的金控越搞越大，日后能够提供给社会大众什么类型的服务与品质？这些都有待验证。金控扩大应该对金融体质的改善有帮助，但能否提升社会公益及促进社会公正？还是说只有少数人变得更富有？两者之间是有差别的。

问：要如何落实“金融民主化”？

答：第一，教育！

坦白说，现在的金融知识只是少数专家的privilege（特权），变成少数人的特权。我觉得金融知识应该要普及化。“制衡”就是要民间自己真正有知识、能量，能够不轻易受骗，这才有民主的条件。像台湾的政客搞民粹，就是忽悠百姓。

第二，属于公部门的要开放，让更多人参与。开放的体系，才有机会改变，封闭的体系必然是停滞的。“开放”并不是说没有规则，而是不断地对既有的体制做反省、调整、检讨并重新调适。同样地，金融部门也要有更开放的空间，例如外商银行、外资进来台湾是有正面作用的。因为做法不一样，至少我们有options，有选择的机会。

第三，行政部门不要管那么多事，常常该管的时候不管，不该管的事情又管得太多。公部门基本上就是要尽量地做到公正与透明，减少道德风险发生的机会。金融是最容易出问题的部门，尤其越到核心的部分，不透明性越高。

访财讯文化事业执行长谢金河

嘉言录

“千山万里任遨游，名月清风随意取；
何必斤斤计小筹，无忧无虑又无愁。”

简历（传媒业）：财讯文化事业执行长
今周刊发行人
公共电视台和年代电视台节目主持人
联广大调查访员；动脑杂志编辑
环球经济月刊总编辑；财讯月刊总编辑等

金融创新

问：可否请您举具体的例子来说明“金融创新”？

答：在金融创新当中，金融商品是大家所谈论到的焦点。但是，我们可以从几个方面来看未来的金融创新。

第一，就是如何从本土走向海外。我们现在赚的钱，都是在台湾本地获利的部分，几乎占了100%。我们有没有办法，能够跨出台湾这块土地，这将是金融业能否增加获利的关键。

我们先来看香港汇丰控股。今年上半年，它的获利达到65亿4300万美元，香港本地获利只占了25.1%，但是在北美市场，它的获利占33.9%，欧洲市场占了29.8%，在其他亚太地区也有9.1%，甚至在拉丁美洲，它还有1.9%的获利。也就是说，汇丰银行的获利除了来自香港以外，它是跨国性地在创造利润。

我们现在的14家金融控股公司，它们的营运腹地几乎百分之百都在台湾本岛。在这个岛内，我们觉得over-banking非常严重，所以大家的杀戮也非常严重。我们再来看金融商品的获利，微利时代的获利也越来越小。

如果我们自己真正能够先从大型化金控着手，再走向海外，就能够有竞争地位，我相信这是未来在金融创新中非常重要的观念。

问：请教第二个方面。

答：第二个方面，就是金融人才的引进。到目前为止，台湾的金融机构大概都是土法炼钢，以本地人才为主。在国际级的银行里面，我们可以看到，金融人才的身价是非常高的。台湾金融业在走向国际化的过程当中，有没有这样的容量，能够大力引进在国际上非常杰出的金融人才？

银行有很好的团队，才有办法创造新的获利，包括开发新的金融商品。外在人才的引进，包括：从海外引进很好的金融专才，或是台湾的人才到外资机构后，再把他延揽回来。我想这个是台湾金融业迈向国际化的一个很重要的指针。

金融市场

问：您对台湾金融发展的策略有何观察？

答：没有好的策略就不可能有新的发展方向！以目前来讲，台湾金融发展的策略可以分几个进程来看。首先，2001年之后，14家金融控股公司获准成立，这是一个新的里程碑。

从银行大型化的角度来讲，菲律宾有菲律宾首都银行，香港有汇丰银行，还有恒生，甚至渣打也好，或是中国银行的香港分公司，都在香港有非常大的市占率。我们看到香港的前三大银行，在香港的市占率大概达到85%。即使是泰国的盘谷银行，或是新加坡的三大银行，包括新加坡发展银行、大华银行及华侨银行，它们在本地的市占率大概也将近90%。

但是台湾的14家金控公司，还正处在战国时代。现在金控公司太多，合并进程速度太慢，财金主管部门应该主动出来，加速把14家金控的数量减少。在上一次外资调查机构中也提到，台湾应该是五到六家比较合理。

金融发展与经济成长

问：在高科技产业的发展中，资本市场的帮助似乎大于银行，为什么会有这样的现象？

答：台湾的资本市场非常发达，而台湾的股民对大部分电子股都情有独钟，也就是说，他买股票一定优先选择买电子股。电子股的比重在台湾一度高达80%至90%。因为股民非常热衷地支持，电子业的老板在资本市场筹集资金非常方便，包括盈余转增资，现金增资，扩大发行CB、ECB，都是从资本市场取得资金。所以，它对银行相对依存度减少很多。

最近，股票市场发生一些弊案后，过去所有透过资本市场筹资的管道，受到很大的冲击。而光电产业尤其在面板产业，都有非常重大的投资；到资本市场上去募资都缓不济急，所以现在银行的角色就反而比较大了。

从今年这个情况来看，台湾的五大面板公司，在上半年从银行联贷超过3000亿台币。所以，面板业的发展对未来台湾经济影响重大，如果面板业发展的好，而银行的授信规模扩大，银行可以有更大的获利空间。但是，如果面板杀价得太深，而造成亏损的话，那相对地，银行的风险也会提高。有很多人担心这样发展下去，会不会像找不到出口的高速公路。这也可能要银行在授信当中，去重新评估风险，是否对单一产业的放款过度集中。

问：金融业在扶持高科技产业的发展过程中，是否有一些转变？

答：在过去，银行对高科技产业的扶持，应该是从交通银行与中华开发开始。中华开发是工业银行，交通银行也是工业银行，他们肩负着投资策略性产业的任务。中华开发扶持的企业从过去到如今，已经像一个种子部队一般，现在台湾的高科技公司至少有两三百家都是透过中华开发投资；其实交通银行也都是这些高科技公司的大股东之一。交通银行与中华开发都扮演银行融资及奖励创投产业的重要任务。

在1990年代以后，除了中华开发跟交银之外，台湾大概有200家的创业投资公司，它们扮演了非常积极的角色，成为一个供输资金的新桥梁。最近两年情况稍微淡化一点，因为很多公司过度投资后，资金被套牢。另外，一般的商业银行都在联贷上负起后勤支持的角色。最近这几年，可以从整个生态看到上面的这种分工关系。

区域金融服务中心

问：台湾能否达成“区域金融服务中心”的愿景，您认为有哪些重要因素？

答：首先要考虑的因素就是，我们的银行一直都是被管制的产业，有关单位对银行的束缚非常多，包括银行所做的投资及发展新的金融商品；另外，对寿险公司的投资也有很多的限制。这些限制现在应该要全面松绑；也就是说让银行的两只手脚能够有伸出去的机会。否则，它在面对“国际化”及“自由化”的挑战时，等于是两只脚被绑起来跟人家打仗，战胜几率就相对有限。

两岸金融

问：“两岸金融”是否也是一个重要的因素呢？

答：现在两岸的关系很敏感。但是，对台湾的金融业来讲，一个很重要的考量因素，就是如何让它们能够跨进香港到中国大陆。台商投资中国大陆这么广，数量及规模又是这么大。但是，我们的银行一方面没有办法实地查核这些台商在中国大陆投资的状况，以至于授信风险增加；另外一方面，台商经常在台湾举债，然后到大陆投资，中间辗转一手，如果台湾的银行能够真正到大陆设分行的话，就近服务台商，就可以发挥更具积极性的作战力量。像这次富邦购并港基银行，它已经慢慢要开始进入在中国大陆设点的阶段了。

将来的两岸关系，我觉得应该是在银行的互通有无上面，大家用另外一个方式来思考。那就是台湾应该允许中国大陆的银行来台湾设分行，而台湾也可以到中国大陆去设分行。我们希望将来能透过两岸协商，找出可行的模式。

中国大陆即将解除金融管制，而现在台湾整个金融经营优势，还远在中国大陆的银行之上，所以应该赶快展开到中国大陆的布局，这时间对我们来讲是非常有限的。假如能够从国际化的过程中，先从台湾、香港到中国大陆，下一步就可将触角延伸到其他亚太地区，包括泰国、东南亚等地区。台湾的银行现在跟国际接轨这么频繁，我相信是应该要走出去，应该从西进到南进。假如无法突破这个瓶颈，我想台湾在未来要扮演“区域金融服务中心”的角色，是非常有限的。

金融风暴

问：对于台湾曾发生过的金融风暴，您有何看法？

答：台湾的银行授信主要是以土地抵押跟贷款为主。在亚洲金融风暴以后，当台湾的泡沫经济破灭时，银行受到非常大的冲击。一方面我们授信的比重以不动产为主，这个不动产从1990年代以后不断下跌，跌了10年以上，房地产缩水，最惨重的大概跌到六成，很多人到银行贷款之后，干脆丢给银行，所以银行在那段时间承受不动产授信大概超过一兆元新台币以上，台湾的资产缩水相对连累金融体系。

到了1997、1998年，台湾有很多企业到银行借钱炒股票、炒房地产。在亚洲金融风暴之后，这些企业几乎都是破产，所有的烂摊子又全部都丢给银行。所以，1997年、1998年银行所承担的不良放款，加起来大概超过两兆五千亿新台币，造成金融机构很大的压力。到今天为止，很多金融机构还在不断地打消呆账，如果我们把台湾金融机构50年来所赚的钱，拿去打呆账的话，差不多等于是没赚钱。

问：对于这些弊端，我们应该如何解决？

答：这些问题对金融业来讲，几乎是一场噩梦。我们现在有两项应该要做的，一个是除弊，另外一个是兴利。

首先，在"除弊"方面。到目前为止，台湾没有对金融大盗有过实质的惩罚。对老百姓来讲，这是一个非常大的讽刺。从梁柏熏的例子来讲，华侨银行在10年前被他淘空53亿元，经过9年的法律诉讼，最后被判一年。假如这种案例是像这样子的轻判，梁柏熏连一年的牢都没有坐，他就逃之夭夭，很多人就会说，如果有机会让我去银行里淘空，我坐一年牢就很划算，对不对？

投资报酬率一流，台湾给全世界一个非常坏的恶例，淘空银行居然可以轻判。你看从梁柏熏开始，陈由豪跑掉了，朱安雄也跑了，曾正仁也跑了，所有淘空银行的大盗，到目前为止，没有一个去坐牢。接着，我们又看到叶素菲的案子，如果她又是只坐4个月的牢出来，草草了事的话，我相信社会大众对此会非常地失望。我觉得有关部门应该要重视，如何对这些作奸犯科的金融大盗加重刑期才对，他们绝对比杀人犯来得严重，杀人犯顶多杀一个两个人，但是一个金融大盗的犯罪，可能影响到成千上万人的生计。

问：那么在兴利方面，我们该如何做呢？

答：在"兴利"方面，是要让银行能够强化体质，增强竞争力。这可以由行政部门来主导，到目前为止，他们的表现很好，包括证券市场的兴革，对会计师的严格查账，对将来市场的退出机制，及公司治理上面，都有很多配套的措施，这个方向是不错的，我们希望台湾能够脚步加快，在除弊及兴利两方面同时并进。

金融大未来

问：台湾的金融业有哪些优劣势？

答：台湾最缺乏的就是银行家。台湾的银行60%以上在过去都是公股银行。在1990年之后，一下子开放16家新银行，造成银行过度竞争。公股银行的官僚气息非常重，没有办法面对现代化的经营。如何让公股银行加速并彻底地民营化，是当务之急。

另一方面，台湾的民营银行在1990年代开放之后，非常多的财团参与并介入银行的经营。但是财团介入银行的经营，只不过是把银行当作自己家的金库，在里面将钱搬来搬去，这个情况非常严重。所以，16家新银行到现在为止，存活不错的，大概只剩一半。而这里面也有很多慢慢地在好转，比如说台新银行在合并大安银行之后，获利情况非常好，台新金控慢慢变成一家优质的银行；另外，玉山金控稳扎稳打，到目前为止有非常好的口碑。

台湾的银行老板一定要抛开个人的私利，真正把自己当作是一个银行家来经营管理，并且要大量引进人才，聘用真正优秀的专业经理人，让银行有独立经营的精神；只有这样，台湾的银行才能够面对世界、走向国际、迎接挑战。

访麦肯锡公司董事计葵生（Greg Gibb）

嘉言录

“金融创新，不是只看商品而已，那只是短期的因素，反而是‘服务’、‘信息’跟‘风控’，才是能够维持长期优势的因素。”

简历（咨询顾问业）：麦肯锡公司董事

台湾美林证券顾问

台北亚洲金融机构和企业财务策略咨询业务中心核心成员等

金融市场

问：美国的格拉斯底法案（Glass-Steagall Act）的背景、废止的意义有哪些？

答：美国的金融业在1990年代，发生两个很大的变化。一个是废止Glass-Steagall Act，让银行可以做证券方面的生意。Glass-Steagall Act原先是因为1929年经济大萧条，整个市场掉下来之后，政府担心如果银行可以作股票的话，可能借钱给人投资到股票上，这样子风险就很大。所以，他们很清楚地就把银行和股市这两个分开来。不过，最近美国的金融业在风控能力上，应该是没有问题，可以同时做两边的生意。

另外一个改变就是，原先在美国，银行只能够一州一州去申请，你没有办法做全国性的银行，这个规定在最近10年内也有了改变。所以，银行现在可以做证券方面的生意，也可以做全国的生意，而不是限制在一个州境以内。原来的每个银行都比较小，现在因为取消这两个规定，整个市场很快地合并起来。

1990年美国有15000个金融业者，现在有七八千个。虽然数目还是很多，如果从整个profit来看，现在最大的五家所控制的市场获利比例越来越大。我们看今天投资在亚洲的外国大银行只有几家，像花旗、汇丰、渣打，还有ABN。可是在美国，越来越多家已经合并了，他们要再继续成长的话，可能要来看亚洲的市场。我预测在三五年之内，大概会看到另外几家跟花旗一样的银行，将会在亚洲做几个很大的投资。

问：请比较台湾与其他地区的金融市场？

答：跟欧洲或美国来比，台湾地区的金融市场事实上还算蛮分散的。台湾有超过2000万的人口，共有50几家银行，而且最大的5家，大概占市场的30%左右。但是，欧洲最大5家的市占率大概有70%、80%之谱。

其实，亚洲的金融市场也是非常分散的，不管是印尼还是泰国，或以前的韩国跟马来西亚，都是这样。最近几年，马来西亚跟韩国集中很多，台湾未来也是会集中化。可是，台湾有个比较特别的地方，就是在50家的银行中，差不多有5到10家的能力，跟全亚洲的银行来比的话，其实是非常好的。

其他的30到40家，它们的能力跟亚洲其他的银行大致一样。台湾这么小，却有少数的5到10家算是亚洲最好的银行。以此来预测，未来几年内一旦台湾的市场开始真正地集中化，速度应该会很快。这是我们一直在观察与等待的。最近几年有几个案子开始往这方面发展。可是，台湾的金融市场，存在很多政治因素。如果台湾能够真正进行金融改革，我相信这个市场会变得很快。

问：外商银行对于台湾金融业发展的影响。

答：外商银行在台湾市场的占有率，还算是蛮小的一块，整个的asset只有6%而已。海外的银行对于台湾市场的贡献，大概是在人才和做法方面，尤其是花旗，不管是在技术、管理，还是文化层面，都从外边引进台湾。很多人在花旗学到这些以后，再到本地银行去发挥运用。不管是台新、“中国信托”，还是富邦银行的人，有很多原来都是在花旗，或者是其他的国际银行，像ABN、渣打、汇丰工作过的。

另一方面，外商银行的存在，也提升了台湾金融业的水准。举例来说，第一个是信用卡，第二个是财富管理；外商银行在这两方面表现得好，本地银行就有竞争压力，就必须要跟得上，跟不上的时候，他们就去外商银行挖角。

公民营银行

问：您对台湾公营银行民营化的看法。

答：1991、1992年，台湾开放16家新民营银行进入市场，是因为发现要求原有的公营银行改变，必须让它们感受到压力才行。1991年，也就是新银行还没有开始之前，在台湾所有的银行平均ROE超过20%，银行是非常赚钱的business。如果要求它们改变组织、努力开发商品，还要加快innovation等等，它们会觉得for what？我已经很赚钱了，为什么还要做这么多？根本不用那么辛苦。

问：民营化是否有达到预期的效果？

答：我觉得公营银行民营化，还只是说说而已。原来的公营银行，比方说华南、彰化、第一这几家，最近10年并没有真正地民营化，甚至还有超过20%、30%的公股股份。

如果民营化成功，海外投资者的股份会占有蛮高的比率。韩国的国民银行，在民营化18个月之后，国外投资者占有它70%的股票。今天，台湾原来的公营银行，外资大概控制不到20%，也许只有10%左右。

问：您是说公部门在台湾的金融界还是有很大的影响力？

答：台湾的整个市场，可以说行政部门direct或是indirect透过其他的通路，控制整个市场50%的操作。如果说有50%的市场，都没有一个很清楚赚钱的目标，而行政部门还在后面说："没有关系，我会照顾你。"那么，整个市场不会有竞争力，也就不会成就世界上最好的银行。

金融业最重要的，是一定要能够吸引最好的人才。如果公营银行的薪水制度和公务员是一样的，表现得非常好和非常差的待遇都一样，那就没有什么帮助。假如真的要民营化，薪水跟绩效评估的尺度，应该是要完全自由化的。

真正民营化的银行，在市场里面看到优秀的人才，就可以聘请他担任总经理或副总，这种事应该在股东会就可以作出决定。可是，在公营化的银行里面，还是要通过好几层核准才能够做到，因此，整个的经营模式没有变。因为没有变，所以我觉得民营化的部分，虽然已经10年了，其实才刚刚开始而已，而台湾的行政部门要负一部分的责任。

区域金融服务中心

问：台湾要成为亚太区域金融服务中心，您有什么看法？

答：每个地区都有成立金融中心的策略。原来的香港、新加坡及东京，都可以说是真正的金融中心。最近几年，韩国、马来西亚也希望变成一个金融中心。

传统的观念上，金融中心有两个特点。第一个是能够吸引外商银行到你这边设一个办公室，做传统的企金、个人理财和零售方面的生意。第二个就是参与本地的capital market，从事证券、债券或是treasury方面的生意。

如果台湾希望变成这种传统的金融中心，我觉得不太可能，时机已经过去。因为全世界的银行，它们的策略是可能只需要设立一两个中心，生意就会在这些中心去run；未来很可能不是香港就是上海。何况，台湾本地的市场也没有办法跟大陆来比。

问：台湾还有没有机会呢？

答：台湾还是有它的特点，可以变成一个比较有niche（利基）的金融中心，主要有以下的几点原因：

第一，台湾的资金非常多；第二，最近10年欧洲、美国、日本、韩国跟台湾地区来比，台湾地区到大陆的投资非常成功。台湾的公司比较能赚钱，而且有很好的经验；第三，台湾有很多engineering跟high-tech方面的人才。

台湾如果能利用这三个优点，不管是在Venture Capital或Asset Management方面，都会有很好的机会；有了丰沛的capital，加上这方面的人才，配合在中国大陆地区设好的通路，未来任何人想要到中国大陆地区投资，就要通过台湾的市场。台湾如果能够很清楚地看到这个方向、订出政策，就能够创造出niche。

不过，未来要发展大陆的市场，有一些很基本的问题：如果外商今天要到大陆去投资，他们公司的人要放在哪里？是在台北还是上海？现在交通这么方便，原来两边都可以放，如果投资越来越大的话，那就一定要把人放在上海。所以，我觉得在台湾做的VC，如果层次不变，未来可能会越做越少，都会自然地跑到大陆去。

问：台湾想成为您所描述的金融中心，有哪些工作要做？

答：如果台湾真的要往这个方向推动，有一些基本的事情要做。

第一，就是直飞大陆。资金在全世界是流动的，所以人也要容易进出。你要到大陆去，就要像到伦敦、纽约一样可以直飞，台湾才能变成中心。

第二，作为Venture Capital的中心，信息一定要很丰富。如果在台湾不容易取得大陆的信息，这会变成很大的限制。

第三，作为投资中心，就要很容易在台湾市场找到资本，也可以直接投资到全世界，包括大陆。可是，今天我们会碰到很多限制。譬如说，在台湾找的资金只能够30%或40%用到大陆，另外的60%怎么办？

我猜测现在的趋势已经是，越来越多的台湾公司，不在这边找资本或资金，他们直接到香港、纽约或伦敦去找。台湾原本有的市场会慢慢地萎缩，就算有心要在未来变成一个金融中心，政策的变化也要加快脚步。这个时间就是未来三到五年，如果错过，当全世界的通路都已经设定好，5年之后台湾要加入这个市场已经太晚了。

两岸金融

问：未来两岸金融的互动，您怎么看？

答：这个题目很难预测。台湾的manufacturing公司在大陆是非常成功的，但金融业还是受到限制。我的看法是，大陆的市场会逐步开放，到了2007年在WTO之下它会更开放。可是，纸上开放跟真正开放之间可能有很大的差别，比如日本市场就是一个例子，政府有很多办法让外人进不去。

我的判断是未来的三到五年，大陆的金融业者会积极地考虑与外商结盟。但是，因为语言、文化、做事方法都不相同，这些联盟迟早会遭遇许多困难。最后还是要找了解它的市场、文化接近、语言相通的金融业者合作，因此，长期来看，台湾的金融业者还是有机会的。

问：如此说来，台湾的金融业者还是有机会的了？

答：我的预测是，台湾大概有几家绩优的金融公司，譬如说最好的5到10家，长期来说在大陆一定有机会。因为大陆的金融业者会发觉到联盟的目的，是要找寻skill和能力。因为在做法和文化上都有落差，外商金融业者虽然有技术的优势，但是没有办法移转到大陆，这将是个很大的问题。反倒是台湾的绩优金融业者可以把这些带进来。

金融业优劣势

问：请您谈谈台湾金融业的优势？

答：台湾最好的5到10家银行或保险公司，跟新加坡、香港的来比，是不会输给这些地区的，他们在行销方面尤其出色。不过，在风控方面可能会落后一点，但已经在改进。所以，我觉得台湾金融业最大的一个优势是，它有好几家绩优的金融业者，这些强者会让其他金融业者跟上来，而且也会有机会投资到海外去。第二个优势，就是台湾的资金蛮多的，capital 不少。

问：那么台湾的金融业有哪些劣势呢？

答：基本上，台湾金融业的第一个劣势，是“公营银行民营化”并没有完全成功，这是个很大的问题。这些原来是公营化的银行，大概占有 50% 的市场，如果没有 profit pressure，它们放款的时候，就不会真正努力地去分析这个公司到底是不是可以 survive。就整个市场来看，资金不是放在最好的地方，也会影响到整体经济的发展。如果公营银行没有真正的民营化，资金借出去的时候，方向不对，台湾就会跟其他东南亚地区一样，每 5 到 7 年会有个较大的经济风暴。这样真的很难变成世界上的金融中心，国际资金很难进来。

第二个劣势，就是我们前面所谈到跟中国大陆地区有关的限制。如果这个不开放、不改变的话，台湾要成为一个金融中心的机会，基本上可以说是零。

第三个缺点，我觉得就是政治因素。最近两三年，可以在市场上看出有些地方在开放。可是，在公营银行内，或是 capital market 方面，政治影响力还是很大。每次要选个副总经理、董事长，行政干预非常多。我接触过的外商银行，现在比较少来台湾的一个原因，是因为他们每次去拜访银行，就会发现有些层级较高的董事长、总经理，还有董事会的人，根本没有金融业的经验，主要是因为政治的关系才被放置在那里。

这一点给全世界的 message 就是，在台湾的金融界，政治关系有时比能力还重要。金融市场是全世界竞争的一个市场，也是个人才的市场，如果没有把最好的人才放在最上面的地位，要成功的话就很难。

倘若台湾不能真正做到金融改革，行政部门不肯真正退场，未来金融业的发展机会将受到很大的限制。台湾的金融市场当然不会消失，只是变成一个比较单纯、比较狭小的本地市场而已，这将是蛮可惜的。

金融创新

问：您对金融创新的看法。

答：很多人谈到Financial Innovation（金融创新），就会想到商品。其实金融业要有比较高价值的获利，不是完全靠商品。因为你开发出某种金融商品，其他人大概3个月也能够做得到。它不像Pharmaceutical制造的药品，可能要5年以上的时间人家才能够copy。我觉得台湾金融业要注意的是，只要在市场上可以找到的商品，就不需要自己做。譬如说，银行不一定要发行自己的信用卡，它可以找其他的公司去发行，只要把银行的品牌放上去就可以。

问：假如不是完全靠商品，那么金融创新应该强调哪些方面？

答：首先，银行一定要在"服务"方面去创新。"服务"是最难copy的。它包括"速度"、"准确度"、"态度"和"专业"。这四个方面能够做得比人家好，其他的人就很难跟上。

其次，金融创新可以发挥的地方是在"信息"（information）上。金融业是个注重信息的行业。如果你比其他的银行还了解你的客户，当你要评估他的风险时，可以很清楚地知道这个客户的情况。如果有了信息这方面的能力，在谈生意或定价的时候，就可以充分运用这个优势，把商品bundle在一起，提供客户特制的服务，并定出适当的价格。

最后一个可以提供创新机会的地方是在"风险控管"方面。如果能够利用信息科技，而且对整个金融市场的风险又有深入的了解，再开发一些商品服务或信息，这样就会对客户，不管是在外汇、interest还是在海外投资方面，提供很大的帮助。

所以，我觉得金融创新，不是只看商品而已，那只是短期的因素，反而是"服务"、"信息"跟"风控"，才是能够维持长期优势的因素。

访英国金融时报驻台北特派员席佳琳（Kathrin Hihe）

嘉言录

“我第一次到台湾的印象，就是台湾人真的比别人会做生意，很会卖东西。在金融业上面，台湾的行销花招也很多。”

简历（传媒业）：英国金融时报驻台北特派员

德国金融时报国际新闻编辑

德国亚洲月刊主编等

金融市场

问：就您从FT（Financial Times，英国金融时报）的角度来观察，外商银行对台湾的金融业有哪些影响？

答：我觉得他们的影响力发挥的还不够。主要还是看对外商银行开放的程度，我们期待外商银行能够真正变成台湾市场中的重要成员。假如外商银行能够并购台湾本地的银行，然后以他们的专业能力，跟一些比较大的本土银行竞争，将会带来很大的影响。

在人才培养方面，有几家外商银行对台湾的影响是蛮大的。我个人的印象就是台湾的花旗银行，已经变成台湾的银行人才培训摇篮了。台湾任何较大的金融机构，很多高层的银行人才都是从这些银行出来的。另外，像花旗跟本地的金融机构，还有着伙伴关系的经验，甚至有投资或者持股。

台湾人才在外商银行服务，另一个受到非常深刻影响的，就是所谓的compliance。凡是总行规定的法条准则，全球各地分行的成员都必须遵守；总行有着很强的内部控管机制，要求确实遵守这些规则。

当然在会计方面，应该也可以学习较新的、较严格的标准。

至于其他较复杂的金融商品的经验，也是从外商银行那里学来的。事实上，台湾的商品种类已经比以前多很多了，所以这可能还不是最具关键影响的。最后，我觉得除了金融专业知识与经验外，企业文化的养成应该也是重大影响之一。

问：外商银行看待台湾金融市场的时候，如何比较其他的新兴市场？

答：很多外商认为台湾有很多金融市场，像股票市场一样，发展潜力还是很大。从宏观经济面来看，台湾可以说已经不是落后地区了。可是，如果你看金融业的话，台湾好像还有很多发展的空间；所以，外商当然就觉得应该有潜力在，开发的时候，他们就要参与。

到目前为止，他们的观察就是台湾的消费金融，因为有许多金融机构的恶质竞争，已经破坏这片市场，margin变得很低，外商不见得愿意投入。如果未来本地的银行家数减少，竞争没有那么激烈，当然还是有可能。我觉得外商还在等机会，希望有一天能够以并购的方式，接手有领导地位、有 niche、有价值、有市场的本土银行。

问：台湾是否会有 over-banking 的问题？

答：其实，这个问题现在已经浮现了。比方说信用卡市场，事实上台湾本来的条件不错，有些业务也还没有开发，而且一般消费者的资料也很完整齐全，所以风险也没有那么高。可惜的是，在两三年之内，这个市场就被大家打得一塌糊涂，过度竞争的问题已经很清楚，现在就是看怎么解决。我认为将来一定会出现并购的情况，也就是看谁先倒，谁先让步！

另外一个和over-banking有关的，就是金融政策目标。台湾一再强调脱手公营银行的股票，推动公营银行民营化；实际上，还是要看它何时脱手，及怎么脱手。

我们再看这么多金控公司成立之后，他们已经开始去买一些体质比较好的银行，为了增加他们的分行家数，扩大客户群。现在很清楚地可以看到有几个比较大的领导性银行出现。大家都认为下一波应该是金控跟金控来并。

金融业优劣势

问：在全球竞合的年代中，台湾银行业的优劣势在哪里？

答：这是很tough（棘手）的问题。批评总是容易的，但要有建设性的批评就比较难。理论上，台湾是向周边市场发展的理想跳板，尤其是大陆，因为语言、文化相通。台湾不管是在人才或经济方面，都比较发达，很多台湾人在大陆市场已经累积很多的经验。这是已经存在的优势。我无法想象台湾会不肯利用这个优势，相信到最后还是会运用到的。

另外一个优势，就是台湾在行销跟外贸方面的实力。我认为在金融市场或在区域金融服务方面，一定可以用得到。

第三，在亚洲的香港或新加坡，必须以服务业当基础，因为他们几乎没有本地市场可以发展工业，所以只能当个枢纽。其他的，像中国大陆、日本或韩国，他们内部的市场够大，在工业方面内销也很强。台湾地区的市场规模介于这两类之间，加上在工业方面的发展，结合这两个特点，会创造一个比较稳定的经济基础，这些都是可以利用的优势。

不过，台湾也有一些弱点。比如说，台湾过去只强调工业方面的发展，导致对服务业一直没能好好地注意。

问：台湾金融业还有其他的niche（利基）吗？

答：我第一次到台湾的印象，就是台湾人真的比别人会做生意，很会卖东西。在金融业上面，台湾的行销花招也很多。

当我刚从欧洲来的时候，就觉得我的消费者权益有点被侵犯，因为我曾经被推销者追来追去。可是这也有个好处，比如说银行为了把信用卡的客户拉过来，就会提供一个比较新的、有创意的服务来拉拢他。以前签个名，申请一张信用卡，银行可能送个根本就不需要的烂东西，现在都算点数。这种方法在国际上也蛮流行的。

此外，台湾还有一些新颖的做法，比方说，持某些银行的信用卡金卡或白金卡，可以到机场免费停车。我相信这对银行来说，也是蛮大的开销。可是，客户与社会大众就有不同的感觉。这是非常台湾化的行销点子，我在其他地方还没有看过这种模式。如果台湾人将国际贸易行销方面所得来的专业经验，转移到金融业，应该是会蛮成功的。

问：您是说台湾过去累积的行销经验，在未来金融服务业上会有加分的效果吗？

答：对！这是台湾很特殊的企业文化，这个文化有好的一面，但是也有不好的。台湾的工业和其他产业一样，一向都有价格竞争，就是我杀价，你杀价，我再杀，你再杀。这样子互相杀来杀去，好像只要再降价，就能够打败对手。这个是行不通的，最后就是谁也赚不到钱。这种文化也已经被带到金融业。希望外商银行加入市场后的竞争，可以慢慢带来改变。

两岸金融

问：两岸金融应该如何互动?

答：两岸的金融服务业早已开始互动，只是台湾的行政部门还没有点头同意。虽然很少人公开讲，可是大家都知道，几乎台湾的每家银行都派有人员在大陆，有几家甚至有几十个人，不只是在考察，也在做事。到现在为止，他们大部分的活动是没有办法合法化的，因为现在两岸在政治方面没有沟通。台湾要让金融开放的前提，是必须要有效地确保监督管理的机制。

我个人认为，台湾跟大陆应该要达成如何监督金融机构的共识。两岸不谈的结果，就没有办法达成共识，这点一定要突破。我很难想象还要再拖个多少年。

金融环保

问：从全球金融的观点，您怎么看台湾发生的金融弊案?

答：每个市场，特别是美国的银行，一旦发生弊案，银行业者内部的经营管理都会有很大的改进。台湾在最近股票市场发生所谓的"博达弊案"之后，短短几个月，主管机关处理的速度很快，前几年都还没有这种效果。不管是消费者、立法部门、银行界的专业人士，或会计师，大家都有共识，知道这里的问题必须要改。这种共识和政治效应，和美国当时的"安然案"发生之后，应该都很相似。

问题是我们无法保证以后再也没有弊案。美国是最清楚的例子，开始改革之后，弊案还是不断发生。亚洲金融风暴时，大家都认为亚洲文化喜欢东骗西骗，尤其在会计方面不够真实。现在我们就发觉，连美国那种应该是很完善的机制，也一样发生规模惊人的个案。其实每个市场都会有弊案发生，这就是人性!

台湾在发生这些弊案后，能够培养出监管部门的处理能力。不过，也要认清楚不能只是一厢情愿地以为，规定变严后就没事。外商或国际专业人士在看台湾主管机关最近这些动作，还是会忧心台湾到底做的够不够？方向对不对？

金融中心

问：1995年时，台湾开始谈亚太营运中心，2004年又宣示，要以区域金融服务中心作为目标，您的看法如何？

答：这应该只是起步而已，有人乐观地认为至少还要5年，才可以执行和实现这个目标。其实，要想达到这个目标，必须要有一个市场才行，而且要对整个地区提供金融服务，有必要成为整个地区的一个成员。

站在台湾的立场，更是要和别人合作。台湾自己这边可以做得到的，就是要松绑两岸金融服务业的限制，甚至完全取消。比如说，现在台湾的主管机关对这边的银行或保险公司，要到大陆去提供金融服务的设限最多。如果真的是要到那边做区域性的金融服务，就不能有任何这方面的限制。

包括主管机关，大家都要认清楚，这个区域未来最大的市场就是中国大陆，不能一方面想要服务这个区域，另一方面却远离这个市场，台湾一定要面对这个问题才行。

最后，要达到成为金融中心的目标，台湾在公司治理方面还要加强。有许多台湾的公司或金融机构仍然会故意找法律的漏洞，不按照游戏规则来玩，这当然也是要想办法加以阻止。

问：台湾希望能够吸引外商机构来设立分行，或是营运总部。这个理想可以达到吗？

答：盲点还是两岸问题！在没有解决两岸问题之前，根本不用谈其他的地理问题。如果针对营运中心的观点来看，当然现在香港或上海比较占优势。可是真的不是只有地理的问题。台湾现在根本没有理由，去要求国际公司来这边设营运总部。这个总部会是什么呢？作为台湾的总部是没有用的，因为台湾的市场太小。作为地区性的总部，就得把台湾变成地区的一部分。

问：站在东亚经济圈的角度来看，台湾金融业的未来到底在哪里？

答：虽然现在没有能力解决政治问题，那也可以。但是，这种政治问题几十年来一直都存在，我们就要问“为什么台湾的经济还是会那么成功？”“有没有可能把那个成功的条件也移到金融业来？”

在产业、电子业或贸易等方面，台湾一直没有变成区域服务中心，但还是创造了经济奇迹。我们好像也不必太介意能否变成区域的金融服务中心。

但是，我们要了解，过去台湾的电子业都是靠与外界的密切接触，跟政治并无关联。反正商人到处可以旅行，海外客户也可以来台湾。当年电子业的成功好像跟中国大陆经济的兴起，也没有那么密切的关系。

不过，金融业还是比较不一样。对内也许没有问题，只要把本地市场发展起来，提升服务品质，把商品变得比较多元化。一旦要谈到区域或国际金融的时候，就很难去想象，台湾要跟美国、欧洲或亚洲其他的地区去谈合作，可是偏就不理会中国大陆，这好像在金融业行不太通。